献给赵明先生

和所有在经典法哲学路上的年轻耕耘者们

法哲学与共同生活

走向古典法学

黄涛 著

Legal Philosophy and Common Living

Towards the Classical Jurisprudence

北京大学出版社
PEKING UNIVERSITY PRESS

图书在版编目(CIP)数据

法哲学与共同生活：走向古典法学/黄涛著. —北京：北京大学出版社，2020.6

ISBN 978－7－301－31213－1

Ⅰ. ①法…　Ⅱ. ①黄…　Ⅲ. ①法哲学—研究　Ⅳ. ①D903

中国版本图书馆CIP数据核字(2020)第025785号

书　　名　法哲学与共同生活——走向古典法学
FAZHEXUE YU GONGTONG SHENGHUO
——ZOUXIANG GUDIAN FAXUE

著作责任者　黄　涛　著

责任编辑　孙维玲　李小舟

标准书号　ISBN 978－7－301－31213－1

出版发行　北京大学出版社

地　　址　北京市海淀区成府路205号　100871

网　　址　http://www.pup.cn　　新浪微博：@北京大学出版社

电子信箱　sdyy_2005@126.com

电　　话　邮购部 010-62752015　发行部 010-62750672
编辑部 021-62071998

印 刷 者　大厂回族自治县彩虹印刷有限公司

经 销 者　新华书店
965毫米×1300毫米　16开本　21.5印张　279千字
2020年6月第1版　2020年6月第1次印刷

定　　价　76.00元

序

——我们这个时代到底需要怎样的法哲学？

吴　彦

晚近学人间的作序，多是想找一名大家，以便为自己的作品“添砖加瓦”。因此，作序也成了一种或明或暗的“广告”。这与古代文人出于志气相投而作序，有着鲜明的差别。这是我第一次为他人作品作序，就我个人来讲，这绝不是出于任何其他缘由，而只是希望延续古代文人的这一挚友间相互砥砺的传统。

与黄涛结识，差不多是十多年前的事情了。第一次知道他的名字，是他投稿给当时邓正来先生主编的《西方法律哲学家研究年刊》。我俩的文章被放在了一起，我讨论的是霍布斯，而他讨论的是卢梭，此文充满才气，瞬间让我记住了黄涛这个名字。后来我们在当时盛极一时的“法律博客”上互相留言，并互通邮件，谈论我们各自的研究计划，各自的康德翻译，以及各自的“前程”。这就开始了我们往后十多年的合作。

从表面上看，我们是两个非常不一样的人。他热情、豪爽，说话激情四射，而我则少言。他倡导“激情”（passion），而我更欣喜“节制”。虽然我俩的阅读面都非常广泛，但在我们专攻的政法领域之外，我更喜好形而上学和生物学，而他更喜欢文学和艺术。我所钟爱的阿奎那和菲尼斯是他甚少涉猎的，而他对于克劳塞维茨和孟德斯鸠的关注是我所欠缺的。他喜欢中国古典传统中的韩非，而我偏于儒家。所有的这一切,都显现出我俩的不同。尽管如此,我们还是有很多的共同点,这里有我们都喜欢的亚里士多德、康德、卢梭、洛克、霍布斯,有我们共同关注的自然法和德国观念论传统,有我们一直对于翻译之于中国学术之重要性的坚守,有我们对于当代政法学界某些顽疾的共同批判,还有我们在某些基本学术立场上的一致性。也正是出于这样的缘故,我希望借对此书的评论,来进一步推进我们共同思考的某些话题。我想,如此才是一种最好的"作序"方式。

《法哲学与共同生活——走向古典法学》这部书稿分为三编,分别立足于三个不同语境:西方、中国古典、中国当下。在这三个不同语境之下,书稿分别讨论了马基雅维里、孟德斯鸠、康德、司马迁、韩非、苏力等。就所涉猎的主题的广泛性来看,整部文稿显得有些松散。但是,撇开所有针对这些人所撰写的具体论点不谈,从整部文稿的构思、布局和论题的选择来看,我们能看出在基本的立场、视角和问题上的一致性和连贯性,而这也体现在书稿名称中的三个核心词汇上:法哲学、共同生活,古典法学。我也希望针对这三个问题,来进一步推进其中的某些思考。

一、法哲学的思考规模

我在这里之所以使用"规模"一词,是因为我觉得这个词很好地概括了我和黄涛在过去诸多年一直倡导的法理学的"法哲学转向"(或者说,法理学本身就应该或主要是一种法哲学)所应当致力于的事情的宽广程度。

首先,从我们所置身的基本处境看,如果我们要建构一个适合于我们自身的中国法哲学传统,我们至少需要在以下三个方面做出努力:一是对于西方传统的深入挖掘。对于任何一名中国人来说,如果我们被嵌入到一个不是由我们自己所能选择和左右的基本结构之中,我们是不得不去面对这个结构所施加给我们的诸多限制的,我们也只有在这个结构之中,才可能走出我们自己的道路。我们不能因为不喜欢西方或出于自尊,就逃避它们在文化、制度和心性方面对于我们所施加的诸多压倒性压力,我们无法自说自话,因为我们已经与它们一起被放置到一个空间之内,且不得不面对很长一段时间内它们在各个方面上的优势。对此,学习西方、消化西方,至少在学术和思想方面,是一个长期的事情,而在这个过程之中,重要的不是我们是否超越了它,而是我们是否真正消化了它,我们未来的核心任务是如何把它们吸纳成为我们自己的传统,就像现代欧洲人把希腊文明、希伯来文明吸纳成为他们自己的传统一样。在这一点上,我想我跟黄涛的立场是一致的,这也正是这么多年来我们一直致力于西方文献汉译这个事情的根本缘由。二是对于中国古典政法传统的再度审视。尽管过去诸多年,我们的精力都主要集中在西学方面,但我们对于中国古典政法传统的兴趣一直未曾消退,而且这几年越发明显。这种兴趣的增进与我们的失望是相伴而生的,尽管在过去诸多年内,汉语学界的"政治哲学热"也已波及中国古典思想研究领域,但到目前为止,我们仍未看到真正有力度和有前途的研究。在我们的古典传统中,"政治生活"一直是古人最关切的议题之一,在他们对于自身、对于家庭、对于国家以及对于天下的整体性的关怀和理解之中,政治的维度从来没有与对于自身、对于家庭这样一些"私人领域"的关心脱离开来。这是我们自己的思想传统与西方,尤其是与现代西方的思想传统极不相同的地方之所在。此外,我们的传统不仅把这种关怀注入哲学思辨之中,而且还扩展到文学和历史中。我们的历史学并不仅仅是一种记录之学,更不只是一种思辨人类命运的思辨之学,而是一种历史—伦理学。在这个意义上,它本身就是政治哲学的一部分。因此,诸如《史记》《资治通鉴》等史论性著作,是内含着某些未为我们所注意到的思想要素的,而且也只有将史论与哲学结合起来,我们才有可能系统地阐发中国古典的政法思想。三是对于我们目前所置身的现实的理解和检讨。我和黄涛有一个共同的特点，就是喜欢评论。从十多年前开始，我们就写了不少的书评和时评，尽管我这几年因把精力主要放在了翻译上，所以写得少了，但评论的冲动一直未曾消退。我想，这也是我们介入现实、参与现实，并在可能的方面希望现实变得更好的一个主要手段。我们一直对目前学界评论之风（尤其是书评）的消退感到失望。学者们越来越把自己限定在自己构建起来的那个小世界之中，专业性变得越来越强，壁垒变得越来越森严，相互之间的交流越来越困难。这样一个碎片化的趋势严重地影响了学术的生机和活力，也影响了学术共同体的建立。当然，这背后的原因是多种多样的。但无论如何，对于现实的理解和检讨，是我们建构一个属于自己的政法思想传统所必然需要的。就以上这三方面——西方、中国古典、中国当下——来讲，黄涛的这部书稿都做了有益的尝试。

其次，从问题的跨度来讲，法哲学必须要将视线放置到我们的日常生活本身之中去。当然，这里所讲的“日常生活”，并不是说要把法律或法理运用到我们平常的生活之中，或在生活之中发现法理，而是说我们要把焦点从“法律文本”那里暂时拿开来，而将之放置到对于法所应该规范的对象之中去，即放置到对于人类生活的基本形式（the forms of human life）的关注和思考当中去。诸如家庭、财产、婚姻、战争、国家、国际秩序，所有这些人类生活的基本形式，法哲学都必须首先予以处理。我们需要追问的是家庭是什么，一种好的家庭形式应该是什么样的，国家是什么，一种好的国家应该是什么样子的，等等诸如此类的问题。对于这些问题的思考理应成为我们进一步讨论某些具体的法律规范，或具体的据以规定这些生活形式的法律规范的前提。从根本上来讲，法就是对于这些人类生活形式的基本规定，法哲学必须以对于这些人类生活形式的理解和规定为前提。在这个意义上，（狭义）法哲学是政治哲学的一个分支，而政治哲学则是广义道德哲学（伦理学）的一个分支。

因此,我们在倡导法哲学研究的时候,或者在谈论广义的法哲学的时候,实际上必然会且必须要把政治哲学和道德哲学考虑进去。否则,撇开“政治”和“伦理”这两个维度的法哲学,只有可能沦为一种枯燥、干瘪的“技术”之学。这也是我跟黄涛这几年对法教义学和社科法学保持批判态度的根本缘由之一——法教义学基本上是没有把对于价值问题的“根本思考”纳入进来的一门学问,而社科法学完全是把价值扁平化为“效用”“利益”和“后果”的功利之学,它们根本没有好好地去思考人类生活的复杂性,也没有好好地去对待人类生活中某些无法还原也不可被还原为经济性要素的东西。

二、共同体与共同生活

在共同体与共同生活这个方向上,我与黄涛分享着共同的立场,尽管在某些细节上我们有所差异。一种反个人主义的立场是我们在研究德国古典法哲学传统尤其是康德法哲学的时候共同“发现”的。我们在阅读康德后期的《法权学说》一书时,发现康德所讲的很多东西与现代自由主义对于他的阐释是极不吻合的。现代自由主义把康德视为一名先驱,他们把康德哲学中的“人”看作一个原子式的个体,并在此基础上来建构他的整个政治哲学。如果我们只看《道德形而上学奠基》这部作品,这样的解读可能是没太大问题的。但如果我们仔细研读《法权学说》,我们会看到,康德对很多东西的强调是与那种立足权利、立足契约、立足个体的视角完全不同的。比如,在康德看来,义务是一个比权利更为基础性的概念,他的法体系就是根据法的义务(即乌尔比安三公式)来安排的。此外,他认为我们有义务走出自然状态,而不仅仅是出于自己的考虑从而一致同意走出自然状态。我们甚至有权利强制那些与我们发生关系的人走出自然状态、进入法权状态,在这个意义上,他与经典的社会契约传统是有很大不同的。在这一结构中，我们可以看到，他对于社会契约论、原子式个体、绝对主权这样一些现代自由主义政治传统所秉持的根本观念是批判的。在这里，康德所强调的是人与人之间的关系，也正是这种潜在的必然的交互性，使得我们的公法秩序建构不可能停留在国家这个层面上，而必然要扩展到世界这个层面上。

发现康德的"非个人主义"，只是我们推进我们的思考的第一步。至少在我看来，我们不能停留在批判的层面上，我们还需要发展出一套系统的有关共同体的思考。在这个方面，黄涛近些年来转向了 T. H. 格林以及英国观念论传统，而我则进入了亚里士多德—托马斯主义传统。在这个问题上，我们至少需要对以下一些问题做出进一步的澄清：我们为什么被"要求"进入各式各样的共同体？这些不同于国家的共同体在我们思考整个政治秩序的时候到底占据着怎样的一个位置？这些不同类型的共同体因何而被区分开来，包括其中最特殊的一种——政治共同体？另外，我们在强调共同体的时候到底又该如何设想"个体"，一个既需要进入共同体又不失其自主性的个体，从而不至于使整个的个体又重新全部地被吸纳到共同体之中？因此，上面的所有这些问题，都是需要我们在接下来的思考中予以进一步推进的。而在我看来，亚里士多德—托马斯主义传统中的辅助性原则为这样一种思考提供了一个非常好的框架。当然，黄涛想深度挖掘的 T. H. 格林的核心概念之一——共同善——与亚里士多德传统是有着某种共同旨趣的，我也期待黄涛在往后的格林研究中能够为我们挖掘出格林思想中有关共同体和共同善的思考。

三、古典法学：我们到底应该从哪里寻找法哲学思考的灵感？

黄涛喜好使用“古典法学”（classical jurisprudence）一词。当然，这可能跟小枫老师之前所倡导的“古典”一路的学问有某种关联。但就我自己来讲，尽管晚近二十来年，由小枫老师和甘阳老师开启的古典学的学风，对于中国整个学术的成长有着莫大的贡献，但就其在“古典”与“现代”之间所制造的某些“严苛”的对立，是值得予以反思的。这种对立不仅出现在学界之中，而且蔓延到了学界之外。当然，在我们倡导某种东西的时候，我们总是需要制造某个“敌人”，但是当这个“敌人”在你谈论的这个语境中本身就还没有有效地站立起来，或者说，它还没有能力被作为一个标杆而耐受用力一击的时候，你整个的立论就会失于偏颇。就我对学问本身的理解来看，我觉得学问，尤其是人文学问，其本身就是现实的一部分。理论是嵌入在我们的现实实践之中的。因此，在我们反思启蒙、反思现代性、反思现代政治秩序的时候，首先的一个预设就是我们已置身于现代秩序之中。当然，在很多方面，我们的确已经置身于这样一种秩序之中，比如在经济方面，在科学技术方面。但在某些方面，我们仍然不是那个典型意义上的现代国家（modern state）。因此，在这个意义上，黄涛所讲的“古典法学”，就我理解，并不是那个与现代政治和法律秩序相对立的“古典法学”。相反，他所主张的“古典法学”，是相对于晚近一两百年由各种实证主义、相对主义思潮所促生的那种注重“技术”“丧失目的之思考”的法学。这种法学在我们当下法学界就表现为法教义学和社科法学。因此，我们说，所谓“古典”一词，并不是从与“现代”的对立中获得界定的，而是从它的“视野”中获得界定的，古典法学试图从更宽泛的领域——道德哲学、政治哲学——中获得对于法律的更深层次的思考。换言之，它要去思考法律与我们生活的本真关系，或者说，法律与我们共同生活的本真关系。在这里，我们可以看到，法哲学、共同生活与古典法学，从某种意义上讲是有着某种内在的逻辑的勾连。我想，这或许也是黄涛在选取书名的时候内心所要真正表达的东西。

2019 年 12 月 17 日初稿

2019 年 12 月 31 日定稿

自　序

（一）

在现代政治法律哲学传统中，马基雅维里、孟德斯鸠是两位重要人物，但长期以来，我们的法哲学研究并不重视对这两位人物的研究，尤其是有关马基雅维里的研究。施特劳斯在对现代政治哲学传统的梳理中明确指出，马基雅维里才是现代政治思想的真正的开山之人。实际上，只要我们不将眼光限定于《君主论》，只要稍微仔细地分析过《李维史论》第一卷，尤其是第 1 章和第 2 章中的相关说法，就会发现，现代人看待政治法律生活的基本思路，在马基雅维里笔下已经得到了表达。我把关于马基雅维里的解读放在第一篇，这篇文章表明，马基雅维里对于政体和宗教的看法，为后来自由主义政制和公民宗教的发展奠定了基础。

在过去十年间，我没有停止过关注孟德斯鸠，但真正开始接近他的论题，是在 2012 年左右。在小枫师的安排下，2012 年上半年我一边准备博士论文答辩，一边和他共同开设一门政法经典导读的课程，他先讲施米特的政治法学，然后让我照此示范讲孟德斯鸠。此前我尽管数次接触过孟德斯鸠，但都是囫囵吞枣，这次有了他的示范，我才第一次深入触及孟德斯鸠的文本，这也是我第一次接触人民大学古典班，第一次系统讲授课程。但是，我还没有能力讲完全书，半学期的课程仅仅讲完了第一编。接下来便是审校潘戈（Thomas L. Pangle）的博士论文《孟德斯鸠的自由主义哲学——〈论法的精神〉疏证》的译稿（华夏出版社

2016 年版)，但在校对过程中，我辗转南北，寻找安身立命之地，稿子校对得断断续续，最终出现了不少舛误。2015—2016 年，在小枫师的再度安排下，我用了近两年时间译出了施特劳斯的孟德斯鸠课程讲稿(〔美〕施特劳斯讲疏：《女人、阉奴与政制——孟德斯鸠〈波斯人信札〉讲疏》，潘戈整理，黄涛译，华东师范大学出版社 2016 年版；《从德性到自由——孟德斯鸠〈论法的精神〉讲疏》，潘戈整理，黄涛译，华东师范大学出版社 2017 年版)。潘戈的博士论文实际上是在施特劳斯的孟德斯鸠讲稿的启发下撰写的，他也是施特劳斯的孟德斯鸠讲稿的审定者，这次译校经历，使我更清晰地看到了施特劳斯学派对孟德斯鸠的理解和把握。

这些年对孟德斯鸠的关注，尤其通过施特劳斯对孟德斯鸠的系统讲解，使我意识到：在近现代政治法律思想史上，是孟德斯鸠首次最完整地展示了现代自由主义法学的基本思想和框架。今天谈论的现代法学的若干常识，早在孟德斯鸠的笔下就已经出现过。因此，为了学习和审查现代自由主义法学，有必要回到孟德斯鸠的《论法的精神》。

施特劳斯将孟德斯鸠作为一个“马基雅维里分子”对待。在马基雅维里开创的道路上，走得最彻底的是孟德斯鸠。孟德斯鸠在《论法的精神》中宣称要摆脱马基雅维里主义，但他仅仅做到了比马基雅维里更加宽和而已。在我看来，是孟德斯鸠将《李维史论》第一卷第 1 章和第 2 章隐晦表达出来的对于专制政体的反对，发展成了系统的自由政体学说。有关孟德斯鸠三权分立的自由政体学说，如今已是耳熟能详，但很少有人注意到，孟德斯鸠并非一开始就发现了自由政体，而是首先发现了宽和政体。为了说明孟德斯鸠关心的宽和政体及其对法律生活的影响，我在本书收录了两篇分别讨论他的政体论和刑罚观的文章。

在孟德斯鸠的两篇文章之后，是对康德《永久和平论》这本小书正文部分的疏解。康德、费希特和黑格尔的法哲学是我这些年的工作重点，其阶段性成果主要体现在我的博士论文中，以及为了理解他们的思想而进行的一系列翻译工作中。《永久和平论》是康德最早一篇系统的法哲学文献，早于《道德形而上学》的第一部分《法权学说》，在这篇文章中，康德倡导自由政体结合成的永久和平联盟，这种联盟的思想，尽管在孟德斯鸠《论法的精神》第二编的开端可以看到，但在孟德斯鸠那里，尚未如康德这样，将自由政体及其基础上的永久和平建立在先验哲学的基础之上。

从马基雅维里到孟德斯鸠，我将这个思想脉络视为一个不同于霍布斯、洛克、卢梭的系统。他们都对现代世界的政治法律生活表达了关切，共同建构了现代政治法律文明的基石，但差异之处也非常明显。从马基雅维里到孟德斯鸠，可以看到他们更为关心共同体的内在结构，更关心历史与制度；从霍布斯、洛克到卢梭，则可以看出他们主要关注个体的自然权利，这两个传统在康德开创的德国古典法哲学传统中交汇。在题为《德国观念论法哲学的法权演绎》的博士论文中，我系统讨论过从康德到黑格尔的哲学传统中有关自由、权利与共同体的学说。在康德那里，马基雅维里以来的政治法律思想家们追求的共同体概念逐步开始明确，并最终获得了哲学的基础。在康德的目的王国公式中，已经可以发现共同体存在的影子，尽管在德国古典法哲学这里，共同体概念在费希特的笔下才首次得到明确表达。

在熟悉了马基雅维里到康德以来有关共同体的哲学思考之后，我有一种强烈地想要一窥属于中国人自身共同体的愿望，想要书写和勾勒古典中国对共同体的感觉。我把视野投向那个思想纷繁的战国年代。在先秦诸子中，士与法家人物让我神往，他们游走于先秦大地之上，试图在现实世界中建构他们心中的理想的共同体。“中编”中的前三篇正是基于这种想法编排的，它们表达了我对士和法家的代表人物韩非的初步看法，也是我最新撰写的作品，是我突破之前知识格局的尝试。特别是《〈韩非子〉的问题意识》一篇，是我在访美期间阅读《韩非子》后的第一个札记性成果。关于韩非的考察亦可以与对马基雅维里的考察对观。在过去的研究中,人们常常习惯于将他们放在一起,本书的考察表明,他们显然只是在形式上相似而已。

(二)

在眼下的法学研究中,以经典为导向的法哲学研究呈现衰微迹象,甚至有明确的反对者。反对者们不认为过去的经典和当下的研究合拍,或者认为经典作品的研究应该与现实问题联系起来,而不能仅是梳理经典作品中的观点。我反对这些看法,尽管我尊重和认真对待他们的评论。在这本书中,我展示了一种面对经典的方式,我坚持使用经典细读的方式,并在这种细读中发现论题,我坚持认为,经典作品的时代性应该体现为如何从经典作品中发掘论题,以及发掘怎样的论题。实际上,经典之所以为经典,是因为从中发掘的论题在今天仍然具有意义。

我的意思不是说,法哲学只能游走于经典著作中的论题,法哲学写作当然应该具有思想性,但所谓思想,绝非公式的一般运用,更不是在所谓的思想末尾,加上现实意义的尾巴。法哲学应该不只是论题的展示与证明,而同样应该有一种叙述能力,在叙述中展示思想的穿透力,揭示眼下和历史中的共同体生活的根本问题。

在对经典法哲学的阅读和思考过程中,不管是在对于孟德斯鸠到康德的西方经典法哲学的讨论中,还是在对于《史记》篇章和《韩非子》的解读中,我始终都觉得存在一条共同体的主线。这些思想不是基于个体的利益、资格、主张看待政治法律生活,相反,它们在思考有关共同体问题的时候,甚至悬置了有关个体利益的种种考虑,这不仅在康德的《永久和平论》中得到了表达,在司马迁对养士文化的分析中也看得清楚。

这对我们思考共同体问题有重要启发,这就是,稳定且美好的共同体生活不能仅仅建立在利益基础上。把讨论赵鼎新《东周战争与儒法国家的诞生》的《战争与国家》一文放在《〈韩非子〉的问题意识》一文之后,表达了我对先秦时代天下一统的某种解释路径的质疑。统一并非仅仅从利害竞争中产生,至少在韩非的时代,现实政治家们还习惯于攻城略地,还在追求属于各自的利益,而没有想到统一问题。那么,从战争中如何有可能诞生出一种大一统的儒法国家？这里意味着战争观和政治观的变化。在我看来,这是《韩非子》的《初见秦》和《存韩》篇中的意图。韩非想要传达一种新的战争观和政治观,只有在这种新的战争观和政治观的驱动下,才有统一国家产生的可能性。因此,统一的帝国不能仅仅用利益的竞争来解释。正是在此意义上,我质疑赵鼎新等人的做法,他们试图将霍布斯式的人性观作为解释帝国一统的理论模型,这是一种典型的时代错置。在对先秦士文化的解释中我注意到,利益不能提供对养士文化的妥当解释,至少仅仅在利益的基础上使用士的孟尝君最终走向了失败。

苏力近年来从对地方性知识观出发的法理学解释转向了对中国古典政制的解释,他新近出版的《大国宪制》就是这一转型的明证。在此书出版之前,我读过其中的某些篇章,读起来的感觉还是和当年阅读《送法下乡》时一样:他迄今未脱离地方性知识观的视角,只不过论题从"基层司法"变成了"中国古典宪制"。十多年前,我试图基于自己对康德哲学的理解,对地方性知识观背后预设的神秘的类似于物自体的"地方性知识"给予批判,我在那里分析认为苏力身上有一种浓厚的历史浪漫主义的倾向,并思考当代法哲学研究走出这种地方性知识观的可能性,倡导在法哲学思维中仍然需要一种更开阔的想象力,而不是以是否实用和有效为标准限制我们的知识范围。换言之,我们期待一种开放的法学理论,而非一种封闭的法学理论。我自信这些判断和呼吁迄今仍然有效。

这篇讨论苏力的文章写于十年前,是我思考当代中国法学理论问题的开端。我在苏力背后发现了一种实用主义的立场,我看到他是基于这种立场解释中国的历史、现在与将来，与之相似，我也想提供一种解释立场，这就是《走向共同体的权利观》一文想要做的事情。我接受业师赵明先生多年前的研究结论（实际上，这也是日本学者沟口雄三得出的结论），这就是，权利话语不是纯粹外来的词汇，它植根于晚明以来的思想和社会语境中。但是，与赵明先生将侧重点置于五四之前不同，我试图以权利为主线解释五四以来中国社会的变革，这种描述并非简单的学术史梳理，而是观念史的尝试。也正是从这篇文章开始，我尝试提出一种有关当代中国权利理论的观念史解释。我将其描述为一个个体性从中生产，建构属于自身的政治形式，遗忘自身，然后从中找回自身，最后试图将自身建构起来的一个迄今未竟的完整过程。这是一种有着浓厚观念论气息的建构。概念应该是有生命的，权利概念的生命应该是一个主体的自我实现的完整生命。我认为，个体的生命最终必然走向共同体，这是一个人与人相互承认和尊重的共同体，我似乎从当代中国权利观念的发展过程中看到了（或者说期待）这种可能性。

但是，这种思想的更新或者突破的可能性在何种程度上是可能的？这种思想的可能性，是否存在于当下中国的共同生活语境中？2016 年 9 月，在刘震云《我不是潘金莲》一书基础上改编的同名电影《我不是潘金莲》上映，一时间引起了法学界的兴趣，我和朋友们得到了一个命题作文的任务——各自从感兴趣的角度表达看法。法学界的朋友们习惯性地围绕着“上访”这个主题，写出了一系列精彩的论文（参见《浙江社会科学》2017 年第 7 期）。相对于电影而言，我对于书更有兴趣，于是我找来刘震云的书，如同阅读经典一般一字一句地咀嚼，读完之后的印象让自己都大吃一惊，觉得这并非是寻常的上访故事，甚至严格来说，这里没有任何真正的上访意愿。我一方面为自己的体会暗自得意，另一方面感觉到非常棘手，究竟是什么推动了所谓的上访程序和制度在不断运转呢？我想要知道原因。但是，我之所以感觉到棘手在于，我似乎找不到任何理论来说明这一点，我甚至没有办法围绕上访制度来写哪怕一个字。因为在我看来,《我不是潘金莲》中的上访制度如同一场闹剧,推动上访的并非如今流行的所谓权利诉求,我在小说的字里行间读到了一种信任的缺乏,在我看来,正是因为缺乏信任,而不是因为想要使权利获得救济,造成了《我不是潘金莲》中上访制度的畸形运转。我于是决定重述这个故事,以呈现这种印象。然而,重述的结果是,我不再有空间来对其加以理论化,我原本想要表达的意思是,如果人与人之间缺乏信任,制度生活就无法成为可能,我们所看到的制度也就不再是制度,只不过是人们在利益博弈的时候相互利用的工具而已。

很显然,我在《爱欲与法治》这篇文章中想要表达的是,我不相信在人与人之间缺乏信任的情形下,还有一种令人满意的制度,制度受制于人性,受制于人性的情感,这就是我想要表达的爱欲的意思。

制度生活应该要关注人的情感生活,关注人对于美好生活的期待,但我在现在的制度分析框架中找不到这样的期待。着眼于人的消极自由的制度分析思维,让我们漠视了他者的存在,在我们的内心中,似乎并没有为他者留下位置。在此基础上的制度,真的能够带给我们美好生活的承诺吗?我对此表示深深的怀疑。若干年前,正是《刺猬的温顺》一文将我引向一个新的世界,我认同施特劳斯对于现代世界的反思,在他和伯林的论争中,他的言述让我着迷。尽管我迄今尚未彻底走出现代思想世界,我笃信观念论的立场,但我对那种建立在绝对的个体自由基础上的制度和理论感觉陌生,小枫师转述的施特劳斯告诉我,自然权利之上所建构的不过是一座座坚固的心灵堡垒,流行的自由主义者逃避了我们生活中最值得我们守护的东西,著名的法律与道德的分离论便是一个明证。小枫师笔下的施特劳斯告诉我,美好生活的可能性仍然存在,人生在世,该面对的选择是无法逃避的。尽管现代法学竭力地排斥道德,但越是如此,就越是表达了现代法学的力量欠缺。在我看来,现代法学若不凭靠着一种道德,就无法稳固地建立起来,种种源自经济学、社会学的策略都不能承担这一点。这就使我不得不进一步构想,表面上看来无比具体的制度实质上是一个抽象物。除非我们认信某种东西,否则一种具有特定品质的、稳固的制度是无法建立起来的,即便曾经被建立,也无法得到持久的维护。尽管我如今离真正的施特劳斯依旧遥远,但这的确是我追随小枫师获得的迄今为止最为关键的启发。

(三)

所有这些,都似乎暗自将我引向一个不同于以往法理学学习中我所熟悉的方向。我越来越不习惯于在孤立的个体权利中想象法学中人的形象,我甚至一度觉得,如今流行的法学遗忘了真正的人的形象。对于制度生活来说,人应该是一个共同体的形象,作为政法学者,我们应该关切的是如何塑造或者守护人与人之间相互交往的纽带和载体,而不是破坏或者颠覆这一纽带或载体。因此,在一切法学思维之前,应该有一种共同体思维。不仅如此,这种共同体思维应该是一种不忽视个体的共同体思维。

对于如何获得这种共同体思维,我有自己的选择和立场。自从撰写题为《德国观念论法哲学的法权演绎》的博士论文和题为《戏剧、审美与共同体——卢梭和席勒审美政治理论初探》(上海人民出版社2015年版)的博士后报告以来,我开始选择深入到经典研究中获取这种立场。在历代人类文明的经典中,我想要获取的是对于人性的认识。我认为,只有基于这种认识,才可以看到共同体生活的真正源头和动力。甚至现代法学依赖的规范的治理,也在一定程度上受制于人性的内在需要。一种健全的、能给人类带来美好生活承诺的法学,不应该仅仅着力于规范的设计。我于是倡导一种着眼于人的爱欲的古典法学研究,通过这种研究,可以看到规范背后预设的人性形象,而我内在希望的是,那些研究、制定和改良现代法律规范的人,内心中有着关于人性的种种知识。只有注意到人性的内在需要与美好的共同生活之间的关联,规范的设计才不会沦为人工智能的狂妄希望,也就是,幻想有朝一日人类发明出一种智能机械,借此人就可以放弃一切思虑与担忧,放弃一切反思与希望。我迄今仍然固执地认为,凡是对人性的内在要求有丰富理解和体验的人,都一定不会相信人类有这样的未来,或者一定不会认为这样的未来对人类来说还有何种意义。

在之前出版的《爱欲与共同体——现代性的政法与伦理》(商务印书馆 2018 年版)中,我从近代政治哲学中的自然状态学说出发,从霍布斯、洛克、卢梭、康德、施米特和施特劳斯对此论题的深刻思考出发,揭示和反思现代政治法律学问深处对于共同体的缺失和遗忘,在那里,孤独者成为现代政治法律思想中的突出的个体形象。与之不同的是,本书的目的不是反思和批判,而是试图直接言说共同体的意志或感觉。认识到现代政治法律学问深处的共同体缺失或遗忘,是我迄今为止的法哲学思考的收获。我所谓的共同体实际上是一种共同生活的感觉或意志,在我看来,这种感觉或意志是一切规范生活的支撑,没有它们,所谓的规范生活不过是枷锁,或者即便眼下不是枷锁,也终将成为枷锁。政法学者们对于卢梭的"人生而自由,却无往不在枷锁之中"的名言并不陌生,但我们几乎忽视了,在这句话之后,卢梭开始言说社会的神圣性。由此似乎可以得出,这个神圣的社会并非枷锁,而是个体的生活内在需要的东西。这是否是卢梭想要表达的真正意思呢？这是一个容易引发争论,但又特别具有现实意义的思想史问题。

从马基雅维里到孟德斯鸠再到康德,从先秦时代的养士文化到韩非有关统一帝国的构想,本书想要揭示,人不是追求利益的原子式个体,政治法律学问也要懂得在共同体中观察和体会作为个体的人的感受。对于以个体性为核心的现代政治法律文明来说,这一点尤其如此。如果说现代政治生活的起点是孤独的个人,那么在据说现代生活的终点,在据说一个末人的时代,追求权利的人也应该明白古典生活或者共同体生活的意义。

人对利益的追求不能成为他的全部权利,孤独的权利个体不是人生活的本来状态。相对于神圣的社会性来说,一个建立在孤独的个体基础上的社会,反而可能处处是枷锁。当然,我在这里并非说孤独完全不合理,相反,孤独是人本应经受的历练,一旦浴火重生,最终还是要在共同体生活中实现自我满足。在我看来,当代中国的法学理论仿佛正在践行这一命运。尽管这一走向共同体的法学理论究竟以何种形式呈现眼下还难下定论,但在对于作为当代中国法学之基础范畴的权利观念的深度考察中,我似乎看到了一种想要走出孤独,走出对于个别化利益的追求,寻求共同生活的意义与价值的趋势和线索。

2018 年 5 月 24 日一稿于美国印第安纳州伯明顿

2019 年 9 月 4 日改定于华东政法大学明实楼 329 室

目　录

经典阅读与开放的理论生活

——“古典法学”研究之倡导

引　言

对于人文学科来说，经典的意义自不待言，在文学、历史和哲学中，谁能否定经典作品的意义？一个优秀的文学研究者，不可能不去读《诗经》《楚辞》《红楼梦》，不可能不去读《荷马史诗》，不去读莎士比亚；一个从事哲学研究的人，也不能不去读柏拉图、亚里士多德、康德、黑格尔、维特根斯坦；学习历史的人，则不能不去读《史记》《伯罗奔尼撒战争史》，不能不去读爱德华·吉本的著作……人类历史经历数千年，我们将那些在历史长河中留下来的、历代学人孜孜不倦阅读的著作称为经典。

其实，对于何谓经典这个问题，但凡有过阅读经历的人都会有所了解，即便并非每一部都认真读过，甚至哪怕一本都没有翻阅过。但凡有过一点学习经历的人，不论有无学历和学位，总会知道人类历史上的几部经典。经典就是那些在众人口中几次三番出现的著作，有时我们甚至记不清是什么著作，但总能够说出一两个经典作家的名字。然而，对于一名合格的研究者，如果他没有阅读过一两部经典，我们就会怀疑他的所学：为什么是这样呢？

在知识和思想的传统中，我们对于经典有一种敬畏之心，在知识人群体中，经典会被视为具有神圣意义的东西。大多数知识人都知道，经典有无穷的魅力,是可以几次三番、字斟句酌的文本,经典是知识人的圣经,对待经典著作和经典作家,知识人应该如同信徒对待教义一样。如今回头看我们的法学知识传统,我们会发现,这个知识传统在很大程度上是由经典著作确立的,在每一次思想转型的时代,在一种新的思想确立的时期,都能够找到一系列的经典著作。同时,我们的思想史写作大多是经典著作勾连起来的,我们的思想史说到底是经典著作的历史。人类知识发展史上的核心概念和命题,没有一种不是出自经典。尽管我们还不能说是经典塑造了人类,但人类最为璀璨的思想文明的确是通过这些经典文本保存下来的。

实际上,没有人会拒绝经典文本的意义,也没有人否定有必要阅读经典,但在眼下中国法学尤其是法学基础理论的研究中,却存在一种轻视经典作品研究的现象。在法学的知识人群体中,流行着这样一种看法:经典作品中的那些问题脱离了现实生活,无法为我们的现实问题提供解决问题的指南。甚至有一种比较广泛的看法认为,对于这些作品已经研究得很多了,没有必要耗费那么多的时间在文本上下功夫,相对于阅读一两本经典,还不如耗费心力研究现实的社会问题,法学是实践之学,这类书本的研究脱离了法学的本质。因此,在目前的法学研究和法学发表中,有一种漠视经典研究的风气。

一、当代中国法学理论研究中的怪现象

在当下的法学理论研究中,存在着一种怪现象,即一方面还在使用着一些基本的概念和术语,表达着某种知识性的关注,想要提供对特定社会现象的理论和思考,但另一方面对于这些基础的概念和术语本身,却不再进行深入的研究和思考。一种脱离了对于基本概念研究的思考的法学学问,还是可靠的法学学问吗?一方面,对于像权利、

法治这些在二十世纪八十年代还引发了巨大争议的概念,如今不再做进一步的研究和追问,但另一方面,我们所谓的面向现实的法学研究,却还在使用着这类概念,使用这些概念所确定的基本框架。这种所谓的面向经验和现实的研究,真的能够带给我们新的观点和视角吗?

在当下的法学研究中,十分欠缺对于基本概念和术语以及在此基础上形成的思维方式的反思。这些概念和术语,这些思考问题的基本模式究竟是如何形成的?我们是如何建构像权利、法治、自由、平等这些基本概念的?这些在三十年前我们还一无所知甚至给予强烈攻击的概念,是如何在三十年之间成为一个内涵确定、无人质疑的概念的?我们有关现代法治的一切观念在过去的三十年间真的建立起来了吗?我们对于现代法治的思维和看法真的就如此确定,毫无质疑和反思的必要吗?我们从何处获取这种质疑和反思的源泉?我们如何表达我们的质疑和反思?这些质疑和反思真的能够仅仅凭靠着田野调查研究获得吗?我们如何在基于田野调查的质疑和反思的同时,保证法学学科的思想性和学术性?

面向实证分析的法学研究在过去三十年间的确获得了巨大发展,甚至可以说它们初步建构了当代中国法学的基本框架,但在三十年后的今天,我们却不再对构建这一基本框架的概念和思维方式进行反思。于是,我们甚至产生了这样一种感觉:对于现代法学一些基本问题的了解如今不是清晰的,反而变得更模糊。当初这些基本问题正是从经典作品中找到的,经典作品在二十世纪八十年代的确成了中国法学界的知识人审视时代的基本理论资源。八十年代的知识分子们,有一种建构理论的热情,有一种面对经典的敬畏,在那个文化热的时代,知识分子们凭靠阅读经典的热情,回应着那个改革的时代。

与八十年代的知识分子形成鲜明对比的是,当我们的基本理论模型暂时确立之后,在我们尚未对这些理论模型的基础进行严格的检验之前,知识人便一头扎进九十年代现实问题的洪流中,想要凭靠自己的理论热情,为转型时代贡献绵薄之力。然而,现实生活并不是如同我们的理论家们设想的那般,尽管他们提出的解决问题的办法有一些被采纳了,但现实生活仍然并未完全按照他们设想的那样运转。这些热情参与社会生活的理论家们必定会在现实生活的潮流中感到失望,他们想要通过理论来改造现实的想法,在现实生活面前遭到了沉重的打击。他们没有保持与现实生活的距离,因此在他们自我感觉贴近现实生活的时候,反倒离现实生活越来越远了。如今,理论研究中弥漫着一种无奈的情绪,这种无奈在很大程度上是无力对现实做出解释,甚至无力从理论上给我们一个乐观的将来造成的。然而,也有一些坚定地想要参与现实生活的知识分子,在他们身上并没有无奈,他们认定这是理论的问题,是理论脱离现实生活的反应,但奇怪的是,即便是这群知识人,他们仍然将自己的精力投入对现实的研究中,拒绝反思理论本身的不足,仿佛对现实生活的研究中可以生长出理论,他们以解决一个又一个具体问题为己任,认定抽象的理论建构乃是学者的空想,是法学学问的歧路。

今天的理论法学研究有一种强烈的参与法律现实的热情,法学知识人投入对具体司法问题的研究中,对司法过程进行细致分析,更重要的是,他们以此作为一种正确的方向,拒绝有关面向经典的思考,他们认为仅仅阅读经典是不够的,但他们并未在面向经典的研究中做出努力。对经典法律思想的这种排斥,使当下的法学理论研究变得毫无活力,单纯面向具体问题的分析,似乎是阻碍而不是增强了我们对基本法学命题的洞察力,甚至,我们已经无法敏锐地意识到当下法律生活面对的问题。离开了经典著作的引领,一些现实问题的表达就如同新闻报道,我们无法从中看到法学知识人的深度思考,无法从现实问题中抽身而出,因而当下的法学理论研究,也就在法学知识人对具体现实问题积极而热情的“把脉”中,丢失了对于普遍性问题的关注。

这种研究当然无法满足青年一代对法学知识的内在追求。在今天的法学知识领域,弥漫着一种轻视理论的情绪,理论工作者只对当下存在的东西才有热情,而将一切眼下看不见的东西视为虚无,只觉得有用的东西才有价值,甚至觉得价值都是个体性的,因人而异、因群体而异,否认存在着一种普适性的价值,也不去探究是否存在一种普世价值。我们的理论世界到处充满了一种理论正确,忽视了理论生活本身的开放性。也因此,我们这个时代的法学研究越来越走向封闭,在全国几百所法学院校中,到处都是教义法学、社科法学乃至于实证研究的呼声。对于一种法学学说,不是去追问它的论证逻辑,不是去看它在论证上是否优美,而是首先去看它是否有助于解决现实问题,于是我们就看到,法学是权利之学如今变成了法学是实践之学,如果说权利一词身上还带着理想情怀,那么如今实践就成了现实的附庸。

这就是我们这个时代的法学,一种无视理性和实践的距离的法学,一种急匆匆地想要为现实生活世界提供指南的法学。一旦离开了反思的、保持与现实距离的理论生活,实际上就已经不再是理论生活,这样的法学成了另一种政策,法学家成为技术专家,法学家成为现实法律机器的一个部分,而无力描述共同体法律生活的蓝图。当前的法学理论在很大程度上已经不再是理论。这是因为,理论生活应该保持与现实生活的距离,甚至保持一种与现实生活敌对和不合作的态度,这是唯一一个走向世俗世界却还能确保人类精神生活尊严的生活方式,这是理论生活自身的生命所在,哪怕在理论不得不成为现实生活之操作指南的时代,这种作为现实生活之操作指南的理论也并不能穷尽理论生活的全部。

二、阅读经典与开放的生活方式

为了保持与现实的政治法律生活的距离,为了保持一种与现实不合作的态度,我们需要阅读经典,以从经典中寻找一种更为开放的生活方式,寻找一种与现实世界不同的生活态度。这是在一个理论生活日益走向封闭的时代呼吁知识人阅读经典的理由,也是在这个时代阅读经典所想要达到的目的。从对于经典的阅读中,我们能看到不同于当前理论的范式。当前我们的法学理论生活太过于单一,从而并未清醒地意识到,还存在其他看待政治法律问题的方式。一旦通过阅读经典打开这种思维方式,现实生活的意义就会向我们敞开;一旦超越教义法学的思维模式,就会看到现有法律生活中一些被遗忘的、更有意义的命题。

有人也许会说,为了使理论生活变得日益丰富和开放,不一定要借助于经典,但是,我们究竟是否能够超出自身的时代来思考是一件令人怀疑的事,即便不是不可能,至少也非常困难。就如同我们观察现实生活一样,我们更倾向于用同一种观点来观察不同的现实世界,看不到相似的事物之间原本并不相似,或者看不见不相似的事物其实是相似的。我们在理论生活中呼唤一种独立的灵魂,可以超逾自身的时代进行思考。正如知识人共同认为的,这样的灵魂是罕见的,真正有能力洞察时代真相的是极少数人,只有少数人能看到相似的事物原本并不相似,不相似的事物其实相似。既然在日常生活中,我们常常敬佩那些能够做出此种观察的灵魂,那为何在理论生活中,我们要拒绝这些灵魂所做的深刻观察呢?

阅读经典著作,实际上是同那些超逾时代的罕见灵魂打交道;我们阅读经典,是在主动地接受他们对我们思想世界的指引。我们当然可以直接地接受现实生活的指引,开拓我们的思维世界,但是,打破偏见和迷信太难了,我们自认为是在接近现实,其实不过是在接近被迷信和偏见遮蔽的现实。今天我们看待法律问题的方式,不正是被教义法学和社科法学所遮蔽了吗?至少,它们揭示给我们的只是某一种现实,作为一种理论的法学,应该要反思和质疑这种单一的观察法学的视角,尤其当这类视角主导了法学的时候,我们更应该大胆地去怀疑。因为在理论生活中,在追求正义的理论思辨的大道上,是不存在一种支配性的视角的,真正的理论生活应该是不断反思的生活,它要质疑那些自诩为主流的思维方式。我们通过对于经典著作的阅读,看到了对于同一种问题的不同思考,这是那些罕见的伟大灵魂向我们揭示出来的现实世界的丰富性,我们所要捍卫的正是这种丰富性,而那些罕见的伟大灵魂就是人类认识能力本身的不同体现。

因此,我们倡导的对于经典的阅读,其最崇高的目的是捍卫理论生活的独立性。只有那些拒绝独立的理论生活的人,才拒绝对于经典的阅读;只有那些认为人类的精神生活没有独立意义,或者仅仅是对于现实的诠释的人,才会否定经典的意义;只有他们,才会迫不及待地拥抱现实,最终消逝在现实生活的洪流之中。也正是在这个意义上,值得我们反思的是,法学仍然是正义之学,而不是强者的工具,在现实生活变得混乱且糟糕的时代,我们可以没有法律,但不能没有法学,哪怕到处是强者的逻辑,正义的道理依然耳熟能详。在我们当下面临的这个转型的时代,我们尤其需要一种与现实生活不合作的法学学问,一种在其中能够看到人所思所求的法学学问。

这就是我们呼吁诉诸经典的现实理由,在经典的世界中,我们看不到眼下现实对于我们精神世界的束缚,但能够感受到不同时代中共同的人性所发出的对于正义的求索,感受到法学所想要捍卫的共同生活的必要性。在经典的阅读中,我们感受到那些伟大灵魂对于正义的呼声,对于共同生活的必要性的论证。我们所要做的就是在我们这个时代,结合我们的具体生活,来继续呼吁正义,继续言说共同生活的必要性。

如今,即便是那些排斥经典的人,也未必全然否定经典的意义,在那些讨论现实问题的作品中,我们仍然能看到经典作品被再三引用。实际上,这些否认和排斥经典的人,他们仅仅是质疑经典在现实生活中的作用,他们抱着经典是否能直接有益于现实的疑惑来质疑。在这些人的作品中,我们看到的是一种对于现实生活极度不信任的态度,毕竟,精神生活也是人类现实生活的一个必要部分。我们在经典著作中能够领略到的是现实生活世界的无穷魅力,我们在那里看到的是无数个隐匿在经典背后的罕见灵魂在和我们一同思考,我们不拒绝这些罕见灵魂,便是不拒绝我们自身的现实可能性。

在一个理论生活走向封闭的时代,阅读经典可以敞开我们的视角,这就是我们倡导在法学研究和法学教育中阅读经典的至高理由,也因此,我们并不是仅仅为了阅读经典,我们是为了一个开放的理论世界阅读经典。而这个开放的理论世界,意味着一个开放的现实生活世界,这正是我们阅读经典的内在目的,即通过经典作品看到更多的现实可能性,体会到作为人的现实丰富性。

三、当代中国理论法学中的爱欲缺失

近年来,有关教义法学和社科法学的争论使得中国法学界呈现出一种理论繁荣的景象,法理学似乎又找到了新的话题,相关讨论也具备一定的学理基础。可以说,如今的法理学争论在很大程度上已经开始产生问题意识和方法论意识方面的自觉,而不只是一种立场的宣示,双方从一般原理到具体运用做出了诸多努力,也出版和发表了一系列学术成果。一直关注中国法学研究格局的苏力教授,在 2014 年发表于《法商研究》的《中国法学研究格局的流变》中,也仅仅将论述的重点置于社科法学和教义法学之争方面。

教义法学和社科法学的争论在一定程度上提升了当前法理学的思辨水平,甚至可以说,这是法理学在长达十余年沉寂和积累之后的成果,反映了我们当前的法学思维方式,表达了或者说总结了我们对于法理学研究路向的基本看法。但是,以规范分析及其适用为核心的教义法学和对于规范的现实运作进行考察的社科法学,不管它们之间有着多大的争论,也无论彼此之间的争论是否真实地反映了对方的立场,我们都可以说,这场争论是以规范为前提的。尽管苏力在《中国法学研究格局的流变》一文中强调,两者之间对事实和规范的关注程度不同,认为教义法学"集中或首先关注法律和教义,事实问题或非常规性问题只是法律教义分析中必须应对的要点之一",社科法学则集中关注事实,在社科法学看来,"法律、规范和教义重要,但只是不能忽视的'事实'之一,而不是必须不计一切代价予以恪守的天条或'教义'。社科法学更注重司法或者准司法的系统性社会后果",但不可以忽视的是,社科法学和教义法学都关注事实与规范,仅仅是程度上或者说侧重点方面有差异。如果将两者关心的具体内容抽象出去,那么我们可以观察到的社科法学和教义法学的一个共同属性就是,两者都关注于经验的事实或者规范,并且着力于对事实或者规范进行描述性的分析。社科法学所关注的事实不管多么的独立,总是与规范相关的事实。规范,而不是事实,实际上仍然是社科法学和教义法学之间的共同纽带,因此可以说,社科法学和教义法学之间的联系要多于区别,它们不过是实证主义法学时代的"孪生子"罢了。

在此我无意于对上述判断进行细致的分析,但这的确是我在阅读社科法学和教义法学方面的文献之后所得出的真实感觉。然而,在社科法学和教义法学作品的阅读过程中,我们却始终找不到这样的理论向度,这就是,社科法学和教义法学所描述的世界是否是我们愿意生活的世界?现代法治,或者说更为具体的当代中国法治,应该具有怎样的品质?社科法学和教义法学都未能对我们这个世界的生存品质,对生活在法律规范之下的个体的精神生活加以关注。社科法学和教义法学的世界是冷静的、分析的、逻辑的、结构化的,它并未分析在法律规范之下生活着的个体有着怎样的爱欲。一个很明显的事实是,在社科法学和教义法学的文献中，我们找不到对于个体与群体情感的分析，它们无法回答一个问题，这就是，在一个想要奉行现代法治的国度，我们应该有着什么样的情感，这些情感应该如何得到培养。它们更没有去探究，什么是我们应该过的法律生活。当代中国法学缺乏对于人性的探索，也缺乏对于法律生活是否在根本上反映了人性之需要的探索，甚至大多数理论研究者认为，这不是法学应该致力于的事业，因此他们就将这类探索排斥在法学理论之外。

我们的法学已经将法律与道德的分离视为一个常识性问题，社科法学和教义法学是由一系列的常识性知识建构起来的。支撑社科法学和教义法学的那些常识正是西方世界在长时期发展之后所确立的常识，这些常识并不能如同技术引进一样为我们所接受，有关这个方面的道理，二十世纪早期的中国史应该能够给我们许多提醒。社科法学和教义法学无论在具体主张上有多大的差异，在其本质层面都是描述性的，它们看待法律世界的方式是描述性的。然而，描述性和经验性地看待法律世界的方式却并不是一开始就存在的。法律世界并不是简单地通过立法存在于那里，法律世界是被建构出来的，但它究竟是如何被建构出来的，有关这个问题，即便在我们已经能够轻易地了解西方法律思想发达史的如今，想要法律人明了这个道理似乎仍然并非易事。

当今的中国法学非常轻易地就接受了实证主义时代产生的种种法律观念，非常轻易地就接受了有关法律与道德分离的看法，非常轻易地就认为，法律改革的核心是司法改革，是裁判方式的改革。这些东西在西方世界当然是一种常识性知识，不可否认对于我们这群接受过专门性的法律教育的博士们来说也是一种常识。然而，它究竟是否是这个民族的常识，却值得怀疑。苏力也曾经表达过这种怀疑，但他的怀疑是通过对于具体案件的分析所表达出来的，他并没有试图去打破这种怀疑，他并不想要建构一些东西，因此，著名的“秋菊打官司”似乎就成了民间法的代表。他并未追问过：秋菊的世界究竟是一个怎样的世界？

这个世界在多大程度上远离了我们的世界？秋菊的内心是否也有一种想要过我们的世界的愿望？我们的世界是否是符合人性的世界？总而言之，他并没有对于秋菊及秋菊们的爱欲世界进行分析，也正因如此，我们从他的分析中，似乎感受不了秋菊及秋菊们的未来。

四、走向古典法学

用规范分析取代爱欲分析成为我们这个时代法律生活中占据支配地位的理论景象，社科法学和教义法学不过是这一支配地位的理论景象的具体表达而已。我们何以会进入一个法律规范的世界，或者说一个法律规范的世界究竟需要有怎样的品质，对处于转型时期的中国法学来说，是有必要进一步加以思考的问题。否则，我们就会只看到规范，而看不到规范背后的世界，看不到一种规范所支配的生活与我们的现实生活之间究竟有着何种内在的关系，就会想当然地认为，规范的世界是一个单纯的外在生活的世界，而与人的内在的生命毫无关系。于是，就有可能出现这样的结果：我们的规范分析和社科法学越是精致，就越是远离我们的生活世界，就越是无法得到人们的认同，规范的世界成为一个外在于我们的，甚至对于我们来说是纯粹强制的异化的世界。

对于转型时期的中国人来说，想要追求一种以法律规范为中心的生活，就必须回答上面提出的问题，对于当代法理学来说，也因此需要更宽阔的视野。我们需要适度地超越一种经验性的考察法律现象的方法，因为转型时期所要求的恰恰是一种对于未来生活加以谋划的能力。在法律生活中，过怎样的法律生活、建构何种法律世界是一个值得我们思考的话题，只有在这种思考中，我们才能明了未来将要走向何处，才能明了我们追求的目标究竟是什么。对于这个话题，教义法学和社科法学无法提供我们以答案，我们必须深入到我们这个时代的爱欲中去，深入到人性内在的需要中去,如此才能找到真正支撑我们规范生活的内在的动力源泉。

也正是在这个意义上,我们有必要回到规范秩序产生之前的人类法律思想史中去,去寻找规范秩序产生的源泉,看看在那个源泉处究竟存在着哪些人类法律思想的智慧。我们有必要关注在实证主义及其影响的法学出现之前的人类法律思想,我们有必要关注在专业技术化的法学时代出现之前的那些法律思想,有必要走出法学家的法学,就其不同于现代实证主义时代的法学而言,我们可以将古典时代的法律思想简称为“古典法学”。

与教义法学和社科法学一样,古典法学不是一个能精确描述自己对象的概念。正如教义法学可以囊括德国的概念法学传统、英美的法律实证主义传统,社科法学可以囊括从社会学、经济学、心理学、人工智能等角度出发的对于法律的研究,古典法学所指的就是出现在古希腊、罗马时代的思想家笔下的法律思想,出现在中世纪自然法学中的法律思想,出现在中世纪晚期及至近代早期以来的自然权利思想,出现在启蒙以来理性(与非理性)时代的法律思想。甚至,古典法学的来源并不仅仅出现在专业性的对于政治法律现象的思考中,也出现在文学家笔下,出现在哲学家笔下,乃至于出现在宗教作品中,如此等等。总之,在他们思想中呈现出来的法律世界在极大程度上有别于教义法学和社科法学描述给我们的法律世界。这些作品对一个适合于人类的法律世界究竟可能是怎样的形态做出了若干构想,这些构想尽管没有直接的实践意义,却能使我们看清楚,为什么选择一种以法律为中心的共同体生活,看清这种以法律为中心的共同体生活有何种内在品质,在法律秩序下的人们有何种爱欲。

在这些作品中我们甚至可以看到,以法律为中心的共同体生活不是一种最好的生活,但这并不意味着这些作品会抵消我们这个法律支配的世界的意义,而是在不断提醒这个法律支配的世界并不是我们的法律生活的全部。同时,这又在一定程度上提醒我们的教义法学和社科法学的研究者们,切莫走向一种极端的法的世界观,认为仅仅凭靠着自身的教义学智慧和社科法学的成果,就能够充分地、完整地描述我们生活在其中的法律世界。

很显然,自然法传统属于古典法学,是古典法学传统的一个重要部分,自然法在极大程度上丰富了我们对于法律世界的认识,这就是,构成我们的法律世界的并不只是那些实证的规则,还包含规则背后的精神世界的原理,这些原理曾经在不同的时代为不同的思想家所表述,甚至正是这些原理,而非实证的规则,起到了为世俗世界确立秩序的功能。如果仅仅局限在实证主义的时代,例如在今天,我们的法学仅仅将自然法中确立的原理视为某种必须审慎对待的价值,通过某种特定法律方法被吸纳到具体的裁判过程中。但是,在法律思想史上,自然法的意义并不仅仅在于裁判,在中世纪的教会法体系土崩瓦解之后,它起到了为世俗世界确立秩序的功能。甚至,在很大意义上,正是对于自然法的进一步探索,产生了如今的实证主义法学,后世强调的对实定法的遵从,正是自然法提出的要求,我们看到,正是霍布斯首次将遵守自然法的要求化约为对实定法的无条件的公民服从。

结　　语

我们生活在一个崇尚经验与实证的时代,经验与实证不仅是一种具体做法,也支配了我们对于实践生活的意义界定。在这个由实证主义支配的法学时代,古典法学的价值和意义就在于它揭示了一个规范的法律世界同人的爱欲世界之间的内在关联,它再一次地敞开了我们对于美好生活的想象,再一次地将对于法律的思考同对于人自身的存在方式的思考关联起来。这些思考即便并不具有直接的操作意义,但是它拉近了我们同规范世界的距离,从此,规范的法律世界就不再是一个外在于我们的异化的世界,而是一个同我们的内在生命息息相关的生命的世界;规范的法律世界也不再是冷冰冰的逻辑的世界,而是一个融贯着我们生命感觉的活生生的世界。

上编

马基雅维里论公民宗教

——《李维史论》第一卷第 11—15 章释义

马基雅维里关于宗教最明确的论述出现在《李维史论》第一卷第 11—15 章中,[①]这个部分有关宗教的探讨在整个《李维史论》中占据重要地位。本文试图细读这个部分,一方面,揭示马基雅维里的宗教观与现代自由民主社会的内在关联,看清楚他从哪个角度论述宗教;另一方面,在此基础上理解他有关《圣经》的独特看法。透过马基雅维里有关宗教的论述,我们看到,宗教与政治的关系,即传统所谓的政教关系,不是简单地一方支配另一方,相反,它关涉到现代自由民主思想的根本问题。

一、基于文本结构的观察

要想搞清楚马基雅维里在《李维史论》第一卷第 11—15 章中说了

---

① 施特劳斯注意到,在《李维史论》中,宗教问题首先出现在第一篇有关奠基者的讨论中(参见第一卷第 9 章卷首),随后在第一卷第 11—15 章得到了明确分析,而在第 19—24 章、第 28—34 章中,也以一种或多或少隐匿的方式被再次提及,最后一次被提及则是在第 46—59 章。参见〔美〕利奥·施特劳斯:《关于马基雅维里的思考》,申彤译,译林出版社 2003 年版,第 51 页"注释 56"。同时,本文中《李维史论》的译文均出自冯克利译本(〔意〕尼科洛·马基雅维里:《论李维》,上海人民出版社 2005 年版),同时参考薛军的译文(〔意〕马基雅维利:《君主论·李维史论》,吉林出版集团有限责任公司 2011 年版)。

些什么，首先有必要搞清楚，在第一卷第 11 章之前的部分中，他究竟说了些什么，这些内容与谈论宗教的部分有何内在的联系。《李维史论》以对罗马政治体制的讨论为主题，全书共三卷。第一卷和第二卷分别从制度层面论述罗马的对内政治与对外政治，第三卷则从私人角度看待罗马的对内政治和对外政治。在这三卷中，第一卷有着十分重要的意义，篇幅也最大。正是在这一卷中，马基雅维里不仅展示了他的政体学说，也展示了他对具体制度的看法。

在《李维史论》中（有别于《君主论》，《君主论》的开篇直接进入有关君主的讨论），马基雅维里并未一上来就谈共和国和王国的创建，而是首先谈一般意义上的共和国，关于这个主题的论述占据了第一卷第 1—8 章的几乎全部内容。马基雅维里在明确所要创建的政体的属性之后，在第 9 章开头部分预告要进入有关具体制度的讨论。[①] 之所以如此，是因为有关政体的讨论较之对具体制度的讨论更重要。这一点早在亚里士多德笔下就得到了阐明。亚里士多德认为，城邦先有政体，后有法律。而在《李维史论》第一卷第 18 章第 1 段，马基雅维里也明确说：

> 罗马先有统治的体制，或确切地说，先有了国家的体制，而后才有了法律。

如此，我们才可以理解，为何在第 9 章开头，马基雅维里才预告要具体讨论共和国的制度——有关宗教和军事的制度。

然而，在第 9 章接下来的部分和第 10 章中，马基雅维里却偏离主题，不是着眼于具体制度，而是讨论如何正确评价创建者，对具体制度的讨论迟至第 11 章才出现。第 9—10 章致力于讨论君主的品质，其中第 9 章明确谈到不能从寻常道德的角度评判奠基者的德行，竭力为罗

---

① 从表面上看，这种说法似乎不准确，因为第 1—9 章也讨论制度，并且是有关在马基雅维里看来最重要的保民官制和公开指控制度的讨论，但马基雅维里的根本意图是突出古罗马在政治结构上的优点，而非具体的制度问题。

慕路斯杀死兄弟的行为做辩解。于是,在一般读者看来,《李维史论》第9—10章中的相关讨论,就只是一段可有可无的“题外话”。那么,马基雅维里为何要插入两章有关创建者的讨论呢?

为了回答这个问题,首先需要注意的是,马基雅维里在第9章中陈述了他发现的一项“通则”:

> 任何共和国或王国的创建,或抛开旧制的全盘改造,只能是一人所为,要不然它绝无可能秩序井然,即或有成,亦属于凤毛麟角。

这就意味着,有关制度的讨论需以明确制度的创立者为前提,而他关注的制度创立者,仅指君主一人。接下来的句子显得是在为这位独立君主的行为提供辩解,但细读之后,我们会立即发现,马基雅维里不是在为强权辩护。在第9章中,他表达了对权力的看法,提出了一个现代人十分熟悉的观点,这就是,一人之治不会长久,只有与众人关系密切的制度,出于公益的制度,方才长久。第10章继续前一章的主题讨论奠基者。这一章描述了一副明君统治的图画,同时与之对立,描述了一副暴君统治下的图画。两相对比,就暗示出,马基雅维里的真实意图是赞美共和国或王国,反对腐败的、专制的共和国。而如何构建完美的共和国或王国,正是他前8章的核心命题。不仅如此,在第9—10章中,马基雅维里关心的是如何在腐败的共和国中塑造一个崭新的共和国,这个崭新的共和国是否能够塑造成功,依赖于一位独立君主的智慧,此人不仅善于治理,而且能建立一种与众人休戚相关的制度。

政体的建造与具体制度的建造不是一回事,这不是说政体的建造与具体制度的建造不相干,而是说新制度的创建者必须服从于马基雅维里有关政体的一般规定。也就是说,他此前通过罗马讲述的一般意义上的政体为制度的创建者规定了范围,这就使他对君主的讨论服从于他有关政体性质的一般看法。正是在此意义上,我们看到,表面上看不必要的两个章节,已然暗示了《君主论》在《李维史论》中的位置,《君主论》中讨论的君主国和君主的权力仍然服从于马基雅维里有关政体的一般规定。之所以允许君主使用各种手段获得权柄，是因为要创建一个共和国或王国，需要抛开旧制进行全盘改造。也就是说，他面对的必定是一个腐败的城邦。而通过各种手段获得权柄的君主，仍然要服从于第 9—10 章对共和国或王国的秩序所做的一般规定，即以一个自由文明的秩序为皈依。我们也由此得知，这位君主设计的各种具体制度，以及马基雅维里在此后有关罗马的具体制度的讨论，必然要以此为依归，对于具体制度的考察，应该纳入对于政体一般知识的考察之中。

不仅如此，从文本结构出发，也有必要将第一卷第 1—15 章视为整体。施特劳斯注意到：

> 马基雅维里在第一卷第 1 章到第 15 章，并没有沿用李维的序列安排，这一组章节，显而易见地处于一个清晰可鉴的，甚至予以明言披露的构思设想的规则之下。

也就是说，第 1—15 章是按照马基雅维里自己的构思规划撰写的部分。而接下来，他将自己隐藏在李维的《罗马史》中：

> 严格地遵循了李维的序列，沿着一条笔直的路线，将我们从李维的《罗马史》第 2 篇的卷首，一直引到第 7 篇的末尾。①

根据施特劳斯的论断，第一卷第 1—15 章就是《李维史论》中唯一直白坦露马基雅维里政治观念的部分。

第 1—15 章作为一个整体的证据还在于，马基雅维里的兴趣是一般意义上的共和国，这个深层意图直到第一卷第 9—10 章才公开出来，罗马共和国在马基雅维里那里是健康共和国的典范，此外，这一章中明示的另一主题，即腐败的共和国这一主题，直到第一卷第 16 章才浮出水面。从这个意义上讲，第 11—15 章讨论的有关罗马宗教的主题，就

---

① 〔美〕利奥·施特劳斯：《关于马基雅维里的思考》，申彤译，译林出版社 2003 年版，第 134—135 页。

成为马基雅维里论述健康共和国的国内秩序的最后一个部分。①

二、马基雅维里有关政体的一般看法

从文本结构出发获得的结论提示我们，要想真正理解《李维史论》第 11—15 章有关宗教的看法，必须首先了解马基雅维里有关政体的一般看法。这种看法出现在《李维史论》第一卷第 1—2 章中。

在《李维史论》第 2 章开端，马基雅维里提出，他要讨论的是“完全受自身意志支配的城邦”，“它们或是共和国，或是君主国”。由此看来，在政体问题上，马基雅维里无视古代政治哲人使用的更精细的区分，也就是说，忽视了民主制和贵族制的区分，这种做法让我们想到了孟德斯鸠在《论法的精神》中将民主政体和贵族政体纳入共和政体进行讨论的做法，因为无论是民主政体还是贵族政体，都是不止一人实施统治的政体，从而与一人之治的君主政体区别开来。我们还应注意的是，孟德斯鸠除了在统治者的人数方面划分政体之外，还从施政方式的角度出发划分政体，从而将政体划分为宽和政体和专制政体，并且进一步在宽和政体的基础上，提出了自由的政体。

马基雅维里是不是孟德斯鸠有关政体的讨论方式的“第一人”，是个值得注意的问题，但仅仅从《李维史论》第一卷前 8 章出发，我们似乎也能得出肯定答案。这里值得注意的是马基雅维里有关政体循环的讨论。马基雅维里的出发点是古典时代的政体模式，更具体地说，是柏拉图和亚里士多德的政体模式。在古典政治哲学的体系中，根据德性的层次，有君主制、贵族制和民主制的划分，但每一种政体都可能蜕化。发生蜕化的真正原因，在古典政治哲学的体系中，应该从人类灵魂的本性或德性中去了解，正当的政体是德性占据支配地位的统治，例如在亚

① 第 9 章开端预告要进行讨论的另一项具体制度，即军事制度，则成为第二卷的核心主题。

里士多德看来，唯有德性占据支配地位，统治者才能做到捍卫城邦的共同利益，而蜕化的政体由于丧失德性，只服务于少数人或一人的利益。①但是，对这个结论，马基雅维里却悄悄地进行了更改，他将政体蜕变的原因，不是归结于统治阶层或民众德性的败坏，而是归结于制度自身的利弊。

马基雅维里得出的这个结论，表明他在全新基础上提出了有关政体的全新理解。在讲完对于古典政体观的看法之后，他随即提出了有关政体变迁的全新看法。

首先，马基雅维里他将自我保存视为政体诞生的直接原因。于是，城邦的诞生就不再是亚里士多德讲的出于自然——人类之所以要有城邦，是因为从个人到家庭到部族，均出于自然。在亚里士多德笔下，凡出于自然的事物，皆有某种善，因此城邦的形成固然是为了自我保存、满足生活需要，但也是为了生活得更美好。② 马基雅维里在谈及政体起源的时候，丝毫不谈有关美好生活和善的问题。在他看来，只有在政体诞生之后，才出现忠奸善恶之辨，而在古典政治哲人那里，政体自身的形成就体现了某种善和恶。正当的政体天生都是好的，一人之治是最佳的政体，而平民制则是蜕变的政体中最坏的。这种有关政体诞生的看法，是霍布斯有关政治生活的说法的前身。

其次，在马基雅维里看来，一切政体都经历了君主政体到贵族政体再到民主政体的循环。这就是著名的“政体循环说”。然而，在此必须注意的不是这种表面上的“循环”，而是要探讨发生“循环”的原因。实际上，“循环”的表面含义是一切终将从头开始，并且不会停留于这个开端。然而，这种表面上的含义，并不能使我们更为深刻地理解马基雅维里笔下从君主政体到贵族政体再到民主政体的循环。

---

① 参见〔古希腊〕亚里士多德：《政治学》，颜一、秦典华译，中国人民大学出版社 2003 年版，$1279^{a}20$—$1279^{b}10$。

② 同上，1252^{a}—1253^{a}。

在马基雅维里有关政体诞生的讲述中，最初的政体即君主政体似乎最美好。因为按照他的说法，在政体诞生之后，人们开始知善恶、颂知恩，开始懂得选择明达正直的人来担任统治者。但是，这种美好的状态为何不能永久得到保持？在有关君主政体发生变迁的说法中，首次出现了“专制”一词。而在接下来有关政体变迁的说法中，这个词及其产生的种种映像不断出现。例如，在讲述人们建立贵族统治的意图时，他说，他们憎恨一人独裁，对过去的专制统治记忆犹新；在讲述贵族政体的变迁时，他说到贵族统治者的儿子们“不肯维护公民的平等，心生贪婪与野心，夺人妻女”，“未久，专制者的遭遇即在他们身上重演”；而在讲述民主政体的变迁时，他也说到掌权者“肆意妄为，无论私家官服，皆无所畏惧……”。

马基雅维里的种种说法，都使我们不得不想到“专制”一词，其意象与孟德斯鸠在论述专制政体时带给我们的意象十分相似。在孟德斯鸠那里，无论是共和政体还是君主政体，最终都会走向专制。例如，当人民剥夺了元老院、官吏和法官的特权时，民主政体就会终结，走向大众专制政体；在贵族政体之下，贵族阶层和平民阶层之间的不平等，也会导致专制政体的产生；而在君主政体中，集团的特权或城市的优先权一旦被剥夺，就会走向一人专制政体。《论法的精神》第 8 章第 1—10 节的主题即讲述各种政体向专制政体的演变。然而，在马基雅维里笔下，还尚未看到有关专制政体的讨论，他仅仅提到了专制，而集中讨论专制政体及其根本特征，在政治思想史上，则是孟德斯鸠的发明。孟德斯鸠所谓的专制政体，是一种没有基本法也没有法律监护机构的状态，尽管从表面上看，专制政体是一人主政的政体，但其实，在这种政体中，人人都是暴君，之所以如此，是因为专制政体自身的属性，专制政体是一种权力不受限制的状态。因此，在孟德斯鸠看来，这种政体是内在地不合法的，并且将因为自身的原因而必然陷于腐化。

马基雅维里有关政体变迁原因的思考，使我们得出了一个大胆的结论,即马基雅维里有关政体变迁的思考,激发了孟德斯鸠有关专制政体的学说。所谓的政体循环不过是表面现象,其实,马基雅维里关心的是如何避免政体沦为专制的倾向,这个结论就与他在讲述政体变迁之前对古典政治哲学有关政体蜕化原因的全新探讨相对应。他想要从制度上避免政体走向专制,在这段有关政体变迁的讲述中,君主政体、贵族政体和民主政体,都成了解决政体走向专制的制度手段。于是,我们就发现,实际上马基雅维里才是想要从制度上解决政体腐化问题的第一人。此后,政治思想家们就不是从德性出发,而是从制度出发,以谋求解决治国之道的根本办法。

放弃从德性的基础出发讨论治国之道,将关注点置于制度,就意味着放弃了古典政治哲人对德性的思考。在马基雅维里看来,上述三种政体都不是解决治国之道的良策,无法解决政体走向专制的问题,他提出的解决方法是在同一城邦中兼行三种政体,即主张混合的政体模式。但是,我们务必注意,当马基雅维里谈论一种混合政体模型的时候,他的本意不是像古典政治哲人那样,想要在政体中为少数最佳之士留下空间。古典政治哲人意识到,政体的难题在于调和对智慧的要求和对同意的要求。考虑到智慧之人具有统治的资格,但唯有少数人才出于自然地追求智慧,而大多数人习惯于过习俗的生活,不会主动地服从于智慧之人的统治,因此为确保少数人的统治,立法者就有必要设计一种同时考虑到这两种人要求的制度,混合政体的特征恰在于此。在这种政体中,贵族制的要素占据了关键和核心的位置,它实际上成为一种因加入了君主制和民主制的因素而得到加强和保护的贵族制。①

在马基雅维里的混合政体理论中,尽管也考虑到了贵族和平民的要素,也就是说,考虑到了少数人和多数人的需要,但值得注意的是,不

① 参见〔美〕列奥·施特劳斯:《自然权利与历史》,彭刚译,生活·读书·新知三联书店 2003 年版,第 142—144 页。

同于古典政体论中将贵族制视为核心和关键的要素,他竭力为多数人的需要提供辩护。《李维史论》第3—6章表面上是在论述贵族和平民之间的不和,但关注点与其说是贵族,不如说是平民。第4章中明确提出,任何一个城邦都要有一套办法来使民众一展抱负,这一章首次提到了"自由的民众"这一说法:

> 享有自由的民众,其欲望鲜有危害自由者,因为这种欲望或是生于受人欺凌,或是来自担心自己受到压迫。

马基雅维里的意图在第5章中才昭然若揭,他在第5章一开始就明确将民众作为自由的捍卫者,之所以如此,是因为民众只有不受人支配的欲望,因此他们有更强烈的意愿过自由的生活,而不愿意伤害这种自由,相对而言,经常造成纷争的乃是贵族,他们支配欲强烈。在这一章末尾,马基雅维里指出了贵族的三大罪状:一是患得患失,攫取太甚,欲壑难填;二是既然他们拥有甚多,改弦更张的能力和动机就更大;三是他们的野心将使无产者或者民众产生报复的欲望,危害政治安定。

种种说法都表明,马基雅维里关注的重点是平民大众,是多数人的利益,少数人的欲望在他的笔下成为导致政体蜕化的真正原因。他的真正目的在于平民或大多数人的自由和安全,而非少数人对灵魂高贵的追求。实际上,我们也看到,《李维史论》中描述的政治领袖,从来都不因德性的高贵赢得统治,相反,他们的品质在于懂得如何取悦大众,维护多数人的自由。在古典政治哲人那里占据核心地位的首先是对灵魂的培育,其次才是法律的强制,而在马基雅维里笔下,良好的教养生于良法,良法则来自纷争,这里所说的纷争在于贵族和平民之间的不和。考虑到他站在平民一边反对贵族,我们也就可以说,良法在于多数人的自由和安全,这一说法遂开始了一个伟大的传统,孟德斯鸠在《论法的精神》中明确地将这一点表露在外,明确提出"民众的安全是最高的法律”的箴言。[1] 于是我们就看到，马基雅维里之所以主张混合政体，是因为在这种政体中，多数人的要求可以制约少数人的需要，从而可以最大可能地约束贵族的权力，这就与古典政治哲学中用少数人的需要制约多数人的需要形成鲜明对照。马基雅维里有关混合政体的论述，因此就预示着孟德斯鸠有关权力分立的学说，在孟德斯鸠那里，人民的安全不只是一种立法精神，而且意味着一种必需遵守的制度形式，人民的安全就是人民的自由，而人民的自由只存在于权力得到制约的宽和政体中。[2]

因此，马基雅维里的共和国就是保证人民的自由与安全的共和国，是权力得到制约的共和国，这是《李维史论》中的隐秘教诲，这一教诲只有在与古典政治哲学的对观中才显得分明。实际上，在马基雅维里笔下，对“共和国”一词的使用非常含混，他时而在广义上使用这个概念，例如在第 2 章第 2 段中提到“一些论述共和国的人”，这里的共和国既包含君主国，也包含共和国，时而也在专门的意义上讨论共和国，他这样做的目的是隐藏自己的教诲。他的真实想法是在人民意愿的基础上建立国家，他考虑的是多数人的欲望，因此有关人民欲望的讨论就成为《李维史论》中最为恢宏壮观的景象。为此，他不得不讨论君主的欲望问题。之所以如此，是因为君主的欲望通常是大多数人欲望的反对者。他把一切旨在满足大多数人欲望的东西视为公益，而将只是满足君主欲望的东西斥为专断，唯有在非常时期，君主的权力才不受制约，其目的在于使专制的城邦转变成为自由的城邦。由此我们也看到，马基雅维里笔下的自由，并非洛克和霍布斯在后来所认为的生命和财产的安全。在马基雅维里笔下，还尚未出现个体的概念，他所谓的自由不过是多数人的安全。正是在此意义上，施特劳斯得出了马基雅维里是“现代

---

① 参见〔法〕孟德斯鸠：《论法的精神》（下卷），许明龙译，商务印书馆 2009 年版，第 524 页。

② 关于这个问题的讨论，参见本书《通往自由国家——〈论法的精神〉第一编中的一对不为人知的政体》一文。

民主第一人"的结论。

三、马基雅维里的公民宗教

要想理解马基雅维里的宗教观,必须首先看到,他有关宗教的理解置于有关政体的讨论的一般框架之内,更具体地说位于他有关政体创建者的讨论之后。这个框架意味着,马基雅维里不是从信仰的角度,而是从政治的角度看待宗教。关于这个结论,最清晰而又直白的证据在于第一卷第15章末尾的一句话:

> 这段故事也许应当作为外邦人的话题,然而它涉及罗马共和国最重要的制度之一。①

在第10章的开端马基雅维里谈到,在受到称颂的人中间,享受赞美最多的首先是宗教的首领和创立者,其次才是共和国或王国的创立者,在说这段话时,他的真实意图在于说,宗教的创立者和共和国的创立者是同一人。② 我们在第11章开头看到了有关这一看法的证据,这就是,罗慕路斯开创的制度尚有不足,努马创立了罗马的宗教制度,遂使凶残的罗马人从此害怕违背誓约,甚于害怕法律。这个说法的含义不是说在所有制度中宗教独占优势,努马之所以要借助宗教,是因为他要给城邦创制完全不合风俗的新制,而对自己是否有此种权威,他并无把握。这句话的真实含义是说,当权威不够用的时候,宗教是不可或缺的手段。罗慕路斯之作为制度创立者和努马之作为制度创立者,两者

---

① 《李维史论》第一卷第15章第1段。

② 参见刘小枫:《设计共和——施特劳斯〈论卢梭的意图〉绎读》,华夏出版社2013年版,第20页。

不相上下。① 更具体地说，罗慕路斯和努马之间的差异在于，宗教作为一种政治手腕，与直接采取暴力和强制的手腕毕竟有重要的不同，前者凭靠说服，后者则凭靠武力。使用武力者，必须保证势力足够强大，可以不断地征服；而使用说服者，可以在武力不充分时取胜。因此，这也就透露出，为何在一切具体的制度中，马基雅维里首先讨论宗教，其次才讨论军事制度。这也进而说明，尽管马基雅维里崇尚武力，但他并不认为武力是政治生活的唯一要素。

既然宗教是创建者创建起来的，不免掺杂创建者的目的，就有必要问，在马基雅维里笔下，宗教的创建者究竟出于何种理由创建宗教？对此，马基雅维里并未明言，但他强调宗教创建者的政治目的，他说：

> 共和国或王国的君主，对于他所掌握的宗教基础，务必善加维护。他若是这样做了，他便不难维护共和国的虔敬、臣民的敦厚，精诚团结亦可相伴而生。凡能增益于宗教的，即使他断定为谬说，也应予以发扬光大。②

马基雅维里有关宗教的看法同传统基督教的看法完全不同，即便从理性主义角度看，基督教也是一种爱的宗教，而非一种政治的宗教，但对民众可能从基督教中获得的灵魂安宁，马基雅维里只字未提。他看重的不是信仰对个人生活的意义，而是信仰对政治共同体的意义。在他的笔下，对神圣信仰的兴趣让位于对政治的关切。信仰生活之有利于政治共同体最集中的体现是，一旦将政治生活的某些重要方面同信仰生活关联起来，民众对其就会不加质疑地接受。因此，任何一个政治共同体，若要想持久存在，必然有其不可质疑的基本信条。从这个角度来看，宗教信仰就不单纯是个体的事情，也是影响民族稳定和繁荣的

---

① 如此才能理解，为何在第 11 章中的开端说，努马的智慧似乎优先于罗慕路斯（“众神断定，罗慕路斯的法纪对于这个帝国尚有不足”），而在之后又说，努马之所以利用神明的尊严，是因为他对自己的权威没有把握。

② 《李维史论》第一卷第 12 章第 1 段。

关键要素。

正是出于对宗教的政治效果的看法,马基雅维里提出了一个在他所处的时代来说是令人震惊的看法,这就是,在他看来,罗马教廷带给意大利的与其说是福祉,不如说是灾难。他在着手批判基督教会时,不是着眼于批判其信仰本身,而是将基督教会作为一种教派,作为一种组织力量来批判。他看到,正是教廷的恶劣行径,使人们虔敬信仰消失,也正是教会,使意大利处于四分五裂的局面。由此可以看出,宗教生活同共同体生活有内在关联,是影响共同体生活的内在要素,这一点在马基雅维里所处的时代,尤其具有现实意义。因此,我们就发现,他将有关宗教的制度放在讲述罗马的具体制度的最开端,绝非随意为之。

然而,承认宗教生活对共同体生活的影响只是第一步,接下来的问题是,统治者阶层如何利用宗教达到自己的政治目的?在第11—15章中,马基雅维里称颂善于利用宗教的民族和将领,也提及不善于利用宗教的将领(第14章),尤其是描述了笃信宗教的萨谟奈人,对萨谟奈人的宗教仪式给予了详尽描述,仿佛萨谟奈人在宗教方面较罗马人来说更虔敬(第15章)。然而,同样地诉诸宗教,为何萨谟奈人会失败,而罗马人会成功呢?

要想理解这一点,首先有必要注意第14章和第15章在标题上的区别。第14章的标题说,"罗马人依照必然性解释征兆;在被迫违背信仰时,也精明地作出遵守信仰的表象;对亵渎信仰者皆予以严惩";第15章的标题则说,"当极端的救济手段令萨谟奈人困惑时,他们求助于宗教"。在马基雅维里看来,相较萨谟奈人来说,罗马人以更理性的态度利用宗教:

> 当理性向他们表明他们应做某事时,则不管征兆好坏,他们都会千方百计地去做。然而他们也会以种种巧妙的方式上下其手,使人看起来他们并未亵渎神明。

如此,我们就看到,马基雅维里在有关宗教的论述的这最后两个章节中,明确地表明了自己对宗教的态度,即他想要表达的不是宗教生活的神圣性,而是宗教生活的神圣性如何有利于政治行动。同时,他也表明,政治行动的基础不是信仰,而是理性。因此,我们也就进一步得出了结论,罗马统治者的精明,不仅在于懂得制定审慎的作战计划,也在于善于使自己的计划同民众的宗教信仰一致。相较而言,萨谟奈人的失败不在于宗教信仰不够坚实,而在于罗马人的力量和萨谟奈人因失败而产生的恐惧,超过了宗教和起誓形成的不屈不挠的精神。这就意味着,萨谟奈人对于敌人的作战力量估计不足,即便他们恢复古老的牲祭,也无法扭转失败的命运。同时,我们也应看到,在马基雅维里的描述中,萨谟奈人对于死亡的恐惧超过了对诸神的恐惧。

在第一卷有关宗教问题的讨论的五个章节中,最重要的是第 13 章。这一章被施特劳斯视为马基雅维里有关宗教问题的核心章节。施特劳斯提醒到,第一卷第 13 章同第 39 章存在内在关联。在第 39 章中,马基雅维里使用了两项例证,一项来自现代的佛罗伦萨,另一项来自古代罗马,说的都是平民出于对执政官的不满,先是废黜执政官,而后又幡然醒悟,恢复执政官设置的故事;而在第 13 章中,罗马人利用宗教手段,使平民听从于执政官。如此就可以看出,佛罗伦萨共和国和强大的罗马共和国之间的不同,恰恰在于罗马人善于利用宗教。[①] 第 13 章也告诉我们,当罗马人利用宗教整饬城邦的时候,他们面对的主要是平民,即多数人。这个发现使我们可以进一步得出结论,即罗马统治阶层的精明与智慧在于,他们着眼于多数人的需要,善于迎合多数人的需要。

于是我们就看到,在马基雅维里有关宗教的论述中,多数人或民众才是他关心的对象。统治者阶层之所以利用宗教,是因为多数人或民众无法充分运用自己的理性,看不清事情的本相。他在第 11 章中明确

---

① 参见〔美〕利奥·施特劳斯:《关于马基雅维里的思考》,申彤译,译林出版社 2003 年版,第 137 页。

挑明了这一点:

> 我还从未见过,给人民创立不同寻常的法律的人,不借助于神明,因为不然的话,他们是不会接受这种法律的。精明的人知道,很多好事情,单凭它们自身的理性,尚不足以服人。

这句话的背后,实际上是多数人和少数人之间的区分。马基雅维里笔下的统治者必须如同执政官帕庇利乌斯那样,首先要懂得凭借自己的理性看清事情的真实状态,其次要像他那般懂得利用宗教,说服多数人听从他的指令和安排。少数人或统治者必须将真实的方面隐藏在宗教的面纱下,否则他们的行动将无法获得多数人的支持。宗教对多数人或民众生活方式的影响,使我们可以将宗教生活视为健康的政治社会不可缺少的要素。马基雅维里也在这一意义上谈论宗教,在第12章中,他就评论说:

> 敬拜神明的地方,人人事事都往好处想;同理,失去虔敬的地方,人人事事都往坏处想。

并且说:

> 如果基督教共和国的君主像它的创建者那样,一直维护这种信仰,那么各个基督教国家和共和国就会比它们的现状更团结、更幸福。

因此,马基雅维里在第一卷第11—15章中的主题就是向我们展示,精明的统治者要善于运用宗教,调动多数人或民众的政治积极性;但何时运用宗教,以何种方式运用宗教,要依靠少数人的政治判断。因此,最重要的不是多数人的宗教信仰,而是少数人如何取悦多数人,借此运用多数人的力量,实现自己的政治目的。考虑到笃信宗教者总是普通民众居多,如此,马基雅维里有关宗教的论述,就是在强调民众在政治生活中的重要作用。这是《李维史论》中有关宗教的论述部分的隐秘线索。于是,制度设计的成功与否,关键在于统治阶层如何利用民众,成功的君主必须是善于利用民众的君主,而为了最好地利用民众,君主必须借助宗教。

此外,我们也可以推知,这种取悦民众的宗教,必然会限制君主自身的权力。在《君主论》第9章中,马基雅维里已经表明,尽管君主可以采取欺骗等手段运用自己的权力,可以无视权贵的利益,甚至可以毁灭权贵,但必须服从绝对的制约,这就是普通民众的哪怕是极谦卑的要求。[①] 马基雅维里的宗教论述在根本上体现了他对现代民主政治的基本看法。考虑到马基雅维里笔下的共和国就是自由民主的共和国,国家的本质是公民的安全,或者说人们出于自我保护的需要而形成国家。既然这个国家的最基本力量来自人民,那么宗教也就必须服从于自由民主的基本看法,即服从于民众的基本需要。

搞清楚马基雅维里的公民宗教同自由民主社会的关联后就不难理解,他对宗教的兴趣不是出于神学的利益,而是出于世俗政治的利益。只有搞清楚他开启的这个转折,才能理解后世的政治作家们对《圣经》的不敬,才能理解后世的政治作家们看待《圣经》的独特视野。不同于霍布斯、洛克等人,马基雅维里对解释《圣经》没有丝毫兴趣。在《李维史论》中,在讨论完有关宗教的主题后,他便匆忙进入到有关腐败的共和国的讨论中,于是第一卷中就发生了重大的转折,腐败的共和国由此引出了遭到后世的道德学者们攻击的论题。[②]

在马基雅维里笔下,对于宗教的兴趣让位于对世俗政治生活的兴趣,他对政治社会之人为起源的看法,同基督教有关人类社会之神性起源的看法格格不入。基督教的原罪观念,在他的笔下成了具有正当性的欲望。与他世俗的政治构想相符合的,肯定不是《圣经》,而是经过他

---

① 参见〔美〕利奥·施特劳斯:《关于马基雅维里的思考》,申彤译,译林出版社2003年版,第54页。

② "在腐败的城邦维护共和国或予以更新极为困难或不可能,其缘由一如上述。假如确实需要在这种地方创建或维持共和国,那就必须把它推向奉行王道的国家,而不是奉行民治的国家。"(《李维史论》第一卷第18章第5段)这里所谓的奉行王道的国家,就是《君主论》中描述的君主国。

精心挑选的古代罗马。只有考虑到这一点才能理解，为何在《君主论》和《李维史论》中，马基雅维里不愿直接面对《圣经》，哪怕在涉及这个主题的时候，也抱着“审慎明智的态度”。例如，马基雅维里在谈到大卫王采取的使富人贫穷、使穷人富有的措施时，引用了《新约》中的句子，将用在上帝身上的一个表述，用在了大卫这个僭主暴君身上，言下之意似乎是说上帝是一个暴君。[①] 又如，《圣经》中有关摩西颁布的法律与秩序的记录，在马基雅维里的叙述过程中，被绕过未提。马基雅维里也讨论摩西法律的优点，但他针对摩西立法的话也可以用在梭伦制定的法上面，而他对梭伦制定的法的评价并不高。另外，尽管他称颂摩西的故土以及在这片土地上的诸王，但在这个赞扬的后面，是对没有宗教信仰的人们的赞扬。如此种种可以说明，马基雅维里不是将基督教视为一种爱的宗教，而是将其视为一种政治的宗教。[②] 由此可以得出，马基雅维里不是以神学家的身份，而是以政治作家的身份撰写关于宗教的部分。

在古典政治作家的笔下，并不缺乏有关宗教的讨论，也不缺乏对于宗教的政治效果的恰当关注，如柏拉图在《法篇》中明确讲述了有关神学的论题。柏拉图等古典作家懂得宗教对于民众生活的积极作用，因而不去颠覆它的基础。正是在此意义上，施特劳斯说：

> 断言宗教并不真实，同时又具有健康的治疗作用，马基雅维里并不是第一个人。

然而，我们在马基雅维里这里看到，他所谓的宗教的积极作用，建立在对于大众生活的看法之上，他之所以倡导宗教，不过是出于取悦大众的需要，服务于民主政治这一目的。而这就意味着，马基雅维里注意到，要想将多数人或民众结合成一个整体，宗教是必要的手段。但问题

---

① 参见〔美〕利奥·施特劳斯：《关于马基雅维里的思考》，申彤译，译林出版社 2003 年版，第 58—59 页。

② 同上书，第 62 页。

在于，一旦承认了政治生活的起源既非出于神圣旨意，也非出于自然，无疑就打破了宗教的信仰基础，如果对于宗教的确信既非出于对神圣旨意的尊崇，也非出于对自然的崇拜，那么多数人或者民众如何可能不加质疑地信奉某种宗教？

施特劳斯在断言马基雅维里不是第一个看重宗教具有健康的治疗作用的作家之后，接下来讨论的是庞皮利乌斯在马基雅维里笔下遭遇的命运。施特劳斯注意到，马基雅维里在第一卷第10章，将罗马的荣耀伟大归功于庞皮利乌斯，而在之后他又说，庞皮利乌斯之所以能轻而易举地完成自身的事业，是因为早期的罗马人粗陋愚顽，未经教化：

> 那时信仰盛行，他需要与之打交道的人十分淳朴，这使贯彻他的计划简单易行，因为他很容易随意塑造他们，而今，打算创建共和国的人将会发现，较之那些已经习惯于城市生活、文明已经烂熟的人，在没有文明的山民中间，他更易于取得成功。[①]

这就是说，创立公民宗教的最大阻力不在于武力，而在于教化。马基雅维里知道，要想借助宗教，必须以民众容易相信某种神秘的东西为前提，受到启蒙和教化的人民，往往更习惯于运用自己的理性，而不太容易被说服去相信神秘的东西。

然而，在此问题上，马基雅维里的立场并不坚定，他接下来说：

> 化外之民固然更易于服膺新的制度和见识，不过，那些自诩不属于化外之民的文明人，并非完全不可说服。

这就意味着，在他看来，即便化外之民获得启蒙，即便人们已经破除宗教信仰，也可以重建信仰。他以教士萨优那罗拉为接受文明教化的佛罗伦萨人创立宗教为例，表明了重建信仰的可能性。但萨伏那罗拉究竟凭借何种手段，创立了佛罗伦萨人的宗教信仰，马基雅维里在这

① 《李维史论》第一卷第11章第3段。

个问题上含糊其辞，只是说：

> 他的生平、他的学识、他所延揽的臣僚，足以让人们对他深信不疑。

这个说法意味着，人们之所以相信宗教，也可以是因为创建者的个人品质，这一说法是韦伯有关克里斯玛型统治的说法的前身，也使我们想起了施米特有关领袖捍卫法律的说法。尽管在马基雅维里设计的自由民主政体中，宗教的神圣根据既非神圣旨意，也非古老的自然，但凭借理性和人为的力量，仍然可以塑造强大的信仰，对领袖的信仰就在二十世纪的民主政治中寻找到了绝佳的代言人。

结　语

马基雅维里有关自由民主制度中宗教制度的说法，包含深刻的内在矛盾。自由民主社会中出现的宗教，已然失去了古老的圣经信仰以及其他信仰具有的超然和神秘的气氛，而成为政治生活的附庸。于是我们就看到，民众被少数人所领导，狂热地追求少数人设定的政治目标，而少数人要想达此目的，又不得不取悦多数人的物质和情感需要。因此，在现代民主政治中产生的宗教信仰，就演变为政治活动的工具。此外，考虑到这种宗教要求少数精英人物向大众需要做出妥协，其结果必然是，与其说民众相信宗教，还不如说宗教迎合民众，彼岸的宗教信仰从此转变为彻底世俗的利益追求。这也就意味着，现代自由民主最深刻地改变了宗教的品质，自由民主政治充其量只能接受一种公民宗教，这种公民宗教服务于自由民主的政治动机，而不再服务于灵魂的最深刻的内在需要。

自由民主制度对宗教的依赖是基于政治的理由，它依赖的宗教是一种公民宗教。一旦这种宗教的虚伪性被揭穿，就意味着自由民主制度赖以存在和维系的基础制度被拆解，从而使现代自由民主制度暴露出深刻的弱点。马基雅维里之后，自由民主思想家如孟德斯鸠和卢梭等人，对宗教这一命题仍然充满兴趣，他们从马基雅维里那里懂得，要从政治的视角出发来利用宗教。① 直到马克思深刻地揭示了宗教是人民的鸦片，揭示了宗教的虚伪性，才最彻底地暴露出自由民主共和政治思想的弱点。自此，自由民主政治面临着一场最深刻的内在危机。

① 类似做法参见〔法〕孟德斯鸠：《论法的精神》（下卷），许明龙译，商务印书馆2009年版，第469页；〔法〕卢梭：《社会契约论》，何兆武译，商务印书馆2003年版，第166—183页。有关公民宗教的思想史论述，最重要的文献是 Ronald Beiner, *Civil Religion: A Dialogue in the History of Political Philosophy*, Cambridge University Press, 2011。

通往自由国家

——《论法的精神》第一编中的一对不为人知的政体

引　言

孟德斯鸠在《论法的精神》第一编中纵论了各种政体，并就政体与法的关系展开了系统讨论。研究者们普遍认为，孟德斯鸠仅是对各种政体进行了客观描述与观察，如社会学家涂尔干就评论：

> 亚里士多德及其追随者的分类来源于国家的抽象观念，而孟德斯鸠所依据的是现象本身。它并没有根据先验的原则推导出他的三种类型，而是从他的历史研究、从旅行家们的记载或他自己的旅行中，认识到了这些类型的不同之处。①

仅从社会学或历史学的角度看待孟德斯鸠的政体论，会令我们忽视孟德斯鸠政体论背后的价值立场。施特劳斯在关于《论法的精神》的讲疏中，通过孟德斯鸠与柏拉图、亚里士多德、霍布斯、洛克等人的区别和关联，凸显了作为政治哲学家的孟德斯鸠形象，并且揭示，在《论法的

---

① 〔法〕爱弥尔·涂尔干：《孟德斯鸠与卢梭》，李鲁宁等译，上海人民出版社2006年版，第20页。

精神》的政体论部分，上演了一部从德性到自由的转变的“内部剧”，这就意味着，我们不能仅从社会学的角度来解读孟德斯鸠在《论法的精神》第一编中的政体论。[①]

不同于施特劳斯的考察，[②]本文重点关注孟德斯鸠《论法的精神》第一编中有关专制政体的论述。长期以来，人们认同涂尔干基于社会学立场出发的判断，即孟德斯鸠的专制政体“本质而言只是东方社会的形式，他所想到的是土耳其、波斯和其他几个亚洲国家，北欧民族也应算在内”[③]，相关研究也大多停留在这一判断是否正确反映了东方社会的特征上，而无视孟德斯鸠专制政体论背后的价值判断。

实际上，如果仅从共和政体、贵族政体和专制政体的三分法角度出发，的确很难看出孟德斯鸠政体论的价值立场。只有将他有关专制政体的论述同有关宽和政体的论述联系起来，才能正确了解他的政体论立场。专制政体与宽和政体是孟德斯鸠《论法的精神》一书第一编中潜在的一对政体，但他有关宽和政体的学说长久被人们忽视。而孟德斯鸠正是通过有关专制政体和宽和政体的论述，凸显了《论法的精神》的核心问题，他的根本目的不是如同近代自然权利的主张者那样，从自然状态中推出理想的社会状态，相反，他的社会状态始终是针对专制政体而言的。专制政体对于孟德斯鸠的意义恰如自然状态对于霍布斯的意义，孟德斯鸠想要脱离专制政体，正如霍布斯想要脱离自然状态。孟德斯鸠对于专制政体和宽和政体的评论透漏了一个玄机，即新的政体论不仅要重视人的财产和自由，而且要注意限制政府权力，宽和政体成为

① 参见〔美〕施特劳斯讲疏：《从德性到自由——孟德斯鸠〈论法的精神〉讲疏》，潘戈整理，黄涛译，华东师范大学出版社 2017 年版，第 508、516—526、540 页。尤其参见第 502 页以下对于作为社会学家的孟德斯鸠的相关评论。

② 施特劳斯在对孟德斯鸠《论法的精神》政体论部分的考察中，重点考察的是自由共和主义取代参与式共和主义的问题，也就是自由作为规范取代德性作为规范的问题。施特劳斯的这一深刻观察，非常清晰地体现在施特劳斯派弟子潘戈（Thomas Pangle）题为《孟德斯鸠的自由主义哲学》的博士论文中。

③ 〔法〕爱弥尔·涂尔干：《孟德斯鸠与卢梭》，李鲁宁等译，上海人民出版社 2006 年版，第 20 页。

走向孟德斯鸠笔下的自由国家的线索。

一、专制政体的性质与根源

从性质上讲，专制政体和君主政体一样，也是一人统治的政体，但有别于君主政体，在专制政体中，权力的行使完全不依据法律，掌握权力的是一个人，并且行使权力的也只有一个人，或者是君主本人，或者是宰相。①

孟德斯鸠关于专制政体的性质的解释最简单，篇幅也最小，在他看来：

> 专制政体国家中根本没有基本法，也没有法律的监护机构。②

看起来专制政体是一人主政的状态，但在专制政体中，人人都是暴君。孟德斯鸠说：

> 在这种政体下，权力不可能均衡分配，君主的权力固然容不得他人分享，即使那些最低级的小吏，其权力也同样不容分割。③

正是在孟德斯鸠的专制政体中，首次出现了后来在黑格尔笔下得到集中阐述的主奴关系的论述。毫无疑问，在专制政体中，君主是绝对的主人，臣民则是奴隶，正如《论法的精神》第四章第3节中所说，专制政体的教育必然是奴役性的。但我们又不能仅仅将专制政体下的这种奴役视为君主对臣民的奴役，不是说只有臣民才是奴隶，君主其实（或者说主人）也具有一种奴役的心态。从孟德斯鸠有关专制政体的分析中可以看到：（1）任何人如果想要当专制君主，同时也得当奴隶；

---

① 参见〔法〕孟德斯鸠：《论法的精神》（上卷），许明龙译，商务印书馆2012年版，第29页。
② 同上书，第28页。
③ 同上书，第82页。

(2) 绝对服从不仅意味着服从者的无知,也意味着发号施令者的无知。由此看来,在专制政体中,不仅是臣民,君主也处于一种受奴役的状态。①

君主的受奴役状态还体现在权力授予方面。从表面上看,在专制政体中君主拥有绝对的权力,可以为所欲为,但其实,他的权力不能得到完全执行。关于这一点,孟德斯鸠提到了三个原因:首先,在专制国家中,所谓法律只是君主的个人意志而已,君主纵然有贤明的决断,可官吏未必知晓,他们只能根据自己的意愿来行事。其次,由于法律仅仅是君主的个人意志,因此君主想要做的只可能是他自己所知道的,于是就有一群人为他出主意,并且按照他的意志替他拿主意。最后,法律只是君主一时之所愿,而为他出主意的那些人也必然和他一样,一时一个主意。②

既然君主无法在整个国家的范围内为所欲为,那么专制政体就只是看起来强有力,实质非常羸弱,君主的意见根本就无法传达到全国范围之内,在通往权力中心的前厅和通道上,挤满了觊觎权力的人。在专制国家中,处处都是暴君。孟德斯鸠有关权力的授予就表明了这一点,他说,在专制政体下,接受委托行使权力的人握有全权,宰相就是专制君主,而每个官吏都是宰相。相对于专制政体而言,君主政体具有较大优势,因为君主在授权时会对于权力有所限制(针对官吏们的授权是根据特定规范进行的)。

孟德斯鸠有关专制政体之性质的讨论类似于黑格尔后来有关主奴辩证法的讨论,原本是主人的人,其实不过是奴隶。因此,不承认奴隶有自身人格的主人,就并非真正的主人。奴隶为了获得主人的承认,必将发动一场生死斗争,这就是革命。孟德斯鸠也看到,虽然同为一人执政的政体,但在君主政体中,政体比较安定,执政者的人身较为安全,而

---

① 参见〔法〕孟德斯鸠:《论法的精神》(上卷),许明龙译,商务印书馆 2012 年版,第 46 页。
② 同上书,第 82 页。

在专制政体下，由于人心不稳，君主无力控制全局，因此革命屡屡发生。①

由于君主一人独揽大权，并且君主行使权力又没有一定之规，每个人都生活在君主的主观意见和情绪之下，每个人都是"君主"，每个人都按照自己的意愿来行事。这种政体的性质决定了，在专制政体之下，每个人的自我感觉都特别良好，唯我独尊，不懂得尊重他人，并且都希望凌驾在他人头上。这群人受情绪驱动、懒惰、无知，而且极尽奢侈。这种政体如果想要获得维持，必须要保证臣民们绝对地服从于君主，否则必定会陷入战争状态。我们有必要考虑到，在专制政体中，君主处在受奴役的状态，君主权力的绝对性并不能被保证。

孟德斯鸠意识到，想要使臣民们绝对地服从君主，必须注意如下几个方面：

第一，要用尽可能简单的办法使臣民们懂得服从的必要性，尽可能避免使民众获得知识和理性，因为理性不仅会使民众懂得怀疑，还会发明逃避的办法。因此，在专制政体中，政治管理十分简单，并不需要多少法律，在服从这件事情上，人必须类似于一种生物。

孟德斯鸠在论述专制政体的场合，多次将人和动物做类比。例如，他说：

> 人只是服从于那个发号施令的生物脚下的另一个生物罢了。②
>
> 人在那里如同牲畜一样，他们所拥有的仅仅是本能、服从和惩罚。他将专制政体下的治理比作是驯兽，"驯兽时切忌更换主人、课程和姿态，要让牲畜牢牢记住的只是两三个手势，无须更多"。③

因此，尽管专制政体也强调和平，但不过是维持稳定的手段而已

---

① 参见〔法〕孟德斯鸠：《论法的精神》（上卷），许明龙译，商务印书馆 2012 年版，第 72—73 页。

② 同上书，第 39 页。

③ 同上书，第 74 页。

（孟德斯鸠说，“安定绝不是太平，而是敌人即将占领的那些城市的缄默”）。因此，在专制政体的和平背后是被压抑的反叛者的怒火，一旦找到爆发的时机，人民就会爆发革命。

第二，要确保臣民绝对地服从于君主，对于君主要有一种恐惧感，只有恐惧才能确保绝对的服从，因为只有恐惧才能“窒息一切勇气，扑灭野心于萌芽状态”。[①]

恐惧被视为专制政体的原则，如果没有恐惧作为支持，就必然发生民众的反抗，而要使人们产生恐惧之心，就要奴化人类的灵魂。正因此，孟德斯鸠甚至说：

> 专制政体无教育，它先取走一切，然后才给予一点点，把人先培养成为不良臣民，然后再把他们培养成为奴隶。[②]

在专制政体之下，臣民们不过是君主的棋子和工具。

有必要注意的是，孟德斯鸠两次谈到了恐惧。第一次是在自然状态中，自然人的恐惧是因为自然人天性柔弱，他们秉有的恐惧是造物主先天地安排给他们的，正是这种恐惧使他们不伤害他人，崇尚自然的、充满温馨的情欲，结合成为一个美好的自然社会。[③] 第二次则是在专制政体中，在此，恐惧的产生以自身利益的丧失为代价，他们恐惧的是权力的滥用，危险时时降临到他们头上，他们不是彼此恐惧，而是恐惧某个人，更具体地说，是恐惧当权者君主。这种恐惧只能靠无知来培养，专制政体必须奉行一种奴化的教育，必须阻挡理性在个体身上的发酵与生长，因为一旦理性诞生，人们便会追求美好的生活，便会找到逃避奴役的方法。[④]

---

① 参见〔法〕孟德斯鸠：《论法的精神》（上卷），许明龙译，商务印书馆2012年版，第38页。
② 同上书，第46页。
③ 同上书，第12—13页。
④ 同上书，第46页。

二、对专制政体的批判

早在《波斯人信札》中，孟德斯鸠就对专制政体展开了批判，在该书末尾，郁斯贝克所有妻子中最有德性的罗珊娜用自杀表达了对后房体制的反抗，她在写给郁斯贝克的最后一封信中说：

> 不！我可以生活在奴役之中，但是我始终是自由的。我按照自然法改造了你的法律，我的精神一直保持独立。

在施特劳斯看来，这是革命的语言：

> 这封信读起来就像是一场革命的宣言，阉奴和他们的主人必将被推翻，自然法将要确立。①

在《罗马盛衰原因论》中，孟德斯鸠提出，在政府中分权是一种好的做法，自由是社会理想的目标。他在这部书中对专制政体给出了批判：

> 如果认为世界上存在着各方面都能为所欲为的人间权力，那是一个错误的想法，这样的人间权力从来不曾有过，将来也决不会有。最大的权力在某一方面永远是会受到限制的。②

专制政体是不合法的政体，专制政体有内在的、走向衰落的弊端。③这就意味着，孟德斯鸠笔下的自然人必定不会选择专制政体，因为他们原本想要走到一起，结束战争状态，回复到充满轻柔的人道之风的自然状态中去。而专制政体无法满足这一点，因为它背离了人对美好生活

---

① 〔美〕施特劳斯讲疏：《女人、阉奴与政制——孟德斯鸠〈波斯人信札〉讲疏》，潘戈整理，黄涛译，华东师范大学出版社 2016 年版，第 221 页。

② 〔法〕孟德斯鸠：《罗马盛衰原因论》，婉玲译，商务印书馆 1962 年版，第 129 页。另见许明龙译本，商务印书馆 2016 年版，第 172 页。

③ 参见〔法〕孟德斯鸠：《论法的精神》（上卷），许明龙译，商务印书馆 2012 年版，第 141 页。

的追求,必将被人对自由的追求战胜和抛弃。在孟德斯鸠看来:

> 专制政体只有在气候、宗教、形势和人民的才智等因素所形成的局势下,被迫遵循某些秩序并接受某些规则时才得以维持。①

也就是说,除非存在某些自然方面的原因,否则专制政体就无法持存。由此看来,专制政体的存在并不具有道德上的必然性。

既然专制政体是内在地不合法的,它为何又存在?在《论法的精神》第一编中,孟德斯鸠并未回答这个问题,只是在第五章第14节末尾、第15节开头才稍微涉及,综合这几处,可以给出如下答案:

第一,专制政体的存在是不费什么力气的,只要掌权者想要摆脱法律,就可以产生这种政体。这就意味着,不受约束的权力就是专制的根源。

第二,气候和环境也可能是产生专制政体的原因之一,例如在第五章第15节中孟德斯鸠说,统治炎热地区的通常是专制政体。② 这一点透漏了专制政体存在的自然理由。

要想进一步搞清楚气候和环境等物质因素是如何导致专制政体,还得进入《论法的精神》第三编,在那里,孟德斯鸠进行了详尽阐述。

在第三编第十四章中,孟德斯鸠注意到法与气候性质的关系,他解释了气候对南部欧洲和北部欧洲人们的生活方式的影响。例如,他这样解释两个地区对于爱情的不同态度:“在北方的气候下,爱情无力在生理上令人动情。在气候温暖地区,爱情有许许多多与之相伴的东西令人喜悦,这些东西乍看像爱情,实则并非爱情本身。”③在他看来,炎热会削弱人的力量和勇气,而生活在寒冷气候中的人有一种体力和力量,使其能从事长时间、艰苦、宏伟、勇敢的活动。于是,在他看来,炎热地

---

① 〔法〕孟德斯鸠:《论法的精神》(上卷),许明龙译,商务印书馆2012年版,第141页。
② 同上书,第79页。
③ 同上书,第273页。

区的人民总是因怯懦而沦为奴隶,寒冷地区的人民则因勇敢而享有自由。正是在此意义上,他甚至将北欧视为制造砸碎南方锻造的铁链的工具之制造厂,他说:“骁勇民族形成于北方,他们走出国门去摧毁暴君和奴役,并让人类懂得,大自然既然规定人人平等,除非为了获得幸福,否则就没有理由依赖他人。”①

气候不仅能够影响人类对于爱情和生活的态度,还会影响人类的政体。之所以如此强调气候的影响,是因为孟德斯鸠认识到,在不同的气候条件下,人们有着不同的精神特点和内心情感(“气候固然是可以用维度区分的,但其实在一定程度上也可以用感受度来区分”②),因此,要想观察人类的生活状态,就必须首先考察气候影响。

在《论法的精神》第三编中,孟德斯鸠谈到了与气候有关的三种奴役制,分别为市民奴役制、政治奴役制和家庭奴役制。这三种奴役制彼此不同,严格来说,与专制政体相关的是政治奴役制。③ 在此不妨看看孟德斯鸠在论述政治奴役制的部分中如何探讨专制政体。

孟德斯鸠注意到,炎热地区的人民总是因为怯懦而沦为奴隶,寒冷地区的人民则会因为勇敢而享有自由。而亚洲的地理表现为炎热的地区紧挨着寒冷的地区,这就导致了强弱对峙,纤弱、怠惰和胆怯的民族遭遇好战、活跃和勇敢的民族,于是,一方必将成为征服者,而另一方必将成为被征服者。

在孟德斯鸠看来,亚洲是专制政体的故乡和摇篮。他不是从人种学(种族主义)的角度证明这一点,而是从地理和气候的角度证明这一点,例如在第十七章第6节中,他谈到了亚洲遭受奴役的物质原因:

> 亚洲有许多广阔的平原,大海把它们切割成几大块。亚洲的

---

① 〔法〕孟德斯鸠:《论法的精神》(上卷),许明龙译,商务印书馆2012年版,第325—326页。

② 同上书,第273页。

③ 市民奴役制(第三编第十五章)主要涉及主人和奴隶之间的关系,家庭奴役制(第三编第十六章)主要涉及妇女在家庭中的地位问题。

位置偏南,河源比较容易枯竭,高山少有积雪覆盖,不甚宽阔的河流难以构成巨大屏障,所以在亚洲必须永远行使专制权力,因为倘若不实行严酷的奴役制,就会形成自然条件难以承受的割据局面。①

值得注意的是,尽管专制政体内在地不合法,具有内在腐败的趋势,但也正是因为气候缓解了专制政体的腐败,这在他论述中国政体的地方表现得十分鲜明。尽管孟德斯鸠从总体上确认传统中国是一个以恐惧为原则的专制国家,但他也注意到:

由于某些特殊的或许是独一无二的情况,中国的政体没有达到它所应当达到的腐败程度,大多基于气候的物质原因抑制了这个国家里的道德原因,进而演绎出了种种奇迹。②

例如,他注意到,中国的气候出奇地有利于人口的增长,气候会使中国的人口越来越多,而最残忍的暴政也无法抑制人口的增长,一旦发生饥荒,人们衣食无着,起义和革命就会常常发生,这就不得不使政府来改良统治,改善人们的生活。③ 实际上,在《论法的精神》中,我们看到,孟德斯鸠曾多次称颂中国古代立法者的智慧。④

此外,宗教也可以使专制政体得到暂时纠正。在笃信宗教的专制政体中,臣民也可能会抱有对于国家的爱,这既非因为他们爱法律和爱平等(共和政体中是如此),也非因为他们追求荣宠(君主政体中是如此),而是基于宗教的力量和限制。此外,宗教的力量即便对于专制君主也是一种限制。

尽管气候的原因可以暂时性地抑制专制政体腐败的内在趋势,却阻挡不了其走向没落的命运,孟德斯鸠并未停留在对专制政体的证成

① 〔法〕孟德斯鸠:《论法的精神》(上卷),许明龙译,商务印书馆2012年版,第326页。
② 同上书,第151页。
③ 同上书,第152页。
④ 同上书,第276、364—368页。

问题上，而是进一步地讲述了对专制政体的克服。我们有必要注意到，孟德斯鸠明确区分了道德的因素和物理的因素，在他看来，尽管气候、地理和土壤这些物理因素导致了专制政体和奴役，但道德因素最终使专制政体得到克服。这一点在他《向神学院提交的回答和解释》的“第一题”中说得非常明确：

> 《论法的精神》是道德对气候的永恒胜利，或者笼统地说，是道德对物质原因的永恒胜利。①

三、孟德斯鸠的专制政体论与霍布斯的自然状态

从表面上看，在孟德斯鸠笔下，专制政体是一种政体，但其实专制政体根本不是政体。孟德斯鸠对专制政体的评论并非不带感情，在他看来，专制政体是一个既无美德也无法律的政体，有的只是恐惧；在他看来，专制政体自身是腐化的：

> 专制政体的腐化从不间断，因为这个原则就其本质而言就是腐化的。②

在他对于三种政体的评论中，对于专制政体的评论是最激烈和最带感情的。之所以如此，是因为专制政体不适合自然人的需要，导致表达专制政体的政治法与自然法相背离。但是，为何孟德斯鸠又要专门讲述专制政体，并将其作为一种重要的政体类型呢？

为了回答这个问题，不妨将孟德斯鸠的专制政体同霍布斯的自然状态做一比较，这一比较将表明，正如在霍布斯笔下自然状态是必须摆脱的状态一样，在孟德斯鸠这里，专制政体也是必须摆脱的政体。只有

---

① 〔法〕孟德斯鸠：《论法的精神》（下卷），许明龙译，商务印书馆 2012 年版，第 997 页。
② 〔法〕孟德斯鸠：《论法的精神》（上卷），许明龙译，商务印书馆 2012 年版，第 141 页。

懂得了这一点,才能理解为何孟德斯鸠不再使用自然状态到政治社会的古典契约论的论证模式,而采取了一种全新的论证模型。

恐惧是理解孟德斯鸠笔下的专制政体的关键原则。在此,有必要比较一下孟德斯鸠有关恐惧的论述和霍布斯有关恐惧的论述。如前所述,孟德斯鸠两次谈到恐惧,第一次是在自然状态之中,第二次是在专制政体中。很显然,孟德斯鸠笔下自然人的恐惧并不同于霍布斯笔下自然人的恐惧,孟德斯鸠并不认为自然人的恐惧会导致一个人与人之间冲突的自然状态,他批评霍布斯有关自然状态的设想,认为:

> 只有在社会组成之后,人才找到了相互攻击和自我保存的理由。①

在孟德斯鸠笔下,自然人的彼此恐惧,使自然人彼此之间没有相互伤害的想法:

> 谁也不会想方设法彼此攻击,和平于是成了自然法的第一条。②

从表面上看,孟德斯鸠笔下专制政体的恐惧仅仅是针对特定某人,也就是对专制君主的恐惧,但考虑到在这里,每个人(包括专制君主在内)都受制于自身的情欲和愿望,而不受制于理性,③同时考虑到专制政体中没有法律,是一个充满冲突的不稳定状态,④在这里,对于死亡的恐惧胜过对生活的热爱。⑤ 因此,在孟德斯鸠的专制政体和霍布斯的自然状态之间,就存在着某种内在的相似性。

霍布斯在《利维坦》中,对自然状态之下的生活方式有如下描述:

> 因此,在人人相互为敌的战争时期所产生的一切,也会在人们

---

① 〔法〕孟德斯鸠:《论法的精神》(上卷),许明龙译,商务印书馆2012年版,第13页。
② 同上书,第12页。
③ 同上书,第82页。
④ 同上书,第72页。
⑤ 同上书,第100页。

> 只能依靠自己的体力与创造能力来保障生活的时期中产生。在这种状况下,产业是无法存在的,因为其成果不稳定。这样一来,举凡土地的栽培、航海、外洋进口商品的运用、舒适的建筑、移动与卸除须费巨大力量的物体的工具、地貌的知识、时间的记载、文艺、文学、社会等等都将不存在。最糟糕的是人们不断处于暴力死亡的恐惧和危险中,人的生活孤独、贫困、卑污、残忍而短寿。①

在霍布斯的自然状态之下,文明社会的一切成果都无法存在,这就十分接近于孟德斯鸠在《论法的精神》中对专制政体下生活方式的描述:

第一,专制政体中没有教育,教育

> 在这里变得十分狭窄,被简化为接受恐惧心理和某些极为简单的宗教原则常识。②

教育的缺乏也就意味着,在专制政体中不会有辉煌灿烂的文教,不会有科学,要言之,不懂得利用理性,一切出自理性的东西都是专制政体无法懂得的。

第二,专制政体中没有法律。③ 在专制政体之下,君主的命令就是法律,但由于缺乏制约,君主可以为所欲为,完全靠心血来潮来进行制裁,甚至在神志不清的情形下发出的命令也等同于法律,导致法律无法做到前后一致,处理案件也没有一定之规。④ 在这里,专制君主的权力以符号或象征的方式出现。⑤ 由此也导致,在专制政体之下,管理规则

---

① 〔英〕霍布斯:《利维坦》,黎思复、黎廷弼译,商务印书馆 1985 年版,第 95 页。

② 〔法〕孟德斯鸠:《论法的精神》(上卷),许明龙译,商务印书馆 2012 年版,第 46 页。

③ "我不知道那里的立法者有什么法可立,法官有什么案可审……专制主义足以应付一切,它的四周一片空白。所以,旅行家向我们介绍那些专制主义国家时,极少提到民法。"参见〔法〕孟德斯鸠:《论法的精神》(上卷),许明龙译,商务印书馆 2012 年版,第 90—91 页。"专制国家里什么法律也没有,法官本身就是法规。"(第 93 页)

④ 参见〔法〕孟德斯鸠:《论法的精神》(上卷),许明龙译,商务印书馆 2012 年版,第 40 页。

⑤ 同上书,第 75 页。

十分简单,不可能产生政治科学。①

第三,专制政体中没有财产权,并且由于财产的不确定性,高利贷大行其道,风险越大、利息越高,从而导致和加剧了贫困。这也导致了商人无法进行大规模的交易,因为"倘若购进大批货物,赢利不足以支付利息"②。孟德斯鸠因此得出了如下论点:在专制政体下,没有商业法,所谓的商业法不过是用来维持治安而已。

第四,在专制政体中,王位继承也没有一定之规,王室骄奢淫逸,破坏婚姻制度,从而导致了后宫阴谋。③

对于专制政体,孟德斯鸠甚至有过如下一般性描述:

> 倘若有一个君主自行宣布拥有所有土地,并且自称是所有臣民的遗产管理人,那么这个国家绝对是作茧自缚最甚的专制国家。农耕因此而废弛,如果这位君主还经营贸易的话,各种各样的产业都将衰败。在这些国家里,什么也不修复,盖房子仅仅为了遮风避雨,既不挖沟,也不栽树,向土地索取一切,却不予以任何回馈,于是,处处杂草丛生,满目都是荒漠。④

孟德斯鸠在论述专制政体下的生活方式时,着力论述了因为缺乏所有权和王位继承法导致的混乱而又凋敝的状态,这一点和霍布斯笔下的描述没有分别。在霍布斯的自然状态中,人们内心充满了恐惧,没有产业,没有科学和文艺,贫困从四面八方袭来。

孟德斯鸠笔下的专制政体和霍布斯笔下的自然状态之间的相似性,让人不能不觉得,孟德斯鸠的根本目的并非逃离自然状态,他从一开始就与霍布斯的自然状态保持距离,而将自然状态描述为一个充满轻柔的人道之风的状态,他的真实意图是脱离专制政体。因此,这一类

---

① 参见〔法〕孟德斯鸠:《论法的精神》(上卷),许明龙译,商务印书馆2012年版,第91页。

② 同上书,第80页。

③ 同上书,第77—78页。

④ 同上书,第76页。

比也就证明了孟德斯鸠并不关心政治社会的起源问题,他对自然状态向政治社会的过渡问题没有兴趣,相反,他更关心的是何种政体最优良的问题,关心的是权力受到制约的问题,关心的是在一个政体之下,人的安全和自由的问题。这就意味着,孟德斯鸠在《论法的精神》中描述的专制政体论背后,其实蕴含着某种价值追求,即对于一个权力受到制约的政治共同体的追求,在孟德斯鸠看来,权力受到制约的共同体才是一种良好的政体。

四、孟德斯鸠专制政体论的意图

孟德斯鸠在叙述共和政体和君主政体时,竭力掩饰自己的情绪和感情,唯有在对专制政体进行讨论时,方才表露喜怒之色。例如,在尽数专制政体的生活方式之后,他说:

> 说了这么多之后,人类的天性似乎将会不断地起而反对专制政体。①

专制政体明显背离了人的本性,它完全不符合自然人的本质,它是必须摆脱的状态,正如霍布斯的自然状态是必须摆脱的一样。那么,孟德斯鸠究竟是如何面对这个问题的呢?

之所以如此明确地表明对专制政体的态度,是因为专制政体在根本上不符合理性,孟德斯鸠笔下的自然人当然不会选择这种政体。不仅如此,在讨论孟德斯鸠专制政体论意图的时候,还有必要注意《论法的精神》第一编中的另一种鲜为人知的政体,即宽和政体(moderate government)。尽管宽和政体不属于孟德斯鸠在政体编中讨论的共和政体(民主政体和贵族政体)、君主政体和专制政体,但在孟德斯鸠笔下,

---

① 〔法〕孟德斯鸠:《论法的精神》(上卷),许明龙译,商务印书馆2012年版,第79页。

它是和专制政体对立的一种政体,它经常伴随着有关专制政体论的讨论出现。因此,要想充分理解孟德斯鸠专制政体论的意图,必须同时注意到他有关宽和政体的论述。①

宽和政体一词最初出现在第三章第 9 节,在那里,孟德斯鸠首次区分了专制政体和宽和政体,并且在接下来的一节中提到了实行君主政体的宽和国家。② 孟德斯鸠将专制政体同宽和政体对立起来,奉行宽和政体的国家有一个共同特征,即权力受到限制、人民感到安全。在宽和政体中,权力受到了约束。因此,专制政体和宽和政体之间的对立是从政权的行使方式角度观察得出的结论。"宽和"这一概念一直贯穿于《论法的精神》的始终,以至于在第二十九章论述立法者的部分中,孟德斯鸠开端就宣称,"宽和是立法者的精神"。

尽管宽和政体的说法散落在《论法的精神》一书的各处,但在孟德斯鸠的政体论中,并未明确谈到宽和政体,一个明显的证据是,宽和政体没有自己独特的政体结构,相反,它极有可能从属于其他政治结构,我们在此着重考察出现在第一编中的"宽和政体"概念。在讨论政体的这一编中,这个概念的出现会使我们禁不住想:宽和是否是一种政体?如果它的确是一种政体,那么这种政体的性质和原则是什么?一旦我们发现了宽和政体的原则,就会搞清楚"宽和"的内涵所在。

我们注意到,孟德斯鸠有关宽和政体的讨论总是与专制政体相关。接下来我们可以比较详细地考察一下《论法的精神》第一编中有关宽和政体的证据。

证据 1:第三章第 9 节中说,在专制政体中,君主只要一放下高扬的手臂,只要他不能迅即制服身居要职的权贵,一切便完了,但是:

---

① 在《论法的精神》一书中,宽和政体一直是和专制政体对立出现的,参见〔法〕孟德斯鸠:《论法的精神》(上卷),许明龙译,商务印书馆 2012 年版,第 38、40、82、100—101、112 页。甚至这一对立也延伸到了第三编中,参见第 296、298 页。

② 参见〔法〕孟德斯鸠:《论法的精神》(上卷),许明龙译,商务印书馆 2012 年版,第 40 页。

> 一个宽和的政体，只要它愿意，就可以松一松它的弹簧，而不至于发生危险，它赖以维持自己的是法律和力量。

这条证据表明，宽和政体中有维持自身的法律，但我们在前面看到，在专制政体中，法律是不存在的。

不仅如此，第五章第15节中说，在专制政体下，财产不能转让，人们对自身生命的关注甚于对财产的关注，而在宽和政体下，财产是可以转让的。由此可见，在宽和政体下，人们享有稳定的财产权。

证据2：第三章第10节比较了服从在宽和政体和专制政体之间的区别。在这一节中，孟德斯鸠明确使用了“实行君主政体的宽和国家”这一说法，并且指出，在这种国家中，“权力受政体动力[原则]即荣宠的限制，荣宠如同国王一样主宰百姓，也主宰国王”。这表明了宽和政体同君主政体的关系，并且揭示了在宽和政体中权力受到制约的特征。第五章第14节则进一步明确谈到了这一权力受到制约的特征：

> 想要组成一个宽和的政府，就必须整合各种权力，加以规范和控制，使之发挥作用，并给其中的一种权力添加分量，使之能与另一种权力相抗衡，这是立法上的一件杰作，偶然性很难成就它，审慎也很难成就它。反之，专制政体则是一目了然，无论在何地，它都一模一样，只要有愿望就能把它建立起来，所有这件事谁都能干。

孟德斯鸠的著名传记作家戴格拉夫曾经注意到，这段话最早出现在孟德斯鸠的《随想录》中。戴格拉夫评论，“在孟德斯鸠看来，宽和政体和权力分配这两个概念是不能分开的，宽和政体和分权最终将取得胜利”①。孟德斯鸠在此将宽和政体同分权这一伟大的立法设计联系起来，这为第二编中所谓的英格兰政体进行了铺垫。第五章第16节中说，在专制政体下，权力不可能均衡分配，君主的权力固然容不得他人分享，

① 〔法〕路易·戴格拉夫：《孟德斯鸠传》，许明龙、赵克非译，浙江大学出版社2016年版，第319页。

即便是那些最低级的小吏,其权力也同样不容分割。而在宽和政体下,法律是合情合理、家喻户晓的,最低级的官吏也能依法办事。这就进一步地强化了宽和政体之下权力得到了合理分配,并且奉行法治的特征。

证据3:第六章第9节中说,在宽和的国家中,爱国、知耻、害怕受责备都是能够防止许多罪行的震慑因素,对劣迹的最大惩罚就是认识到自己确有劣迹。因此,法律不需要动用很多强制手段。此外,在宽和的国家中,立法者更重视预防犯罪,对宽和政体下的立法者来说,任何处置都可以用作刑罚。"唯有宽和政体下才能处处见温馨",也正是在这里,孟德斯鸠首次将宽和政体同自由联系了起来:

> 在所有或几乎所有的国家中,人民离自由越近,刑罚便少,人民离自由远,刑罚便多。

这仿佛是在说,宽和政体之下才有自由。

证据4:第八章第8节中说,麻烦不在于由一个宽和政体变为另一个宽和政体,例如由君主政体变成共和政体,或由共和政体变为君主政体,而在于由宽和的君主政体蜕变为专制政体。这条证据表明,宽和政体并不是一种政体,而是除开专制政体之外的其他一切政体的品质,既可以是君主政体,也可以是共和政体。

证据5:第五章第8节中说,在贵族政体下,法律应该不遗余力地鼓励宽和精神,设法重建因国家体制而必然失去的平等。这里是孟德斯鸠唯一一次谈到宽和精神。《论法的精神》中还有一处十分明确地谈到了宽和的精神,即第二十九章开头,那里说,宽和是立法者的精神。这个表述提醒我们,宽和政体是一种宽和精神所支配的政体,而并非独立的政体。因此,只有搞清楚了什么是宽和的精神,才能真正懂得为何些政体要被称为宽和政体或宽和的国家。

从上述证据出发,可得如下结论:第一,在宽和政体之下存在自由。尽管孟德斯鸠在第一编中还并未对自由一词加以界定,但从第一编第6章可以看出,它包含刑罚的保证和缓和财产权的保证。第二,宽和政体是一种权力受到制约的政体。第三,宽和政体并非一种政体。更具体地说,它描述的是一种与专制政体相对立的一切政体的品质,尤其是君主政体的品质,在宽和政体中,权力得到制约,法律得到尊重与服从,公民个体享有比较稳定的财产权。

从总体上讲,可从两个方面理解孟德斯鸠的宽和精神:首先是从政治权力的运用是否受到制约方面,这里的宽和涉及的是政权的行使方式,涉及的是政体的性质问题,是一种权力受到制约的状态。其次是从公民个人方面,这里的宽和意味着公民的财产权得到保障,并且意味着公民在犯罪与刑罚方面受到人道的对待。这就意味着,孟德斯鸠笔下的宽和政体还没有获得一种稳定的结构,这里面混合着不同的要素,尽管他在讨论宽和的时候更多是从政制的角度谈论,但从公民个体财产权和刑罚方面的人道角度出发讨论的宽和与政制无关,而与公民个体的幸福有关。①

在《论法的精神》第一编中,尽管孟德斯鸠看似客观地描述了各种政体,但在其字里行间还是能发现他的立场,这一立场十分鲜明地体现在前述有关专制政体与宽和政体的讨论中。孟德斯鸠对专制政体充满不屑,给予其强烈抨击。在他有关专制政体和宽和政体的讲述中,针对的是如何行使权力的问题,他反对权力的滥用,而主张使权力受到制约,使公民个体获得自由与财产,这是在前述有关宽和政体的考察中获得的最重要结论。

五、从宽和政体到自由国家

尽管我们可以在宽和政体中发现自由,但这并不意味着,宽和政体

① 从公民个体出发对宽和政体给出的说明,参见〔法〕孟德斯鸠:《论法的精神》(上卷),许明龙译,商务印书馆2012年版,第296、298页。

本身就意味着自由的国家。孟德斯鸠在第十一章第3节中说：

> 就其性质(**原译为本性**)而言,民主国家和贵族国家都不是自由的国家。①

如何理解这句话呢？既然民主政体和贵族政体有可能是宽和的政体,那为何孟德斯鸠又说,它们都不是自由的国家呢？

不妨这样理解,之所以说民主政体和贵族政体“就其性质”而言不是自由国家,是因为这是就政体性质来说的。尽管从共和政体中个人幸福的角度来看,可以说人民生活在宽和的国家中,但从共和政体的政体性质出发来看,的确缺乏权力制约的因素。在共和政体中,真正对于权力起到制约作用的是政体的原则,也就是美德。在《论法的精神》第一编中所列出的三类政体即共和政体、君主政体和专制政体中,唯有君主政体,依据其性质,经常被孟德斯鸠视为是宽和政体的同义语,被视为是最接近自由的政体。

为什么说依据其性质,君主政体最接近自由政体呢？我们已经注意到,在孟德斯鸠笔下,君主政体是唯一凭靠法律统治的政体(第三章第5节),但由于中间势力的存在,君主的权力受到了极大的抑制(第二章第4节)。相较而言,在孟德斯鸠有关共和政体的论述中,并未出现有关限制权力的例子,因为共和政体以平等为原则,人民既是掌权者,也是服从者。他们想要抑制权力,只能是自己抑制自己(例如,第三章第3节中说,“在平民政体中,下令执法的那个人,意识到自己不但也受法律约束,而且还要对此承担后果”。第三章第4节中说,“但是如何约束贵族呢？想要通过执法约束同僚的那些人很快就会感到,这样做其实是约束他们自己”。)

由此可见,共和政体中的权力制约不是凭靠政体的性质,而是凭靠政体的原则。于是,可以得出如下结论：共和政体中的权力制约不能得

---

① 〔法〕孟德斯鸠：《论法的精神》(上卷),许明龙译,商务印书馆2012年版,第185页。

到保证，因为根据孟德斯鸠有关政体的性质和政体的原则之间的区分，从政体的性质出发的制约因素要更可靠，因为政体的性质描述的是政体的特殊结构，而政体的原则所指的仅仅是人的情感。相较人的变动不安的情感来说，政体的结构显然要更有效和更稳定一些。具体来说，共和政体中的权力制约依赖于公民的美德，而君主政体的权力制约依赖于政体结构中中间力量的存在。

君主政体同自由政制之间的这一密切关系，在康德的笔下得到了清晰的阐明。康德在《永久和平论》中对政体问题的分析，完全可以作为孟德斯鸠政体论部分的注脚。[①]

康德指出，可以根据两种方式来划分政体，其一是根据统治的形式，即根据掌握政权的人来划分，分为君主政体、贵族政体和民主政体；其二是根据政权的行使方式来划分，分为专制政体和共和政体。所谓的共和政体就是权力分立的政体，具体来说，是指行政权力和立法权力相分离的那种政体，而专制政体则是指国家独断地实行其为自身制定的法律的那种政体。在这种政体中，统治者想要用自己的私人意志替代公众的意志。康德进而指出：

> 凡不是代议制的一切政权形式严格地说就是无形式，因为在同一个人的身上立法者不可能同时又是自己意志的执行者（正如在三段论中大前提的全称，不可能同时又在小前提的全称中包含特征特称在内的一样）。[②]

康德所谓的代议制的政体，即奉行权力分立原则的政体。在他看来，民主政体天然地不适应代议制，在这里所有人都要做主人，每个人都是主权者。而在孟德斯鸠看来，民主制并不意味着完全由人民自身

---

① 值得注意的是，后来康德否定了这个结论，他彻底颠倒了民主政体和君主政体的序列。参见〔德〕康德：《道德形而上学》（注释本），张荣、李秋零译注，中国人民大学出版社 2013 年版，第 128—129 页。

② 〔德〕伊曼努尔·康德：《永久和平论》，何兆武译，上海人民出版社 2005 年版，第 17 页。

决定自己的命运,他强调,民主政体下的平等精神要求的是:

> 并不是人人都发号施令,也不是人人都俯首听命,而是服从与我们平等的人,领导与我们平等的人。①

并且,他也强调:

> 大部分公民有足够的参选能力,却不具备足够的被选能力,同样,人民有足够的能力听取有关管理事务的报告,却不适宜于自己管理自己。②

康德甚至认为,民主政体这个名词在严格意义上必然是一种专制主义,这就正如孟德斯鸠主张极端平等的精神会导致专制政体一样。③

康德得出了如下规律:掌握国家权力的人员(统治者的人数)越少,他们的代表性也就相反地越大,国家体制也就越发符合共和主义的可能性,并且渴望通过逐渐改革而最终提高到那种地步。由于这个原因,在贵族政体之下就比在君主政体之下更难,而在民主政体之下除非通过暴力革命否则就根本不可能,达到这种唯一完美的合法体制。④

根据康德的论述,可以建立民主政体——贵族政体——君主政体这个序列,越是往前(即从民主政体到君主政体),越有可能奉行建立在权力分立的基础上的代议制。如此可以看到,孟德斯鸠讲述的三种政体,实际上存在内在的结构序列。从民主政体再到贵族政体,最终到君主政体,存在着一个内在的逻辑上升的线索,这就是,君主政体才是离自由最近的政体。如此,我们才能理解,为何孟德斯鸠在第十一章第4节开头说,"就其性质而言,民主国家和贵族国家都不是自由国家"。

---

① 〔法〕孟德斯鸠:《论法的精神》(上卷),许明龙译,商务印书馆2012年版,第136页。

② 同上书,第20页。

③ 同上书,第134—135页。

④ 参见〔德〕伊曼努尔·康德:《永久和平论》,何兆武译,上海人民出版社2005年版,第17—18页。

孟德斯鸠并未明确表达过君主政体是否为自由国家的立场，[①]但可以肯定的是，他几乎从未使用过自由概念来描述君主政体。他在描述君主政体的正义性时，使用的是宽和政体，尽管并非所有的君主政体都是宽和的国家。如前所述，宽和是一个混合了分权政制和个体幸福的概念。而在孟德斯鸠笔下，尽管君主政体依据政体性质有权力制约的因素，这种权力制约的力量由中间力量提供，但这种权力制约并不充分，对此可以很容易找到文本证据。[②] 这就可以说明，为何他要进一步强调，"政治自由并不始终存在于宽和国家之内"。在宽和的国家之中，尽管公民个体获得了幸福，但他们依旧可能生活在不受制约的强权之下，在基本的政体方面不自由。即便宽和国家存在着权力制衡的因素，但是这种权力制衡并不稳定。如果自由意味着稳定的权力制衡，那就可以说，在一种并不稳定的权力制衡结构中，我们并不总是能够期待政治上的自由。

然而，如果从政制的角度出发来看待宽和，即强调宽和政体中的权力制约的因素，那么我们就从宽和政体过渡到了自由的国家。孟德斯鸠说：

> 只有权力未被滥用时，政治宽和的国家中才有政治自由。[③]

这就表明，政治宽和的国家一旦强调其权力的制约，就会成为自由的国家。而就宽和政体本身来说，还绝非自由国家，它自身还缺乏稳定的权力制约结构。而自由的国家正是一种本身建立在权力制约基础上的国家。早在第五章第 14 节的末尾，孟德斯鸠就谈到：

> 整合各种权力，加以规范和控制，使之发挥作用，并给其中的

---

① 孟德斯鸠并未明确说出这一点，他仅仅指出民主国家和贵族国家不是自由国家，而闭口不提君主国家是不是自由国家。这可以从当时的书报审查制度来做出解释。在孟德斯鸠的时代，法国就是君主政体，如果敢直接地宣称君主政体本身不是自由的政体，势必会遭到官方的质询和迫害。

② 参见〔法〕孟德斯鸠：《论法的精神》（上卷），许明龙译，商务印书馆 2012 年版，第 28 页。

③ 同上书，第 185 页。

一种权力添加分量，使之能与另一种权力相抗衡，这是立法上的一件杰作。

这件杰作就是《论法的精神》第十一章第6节基于英格兰政制提出的权力分立政体。根据孟德斯鸠的论述，只有奉行三权分立的国家，才以政治自由为直接目标。这个权力分立的原则，更具体地说是行政权与立法权分立的原则，就是后世所谓的共和主义的原则，或者说是代议制(representative)的政权形式。

结　语

宽和政体与专制政体的对立，为我们把握《论法的精神》的意图提供了线索。长期以来，我们仅仅从共和政体、君主政体和专制政体的三分法角度观察孟德斯鸠的政体论，并且认为这三种政体是他对于历史上和当时为西方人所知的各国政体的客观描述，这样一来就仅仅将他笔下的专制政体视为是既存的政体中的一种。这种看法倾向于从社会学和历史学的角度来理解孟德斯鸠，弱化了他在《论法的精神》第一编中隐秘的价值立场。

二十世纪著名政治哲学家施特劳斯在对《论法的精神》的系统解读中，凸显了《论法的精神》中隐藏起来的价值立场，揭示了孟德斯鸠从共和政体到君主政体再到专制政体的论述中，存在一种德性的下降次序。如果说在共和政体中，政体的原则(德性)而非政体的性质(政体的结构)占据着支配地位，那么在君主政体中，德性的要求变得不那么重要。施特劳斯的观察揭示了德性这一古典政治哲学的灵魂和基础在孟德斯鸠的现代政体论中的消逝。施特劳斯没有明确向我们说出的另一个结论是，随着德性的消逝，政体的结构(用孟德斯鸠的话来说，是政体的性质)变得越来越重要了。在君主政体中，首次出现了一种能够制约君主权力的中间力量。施特劳斯注意到，孟德斯鸠不是诉诸德性这一古典政体原则，而是选择权力制约来构建其新的政体论。

尽管从字面上看，孟德斯鸠仍然在讨论专制政体的政体性质和原则，但在他的笔下，专制政体的性质和原则都相当模糊，不存在制约君主权力的结构，而恐惧的情感也不像在霍布斯的自然状态中那样，最终使自然人脱离自然状态，而是导致相互提防和攻击，成为专制政体下革命的根源。相对于美德和荣宠来说，恐惧的情感不能引发有价值的、能够维系政体的行动。很显然，对于孟德斯鸠来说，专制政体与其说是一种政体，还不如说是政体的腐化。因此，只有在他有关专制政体的论述中，我们才看到他的价值立场，而这一价值立场恰恰是通过专制政体和宽和政体的对立体现出来的。宽和政体表达了孟德斯鸠对于权力受到制约、公民们的财产和安全获得保障的政治理想。很显然，孟德斯鸠通过专制政体与宽和政体的潜在对立，表达了反对专制政体的强烈立场。

专制政体和宽和政体的对立是《论法的精神》第一编中最深刻的对立，也是长期以来为人们忽视的对立。如果认为孟德斯鸠的专制政体论仅仅是为了描述东方社会的政治形态，就会忽视他想要通过专制政体论表达的普世政体立场，也就会忽视他的政体论的真实意图。孟德斯鸠的目的绝非只是批判东方世界的政体，而是凸显一种宽和的政治精神，他在政体论部分想要表达的，正是要使政体走向宽和。我们也注意到，宽和政体不是一种独特的政体形式，他没有从政体的性质和原则的角度谈论宽和政体，而仅仅主张承认财产权和限制权力的政体才是宽和政体。这就意味着，宽和政体还不是他最终想要创建的政体，他想要创设的是一种不同于传统政体的新的政体。

通过专制政体与宽和政体之间的对立以及宽和政体自身的特征，孟德斯鸠向我们揭示了这一新的政体必须具备的要素。新的政体正是基于权力分立的原则而构建起来的政体，它以个体的自由或者说权利为核心。相比君主政体，它在权力制约方面有更稳定的结构，也不必依赖于传统政体论中的德性原则,较之共和政体和君主政体也更有力量。新的政体的核心是权力的平衡与制约,这也是专制政体和宽和政体的对立中透露的核心内容。正是在这个意义上,孟德斯鸠有关专制政体与宽和政体的讨论就为《论法的精神》第十一章第 6 节中有关自由国家的论述做好了准备,在《论法的精神》第二编中,有关宽和政体的论述被有关自由国家的论述替代。[①]

① 第十一章一上来就讨论自由概念,并在此基础上讨论政治自由的国家。参见〔法〕孟德斯鸠:《论法的精神》(上卷),许明龙译,商务印书馆 2012 年版,第 184 页。

论宽和的刑罚

——《论法的精神》第六章疏证

引　言

孟德斯鸠《论法的精神》在日内瓦发表那一年，贝卡利亚十岁；孟德斯鸠逝世的那一年，贝卡利亚 17 岁。贝卡利亚在写作《论犯罪与刑罚》时，当然读过《论法的精神》，《论犯罪与刑罚》中那些启发后世的重要论题，早在《论法的精神》中就能够找到根源。在《论犯罪与刑罚》一书“引言”的末尾，贝卡利亚明确承认自己获益于孟德斯鸠的思想：

> 不朽的孟德斯鸠庭长曾迅速地论及过这一问题，那不可分割的真理促使我循着这位伟人的光辉足迹前进。然而，聪明的读者都会把我的步伐加以区别，如果我也能像他那样赢得暗中平静地追随理性的善良者的秘密感谢，如果我能唤起那些善感者的心灵向人类利益的维护者发出热情共鸣，那么我真感到幸运。①

这段话不仅向我们表明，孟德斯鸠的刑法学思想影响了这位近代刑法学的开创者，而且揭示了古典时代刑法学的基本特征，古典时代的

---

① 〔意〕切萨雷·贝卡里亚：《论犯罪与刑罚》（增编本），黄风译，北京大学出版社 2014 年版，第 9—10 页。

刑法学懂得“暗中平静地追随理性的善良者”，能够“唤起那些善感者的心灵向人类利益的维护者发出热情共鸣”。但是，自实证主义和历史主义兴起之后，在刑法思想领域，出现了刑事新派，也就是实证主义的刑法学，其中的代表人物有意大利的刑法学家龙勃罗梭、加罗法洛、菲利以及德国的刑法学家李斯特等人。他们或从社会学、人类学的视角，或从国家制定法的视角来审视刑法，其共同特征是关心具体的技术和操作问题，而非刑法对人性和人类灵魂的影响。孟德斯鸠不仅将罪与罚的问题同人类的理性结合起来，同宽和的人道主义结合起来，尤其重要的是同政体问题联系起来。孟德斯鸠在其《论法的精神》中有关罪与罚的问题的论述可以充当深入阅读《论犯罪与刑罚》，理解罪与罚同人类共同体生活之关联的最为恰当的引线。

一、孟德斯鸠论犯罪与刑罚的结构

孟德斯鸠有关刑法的论述主要出现在两个地方，第一处是《论法的精神》的第六章，在此讨论了“各种政体原则的后果与民法和刑法的繁简、审判方式……”，第二处是在《论法的精神》第十二章，主题是“确立政治自由的法与公民的关系”。[①] 此外，在论述宗教的部分中，他还讨论了与宗教有关的犯罪与刑罚问题，这主要体现在第二十五章第 12 节和第 13 节中。在此，我们只是一般性地提及第二十五章中与宗教相关的刑法，而重点讨论第六章和第十二章中的讲述。孟德斯鸠为何要在这两处分别讨论刑法问题，而不是将它们放在一起？

为了回答这个问题，有必要首先考察一下《论法的精神》的文本结构。尽管都是论述刑法问题，但细读第六章和第十二章，不难发现这两

① 参见〔法〕孟德斯鸠：《论法的精神》（上卷），许明龙译，商务印书馆 2012 年版。本文所引用和参考的《论法的精神》段落均不标明页码，仅注出章节数字，如第六章第 5 节等。

处各有侧重。除了涉及刑事程序和审判形式方面的问题之外，[①]第六章的笔墨主要花费在讨论与刑罚相关的问题上，更具体地说，讨论刑罚的轻重问题，也就是严酷的刑罚和宽和刑罚的问题。此外，还讨论了惩罚采取何种形式的问题，如有关罚金和肉刑的问题，是否可以采取同态报复的问题，是否可以采取连坐的问题，最后以君主的仁慈作结。这种结构使人觉得，孟德斯鸠在第六章中关心的其实是刑罚的宽和问题。宽和意味着审判方式严格依据法律来进行，意味着刑罚手段的缓和。

尽管第十二章也讨论刑事程序的问题，例如第 2、3 节虽然表面上讨论公民自由问题，实际上却是讨论审判方式尤其是证据法方面的问题，但第十二章的重点是讨论犯罪的问题，例如第 4 节讨论的是犯罪的分类问题，第 5 节讨论的是针对邪术和异端的犯罪问题，接下来的第 6—13 节也都是讨论定罪方面的问题，即哪些行为应该视为犯罪，哪些不宜视为犯罪，其中最重要的是第 11—13 节中有关思想和言论自由的讨论。言论自由的命题是现代自由主义法学强调的一个基本命题，是启蒙知识人留给现代人的巨大财富，在这个命题上，早在孟德斯鸠之前的 1644 年，大诗人弥尔顿就发表了《论出版自由》，其中对出版审查制度进行了猛烈的抨击。孟德斯鸠的时代仍然存在出版审查制度，在此背景下讨论思想、言论不构成“罪的实体”，实在需要勇气。但我们也注意到，在这个方面，孟德斯鸠的说法非常隐晦。此外，第十二章第 14 节讨论刑罚同羞耻之心的关系问题，第 15—17 节讨论审判方式的问题，第 18 节以下的部分则分别讨论各种政体下刑法同自由之间的关系问题。从总体上讲，这个部分的主题是犯罪，即哪些行为应视为犯罪，哪些行为不应视为犯罪，在孟德斯鸠看来，这一问题对人的自由有重要影响。

---

① 第 3 节讨论法官是否应该根据精确的法律文本审判案件，讨论审判方式；第 5—7 节讨论与法官相关的问题；第 8 节讨论设立公共检察官的问题；第 17 节讨论刑讯的问题，而禁止使用刑讯已经成为现代法学的一项基本规则，在现代法律中属于刑事程序法或刑事诉讼法方面的内容。

在考察了文本上的差异之后,需要继续追问的是,第六章和第十二章所分别讨论的那些内容之间,是否有实质上的差异?为了回答这个问题,首先有必要注意到,尽管孟德斯鸠在第六章和第十二章都论述了刑法问题,但第六章的论述更多与传统政体相关,即与共和政体、君主政体和专制政体相关。在这个部分的讨论中,孟德斯鸠始终关切的是专制政体之下的刑罚问题,这种政体下的刑罚过于严酷,不能做到公正。第六章以讨论君主政体下的刑罚作为开端,而以君主的仁慈作为结尾,其中不时与专制政体进行比较,充分表明了孟德斯鸠在刑罚问题上保持的基本立场,即赞同宽和的而不是严苛的刑罚。

在第十二章中,孟德斯鸠有关刑法的讨论则和自由的关系更为密切。一个重要的证据是,在第六章的讨论中,自由并非经常出现,而在第十二章,自由这个词自始至终频频出现。尽管第十二章中也对各种政体下的刑法进行了讨论(第 18 节以下),但着眼的仍然是自由的问题。务必注意的是,孟德斯鸠在第十二章中所谓的自由,不是与政体相关的自由,而是与公民个体相关的自由,这种自由关注的是如何使公民们享有安全,或者说如何使公民们至少自认为享有安全。正是出于这种原因,孟德斯鸠限制了犯罪的范围,有些行为一旦被视为犯罪,人们就会失去自由的感觉。第十二章极少谈论与刑罚相关的事,例如,第 4 节尽管表面上涉及刑罚问题,但这一节讨论的主要是犯罪分类;再如,第 14 节不是强调采取何种刑罚以及如何适用刑罚,而是强调刑罚的效果,即不能破坏人们的羞耻心。人们不是从刑罚中感觉到自由的,因为刑罚本身就是对自由的剥夺或限制,相反,人们是从自身行动的自由度中感觉到自由的。因此,判断或者规定哪些行为是犯罪对于公民的自由十分关键。

正是这一点导致了孟德斯鸠在两个不同的地方讨论刑法问题。在第六章中,他关心的是专制政体和宽和政体的区别问题,因而刑法问题不过是他展示这种区别的具体例子。在刑法问题上,体现出政体专制还是宽和的不是规定哪些行为为犯罪,而是惩治犯罪和审判的形式。而在第十二章中,他关心的是人的自由。在刑法哲学中,人的自由主要体现在其行为的界限方面,因此规定哪些行为构成犯罪就成为第十二章的重点,此外,还体现在对罪行进行追究的过程中,体现在是否可以采取秘密控告的问题上。孟德斯鸠十分重视秘密控告和公开指控问题,因为公开的指控使人们不再担心受到不公正的指控,秘密的指控则会使人们有遭受到报复的危险。①

二、刑法与政体

值得注意的是,孟德斯鸠在与政体的关联中也讨论与刑法相关的问题。例如,在第六章一开始,他就比较了君主政体下的法律和专制政体下的法律的繁简程度。在专制政体下,无论是民法还是刑法都比较简单,这其中最重要的原因是,在专制政体之下本来就不需要多少管理规则(第五章第 14 节)。又如,在第六章第 3、4 节讨论审判方式的时候,他也结合不同的政体来谈。此外,在第十二章第 18 节以下部分,他也讨论了各种政体下的刑法问题。

孟德斯鸠明确对政体与刑法的关系进行表述是在第六章第 15 节,在那里,他之所以相信刑罚与政体的性质相关,根源在于罗马法。他从罗马法中看到,“随着政治法的更改,伟大的罗马人民也更改了市民法

① 另外,在结构上还需注意的是,孟德斯鸠不仅关心刑法问题,而且关心刑事程序的问题,也就是说,关心在刑事审判中应该遵守的最可靠的规则方面的问题。如今有关刑事程序方面的问题主要归属于刑事诉讼法范畴,而将有关犯罪和刑罚的问题归属于刑事实体法范畴。我们注意到,在十八世纪和十九世纪初,在这个问题上,还没有实行严格分离(例如,费尔巴哈在《德国刑法教科书》中就明确在刑法适用的题下讨论了刑事诉讼的问题,参见〔德〕安塞尔姆·里特尔·冯·费尔巴哈:《德国刑法教科书》(第十四版),徐久生译,中国方正出版社 2010 年版)。因此,在阐述孟德斯鸠的犯罪与刑罚思想时,我们也会注意到他有关刑事程序方面的问题。

中的刑罚规定”，随后他评论了《十二铜表法》、苏拉的法律、凯撒的法律以及马克西米努斯的法律，最后是君士坦丁的法律。他讲述了罗马时代刑罚从严苛到宽和的不断起伏的过程，追溯了在不同政体之下刑罚的严酷和宽和，分别讨论了专制政体下刑罚的残酷、共和政体下刑罚的宽和，讨论了苏拉和凯撒时期的刑罚（此时共和政体处于危机之中）、君士坦丁时代的君主政体下的刑罚。在对罗马时代各种政体的观察中，他最终得出了刑罚与政体性质相关联的结论。

当然，即便不是从罗马法史出发，孟德斯鸠也可以得出上述结论，因为他早就一般性地叙述了政治法与市民法的关系：政治法是与政体有关的法律，市民法则是维护政体的法律，在维护政体的法律中，刑法占据十分重要的地位。现代刑法学者也懂得，刑法是作为最后诉诸手段的法律，它保护的对象不主要是个体的人身、财产和自由，而是共同体的法律秩序。但尽管如此，现代刑法史的撰写者没有充分注意到孟德斯鸠的教导，他们忽视了刑法同政体的关系，从而导致在许多问题的解释上缺乏更广阔的视角。一旦我们把握了孟德斯鸠的教导，有关具体的与刑法相关的问题的解释就可以得出一系列新的结论。

孟德斯鸠指出：

> 人们之所以不得不求助于法院，原因在于政体的性质，而不是法律的自相矛盾及其不确定性使然。（第六章第1节）

应该如何来理解这句话呢？根据孟德斯鸠的论述，专制政体中“所有发生纠纷和诉讼的机会全被消除了”（第六章第1节）。专制政体中没有固定的法律，审理方式非常简单，财产不受重视，由于总是担心民众发生叛乱，因此小小的纠纷就会使政府担惊受怕，官员们在处理案件时十分草率，“只要能结案，用什么方法都无关紧要”（第六章第2节）。在这种情形下，又有谁喜欢打官司呢？敢于打官司的人极其稀少，除非是那些人“有讨回公道的强烈意愿，有仇恨之心，有灵活的头脑和绝不善罢甘休的毅力”（第六章第2节），否则为了保全自己的生命，人们不敢轻易地去提起诉讼。孟德斯鸠对专制政体下人们厌诉的风气的评论一直以来未曾被人注意，我们应该从政治与法律的层面寻找人们厌诉的道理，而不是从儒家的教化或差序性的生存格局出发解释厌诉现象。

生活在不同政体下的人们对审判方式的感受也十分不同，孟德斯鸠讨论了不同政体下的审判方式，提到了许多至今仍然适用的审判规则。首先值得注意的是第六章第 3 节中的讨论，在这一小节中，孟德斯鸠讨论了法官应该在何种情况下严格根据法律的条文审理案件。他说，专制国家什么法律也没有，在那里，法官就是法律，因此谈不上是否根据法律条文审理案件；在君主国家中，法律明确时根据法律的条文判案，法律不明确时则根据法律的精神判处案件；而在共和政体中，政体的性质要求法官一丝不苟地依照法律的字面意思判案。

正是这个论断，尤其是有关共和政体下法官应该严格按照法律的字面意思审判的论断，遭到了后世诸多学者的攻击。他们甚至据此认为，孟德斯鸠主张一种严格意义上的司法学说，由此将整个审判活动比作一架机器，一头输入案情，另一头得出判决，从而导致了现代法学中想要将整个审判活动技术化的倾向。他们依据的正是孟德斯鸠的上述论断，在共和政体中，至少从表面上看，人为的因素完全不存在，因此有可能使用现代化的技术手段，使整个审判程序变成一种技术性的程序，甚至可以用电脑处理案件。

然而，务必注意的是，孟德斯鸠有关共和政体下要严格根据法律的字面意思审理案件的论断不是要完全去除人为因素，他之所以如此主张，是因为在他看来，“政体越是接近于共和，审判方式就越是固定”。完全依据法律的字面意思审理案件是审判方式固定的一种表现，而另一种表现是，在案件审理中，人民只能就事实问题发表意见，法官不得彼此讨论案件，只能严格根据法律审理案件。此外，在共和政体中，特定案件要遵守特定的审理方式（第 4 节），如此种种都考虑到共和政体的政体性质，在这种政体中，唯有通过法律来统治。共和政体下的法律应该具有明确、公开、不自相矛盾等一系列品质，在那里，法律是人们的行为标准，因此必须严格按照字面的法律审理。

归根结底，之所以对共和政体下的审判方式有如此严格的要求，是因为在共和政体下，人们爱法律。对于以荣宠为原则的君主政体而言，不需有如此严格的要求，法官可以根据法律的精神而非字面审理案件，在具体的审理过程中，他们也可以交换意见，可以采取良心审理的方式。因此，在讨论孟德斯鸠有关审判方式的具体观点时，不能脱离具体的政体来评论审判方式的好坏和优劣。

孟德斯鸠十分清楚地意识到，繁复的刑事程序可能与实质正义构成冲突，而有关程序正义和实体正义之间的冲突问题，如今是诉讼法学界的热门问题，但早在两百多年前，孟德斯鸠就已经对此作出了明确的解答。

倘若仅仅从公民个体出发来看，有些司法程序是太过复杂了。例如，明知是某人侵犯了自己的财产，却仍要经过繁复的司法程序才能主张权利，而且即便走完了整个司法程序，权利照样得不到有效的救济，这种情况在现实生活中常常发生。更有甚者，明知某人触犯了刑法，但在收集证据的过程中，由于收集证据的程序不合法，而使证据并不具有证据力。这样的案件在西方国家十分典型。对此，孟德斯鸠却说，这些从公民个体的财产和人身角度出发看太过繁复的司法程序，如果从公民的自由和安全出发，又会显得太过简单。他还说：

> 打官司带来的麻烦、花费、时间的耗费乃至危险，都是公民为自己的自由付出的代价。（第六章第2节）

孟德斯鸠的这一评论是什么意思？可以说，司法程序的繁简涉及的不是公民个体的自由问题，而是政体问题。孟德斯鸠明确指出，只有在专制政体下，法律程序才变得简单：

> 一切纠纷都以这种或那种方式草草结案，只要能结案，用什么方法都无关紧要。（第六章第2节）

只有在宽和政体下，司法程序才变得繁复。因为在宽和政体下，即便最卑微的公民，其生命也是最宝贵的，其财产和荣耀都应受到保护，除非受到国家的控诉，否则谁也不能以任何名义剥夺其生命。同时，孟德斯鸠也明确提到，国家对犯罪嫌疑人提起控诉时，也必须赋予其一切可能的辩护手段。只有在专制国家中，人们才会重实体而轻程序，[①]因为：

> 只有当一个人拥有绝对权力时，首先想到的就是简化法律。（第六章第 2 节）

在孟德斯鸠看来，法律应该关心的不是个别的弊病，而是人民的自由，他主张：

> 对于想要达到的目的，法律有时候以不采用过于直接的办法为宜。（第五章第 5 节）

立法者想要纠正弊端是好的，但如果一心只想纠正弊端，眼睛死死盯住这件事，却不看看它会带来何种负面效果，会更糟糕。这样的法律（或者类似的政策或措施）自身就是腐败的根源（第六章第 12 节）。正是基于此种理由，孟德斯鸠更为重视程序正义而非实体正义，他不是从诉讼成本，也不是从哲学角度出发探讨这个问题，而是从政体的角度讨论这个问题。只有宽和的国家才真正重视程序正义，才将打官司带来的种种麻烦看作实现公民自由的必要代价。

在第六章第 5—8 节，孟德斯鸠讨论了有关法官资格的问题和谁有资格进行控告的问题，即参与审理的官员之任职资格的问题。这也是审判方式中非常重要的问题。

首先，孟德斯鸠讨论了共和政体下的法官。在共和政体下，真正的法官是人民，即便是由法官来审理案件，也要显得是人民在审理。为了

---

① 法学界常常说中国是一个重实体而轻程序的国家，实际上应该从政体角度探讨一下根源，而不能仅仅从法律文化传统（如儒家的教义）角度寻找根源。

防止人民滥用审判权，就有必要对人民的审判权加以限制。他提到了佛罗伦萨人的审判，也提到了梭伦制定的有关人民审理案件的法律，并称颂了后者。其次，孟德斯鸠讨论了君主政体下法官的资格问题。他反对君主亲自审理案件，因为在君主政体下，君主审理案件不仅会破坏中间势力，而且由于犯罪行为针对的是君主的法律秩序，由君主审理案件，无异于君主既当法官又当原告。同时，由于犯罪所得将一律没收归君主所有，由君主审理案件，无异于君主既是法官又是获得利益的一方。此外，由于君主享有特赦权，君主审理案件会造成如下印象：君主一方面做出了决定，另一方面又反对自身做出的决定。孟德斯鸠接下来举了路易十三和罗马皇帝的例子，充分说明君主审理案件是灾难之源。他主张，在法律的执行方面，君主只需充当旁观者：

> 法律犹如君主的双眼，借助法律他可以看到原本看不到的东西。（第六章第5节）

君主所应操心的是法律执行的状况，他不能干涉具体的个案，但能改善法律。只有在专制政体下，君主才审理案件，也正是在专制政体下，司法官员的任职变得简单，这里只有一个法官，可以任意地断案（第六章第7节）。不仅如此，孟德斯鸠还主张，在君主政体下，不仅君主不能审理案件，大臣也不能审理案件。这是因为，在审理案件的过程中，司法官员要头脑清醒，不能动感情，客观中立地审理案件，而行政机构在处理事务时却应该有激情。在这里，我们看到了有关行政权的积极性和司法权消极性学说的现代根源。现代人已经达成了一个基本共识，即行政权应该是积极的，司法权应该是消极的。

在司法官员中，有一类官员和法官一样十分重要，这就是公共检察官，他们以法律和国家的名义来指控犯罪。在孟德斯鸠笔下，这是君主政体中的做法，在这里，公共的感情非常薄弱，因此不得不设置专门的官员负责控告；而在共和政体中，公共的福利是公民的第一愿望。控告因此在孟德斯鸠看来应该是公共的。秘密的指控或者说告发是危险的，之所以如此，是因为秘密的指控从表面上看是为了维护国家的安全与法律，实际上却为专制统治提供了借口。孟德斯鸠提到了罗马帝政时期的做法，在那时，出现了一群阴险的告密者，他们想方设法地寻找那些一旦被判刑君主就会高兴的犯法者。

秘密控告自身就是邪恶的根源，贝卡利亚针对秘密控告作了如下评论：

> 这种风俗把人变得虚伪和诡秘，人们一旦怀疑别人是告密者，就视之为敌人。这样，人们往往掩饰自己的感情，由于他们习惯于对别人隐藏这种感情，以至发展到对自己也同样隐藏这种感情。他们没有明确而稳定的准则作指导，迷失在见解的烟海之中；他们竭力躲避威胁着自己的恶人，在对前途的忡忡忧虑中熬过眼前的时光。他们享受不到持久的闲适与安全，那刚刚降临到他们悲惨生活中的少许欢乐立即被囫囵地消受掉，能活在世间，就是他们的唯一安慰。①

这正是专制政体下生活的人们的心灵特征。

三、反对酷刑的理由

根据《布莱克法律词典》中对于“酷刑”的界定，酷刑是指：

> 为了施予惩罚、获取口供或信息或为了施虐的快乐，而给人的身体或心理造成剧烈的痛苦。在旧的刑法里，在司法准许和监督下，与对人的调查或审查相联系，通过采取拉肢刑架、刑车或其他器械，对个人施加暴力的肉体痛苦，作为逼取供认或使其揭发同谋

---

① 〔意〕切萨雷·贝卡里亚：《论犯罪与刑罚》（增编本），黄风译，北京大学出版社2014年版，第43页。

的方法。[1]

从总体上讲,酷刑是一种施加刑罚的方法,目的是使犯罪嫌疑人招供,或是作为惩罚的手段。因此,在很长一段时期内,乃至在将禁止使用酷刑写入了国际人权法的今天,酷刑仍然存在,虐待罪犯的现象时有发生,不仅发生在各国的监狱中,而且发生在国际关系领域。事实上,美国在实施其全球反恐的战略期间,不断爆出对其嫌疑人使用酷刑的丑闻。

无论古今,反对酷刑的声音从未停止过。中国历史上有著名的"缇萦救父"故事,在这个故事中,缇萦的父亲因触犯法律而被判刑,缇萦上书汉文帝,说自己愿意做官府中的仆人,代父赎罪。这个例子也是汉文帝时期政治宽和的一个证据。中国历史上可以看到不少有关酷刑、酷吏的故事,如武则天时期的酷吏周兴和来俊臣的故事。但是,我们在此关心的不是具体的酷刑或是反酷刑的故事,而是历史上出现的主张酷刑和反对酷刑的理由。

孟德斯鸠对酷刑持强烈的反对态度,他认为"严酷的刑罚"适用于专制政体,而不适用于君主政体和共和政体。他在《论法的精神》第六章第 9 节中十分详细地陈述了这个观点,并在这一节中比较了宽和的国家和专制的国家对于刑罚的态度。所谓宽和国家,不仅包含共和政体,还包含君主政体。由于在专制政体之下,对死亡的恐惧超过了对生活的热爱,因此专制政体中的刑罚一般来说就很严酷(之所以是一般来说,是因为在有宗教信仰的国度,刑罚可能会因为宗教的要求而缓和。另外,在人口众多的国度,君主不得不改变统治手段,与人民分享利益,这样一来,刑罚也可能变得缓和)。而在宽和政体下,爱祖国、爱法律以及追求荣宠,这些政体的原则可以成为防止罪行的因素,在该政体下,人们热爱生活,并不总是担心死亡的降临。此外,君主政体下的荣宠由

---

① 转引自夏勇:《酷刑与功利主义》,载夏勇:《中国民权哲学》,生活 · 读书 · 新知三联书店 2004 年版。

于有自身的法则，也会阻止和排斥不合理的刑罚。如此，除了酷刑之外，还有多种手段可以作为刑罚的手段，与此同时，也有很多理由阻止立法者制定残酷的刑罚，而这些都使刑罚变得宽和。

值得注意的是，孟德斯鸠描述了在不同政体下，人们的性情、生活方式对刑罚轻重程度的影响。在专制政体下，人们的命运极其悲惨，唯有在宽和政体下才处处见温馨，于是那些征服者和专制君主就有一种冷酷倾向，[①]只有家境不穷不富、命运不好不坏的人才性情温和，怀有恻隐之心。但是，我们感觉到，这类人似乎并不生活在君主政体之下，而更有可能生活在共和政体之下，只有在共和政体下，尤其是在民主政体中，人们才会自愿放弃个人利益，追求公共利益，才会以节俭作为美德。更进一步讲，只有在基于商业的民主共和国中，我们才能发现这种人，因为正如我们在孟德斯鸠有关商业性民主共和国的描述中看到的，这里奉行一种节俭性的贸易，属于家庭的财富并不多，因而人们的家境不穷不富、命运不好不坏，而且商业精神带来了温良的性情，使人们彼此怀有恻隐之心，关心公众利益。孟德斯鸠描述的这类人其实就是市民阶级，他们产业不多，只能凭借节俭性的贸易来致富，为了使自己的家业能持久，他们不得不持续地勤俭持家。

在此基础上，孟德斯鸠得出如下规律：

> 在所有或几乎所有的欧洲国家里，人民离自由近，刑罚便少，人民离自由远，刑罚便多。（第六章第9节）

在孟德斯鸠笔下，宽和政体是离自由最近的政体。[②] 政体越是宽和，人们在该政体下生活的勇气也就越强烈，“在宽和政体下，对于死亡的惧怕甚于失去生活的担心”，因此立法者就越是有办法禁止人民犯

---

① 值得注意的是，孟德斯鸠还提到了僧侣，但他排斥僧侣的统治，充其量只承认在君主国家中，僧侣可以成为一种中间力量。

② 具体可参见本书《通往自由国家——〈论法的精神〉第一编中的一对不为人知的政体》一文。

罪。(参见第六章第9节)

什么是刑罚的目的？或者说，立法者或统治者究竟出于何种原因适用刑罚？刑罚的目的学说是刑法学理论的重要组成部分。孟德斯鸠指出，立法者关心的是预防犯罪，而非惩罚犯罪。将预防犯罪作为刑罚的目的，是刑法学说史上的重大发展，这一刑罚目的的改变对后世的刑法学说产生了巨大影响，二十世纪的刑法学说甚至区分了一般预防和特殊预防。一般预防考虑的是对犯罪实施刑罚而对普罗大众产生的效果，即通过惩罚使大众认识到实施此种行为不值得，从而不犯罪；特殊预防则只针对犯罪人本身，使其不再继续犯罪。有关刑罚目的的学说可谓驳杂繁多，它已经是现代刑法学研究的基本问题之一。

在孟德斯鸠为代表的古典刑罚学家那里，一般预防和特殊预防同时存在。例如，贝卡利亚说：

> 刑罚的目的仅仅在于：阻止罪犯再重新侵害公民，并规诫其他人不要重蹈覆辙。[1]

然而，在具体的一般预防和特殊预防的方法上，贝卡利亚却提出了不同意见。例如，为了使罪犯不能再重新侵害公民，既可以采取极端的办法，即死刑，也可以采取拘束自由的办法，即关进监狱，甚至还可以根据对个体的社会危险性的预先评估，对有潜在危险性的个体进行预先防范。而为了规诫其他人不要重蹈覆辙，既可以采用威慑的办法，使人们害怕残酷的刑罚，也可以采用教育的办法，使人们从犯罪得到惩罚的必然性中，从刑罚施加的及时性中，意识到犯罪行为得不偿失。在有关具体的预防办法上，孟德斯鸠有其特定的立场，他认为：

> 对于劣迹的最大惩罚就是认识到自己确有劣迹。(第六章第9节)

---

① 〔意〕切萨雷·贝卡里亚：《论犯罪与刑罚》(增编本)，黄风译，北京大学出版社2014年版，第36页。

最有效的惩罚不是酷刑，而是使人们产生耻辱心。从这个角度看，孟德斯鸠的立场接近于当代教育刑的立场，既不是采取肉刑即严刑拷打的办法，也不是采取长期关押的办法，而是使人心生耻辱之心，使内在的心灵成为拘束人们不去犯罪的主要力量。

对孟德斯鸠来说，心灵的培育对刑罚的作用就如同心灵的培育对政体的作用那般意义重大。从刑罚的目的出发，只有最有利于预防犯罪的刑罚才是有效的刑罚。在孟德斯鸠看来，最有效的刑罚是耻辱刑，他说：

> 大自然将耻辱作为对人的谴责，让我们遵循大自然的意志，使蒙受耻辱成为刑罚的最重要的部分。（第六章第12节）

孟德斯鸠在各种刑罚手段中看重耻辱刑的作用，正如他在政体学说中看重人的德性一样，他甚至说“民若有德，刑罚可少”，在宽和政体中，“立法者只需向他们指出什么是善，他们就会齐心向善”，而不必使用任何刑罚。这一点颇类似于《论语·为政》中所说的“道之以德，齐之以礼，有耻且格”。在宽和政体中，统治者会竭力培养人民的羞耻心，在孟德斯鸠看来，人们内心是否存在羞耻心，甚至是区分专制政体和宽和政体的标志（第六章第12节）。

孟德斯鸠重视耻辱刑，认为耻辱感能使人不犯罪。他谈到了对逃兵的惩罚，认为对逃兵来说，最严重的惩罚不是处死他们，因为他们早已习惯面临死亡，将生死置之度外，而应该让他们终身受辱。士兵是重视名誉的，使他遭受耻辱就会令他感到极度痛苦，较之处死他带来的恐惧更甚。因此，孟德斯鸠甚至说：

> 如果在一个国家里，刑罚不能使人产生耻辱心，那肯定是施行暴政的后果，因为暴政不分恶棍和君子，施以同样的刑罚。（第六章第12节）

从预防犯罪的角度出发，酷刑不能产生效果，严酷的刑罚往往会造成如下局面：罪犯面临的恶果越大，也就越敢于规避刑罚，为了摆脱对一次罪行的刑罚，人们会犯下更多罪行。[①] 孟德斯鸠本人并未陈述这一点，但这一点非常明显。酷刑的承担者当然知道犯罪的后果非常严重，因此他们千方百计地摆脱这种后果，为了使犯罪行为不被发现，他们实施更隐秘的犯罪。这就是为何孟德斯鸠说，酷刑不仅不能使人们遵守法律，还会使人民受到败坏。

反对酷刑的理由还要从人类心灵的内在感受中寻找。孟德斯鸠注意到，人类心灵具有一种内在趋势，即对严酷的刑罚会慢慢习以为常，从而再严酷的刑罚也会变得不那么严酷。因此，尽管专制政体想要用酷刑威慑人民，但极端的惩罚手段却无法达到效果，而且非但达不到使人民遵守法律的效果，还会使人民的精神遭到腐蚀，变得对专制主义习以为常，变得对刑罚的轻重毫无感觉。这成为孟德斯鸠反对酷刑的最重要的一个理由。

从孟德斯鸠反对酷刑的这个理由中还可以推断出，尽管专制政体常常运用酷刑制造恐怖的气氛，但人心会逐渐适应这种恐怖。一旦人们看惯了杀人和残害身体的场面，就不会对生命有热爱，也不会懂得人生的尊严和生活的美好与幸福。生命的意义一旦失去，人们就体会不到生命的甜蜜与幸福，任何对生活的追求都变得毫无意义，这也是为何孟德斯鸠甚至强调“严酷的刑罚甚至可能会腐蚀专制主义”。为了说明这一点，他讨论了日本刑罚的残酷性，“日本法律的暴烈曾经胜过它的力量，它成功地摧毁了基督教，然而，闻所未闻的努力恰恰证明了它的无效”（第六章第13节）。

在孟德斯鸠之后不久，贝卡利亚再度表述了这个学说。他在《论犯罪与刑罚》的第27章中说：

> 人的心灵就像液体一样，总是顺应着它周围的事物，随着刑场

① 参见〔意〕切萨雷·贝卡里亚：《论犯罪与刑罚》（增编本），黄风译，北京大学出版社2014年版，第73页。

变得日益残酷，这些心灵也变得麻木不仁了。生机勃勃的欲望力量使得轮刑在经历了百年残酷之后，其威慑力量只相当于从前的监禁。

他又说：

刑罚最残酷的国家和年代，往往就是行为最血腥、最不人道的国家和年代。因为支配立法者双手的残暴精神，恰恰也操纵着杀人者和刺客们的双手。在王庭上，这种精神为恭顺的奴隶的凶残心灵制定了铁的法律，在阴暗的角落里，它却煽动着人们绞杀这些暴君，并以新暴君取而代之。①

在现代刑罚学说中，反对酷刑的这个理由通常并未被人们注意，现代人对于酷刑的态度十分暧昧。例如，美国一方面主张刑罚的人道和宽和，另一方面借助反恐之名，在其他国家、民族和地区实施酷刑。之所以如此，是因为当代刑罚学普遍遵循的是一种功利主义的刑罚观，这种功利主义的刑罚观太过重视刑罚与实际效果之间的关系。在反对酷刑这个问题上，我们可以看到，孟德斯鸠不是诉诸计算的理性，而是诉诸内心的情感，诉诸人类心灵的内在感受性。在他看来，酷刑消磨了人的心灵的感受性，从人的心灵的感受出发解释酷刑的不恰当性，是孟德斯鸠的首创。在孟德斯鸠看来，只有在宽和的政体中，人才拥有丰富的心灵感受，才会有恻隐之心和羞耻之心。刑罚的适用应该考虑到人的内在的感受性，因为严格来说，教人守法的不是肉体遭受的重创，而是对于人的内在心灵的刺激和影响。

在孟德斯鸠笔下，酷刑总是与专制政体、暴政联系在一起，他甚至说，一个国家的人民不做坏事、遵守法律，只是因为害怕酷刑，那就同样可以肯定，造成这种状况的主要原因在于政府的暴戾。在他看来，人们

① 〔意〕切萨雷·贝卡里亚：《论犯罪与刑罚》（增编本），黄风译，北京大学出版社 2014 年版，第 74 页。

之所以遵守法律，不是因为恐惧某个君主，而是因为爱法律或爱荣宠。对于酷刑的反对因此就与他对专制政体的批判联系在一起。

在阅读孟德斯鸠有关酷刑的论述过程中，还应注意到，在这个问题上，孟德斯鸠谈到了有关立法者技艺的问题。酷刑的倡导者往往希望能够通过酷刑威慑人民，但孟德斯鸠却提醒立法者，在纠正弊病时，不能只想着纠正弊病本身：

> 眼睛死死地盯着这件事，却不看看它会带来怎样的负面效应。（第六章第12节）

在孟德斯鸠看来，酷刑带来的负面效应是腐蚀了人民的精神。他将人民被法律腐化视为一种“不可救药的弊病”。在实际的政治生活中，头痛医头、脚痛医脚的做法不仅达不到目的，而且会成为新的病灶，加剧政治机体的病患。

四、罪刑相适应和刑罚的宽和

孟德斯鸠对于酷刑的态度引发了如下两方面问题：第一，酷刑使人们的心灵变得麻木，刑罚越是残酷，人们对于生命意义和价值的感受就越是淡漠。一旦失去了对于生命意义和价值的感受，一切刑罚就会变得毫无意义，人们不会因刑罚的严酷而变得更守法。第二，正如贝卡利亚注意到的，酷刑难以使犯罪与刑罚保持实质的对应关系：

> 无论暴政多么殚精竭虑地翻新刑罚的花样，刑罚终究超越不了人类器官的感觉的限度。一旦达到这个极点，对于更有害和更凶残的犯罪，人们就找不出更重的刑罚以作为相应的预防手段。①

① 〔意〕切萨雷·贝卡里亚：《论犯罪与刑罚》（增编本），黄风译，北京大学出版社2014年版，第75页。

以上两方面问题引发了人们的思考,即如何使刑罚在预防犯罪的过程中更有效。既然酷刑不是恰当的刑罚,那么刑罚的轻重是否有一个尺度?孟德斯鸠在讨论了刑罚的轻重尤其是酷刑后,便讨论了“罪与罚的正确比例”,他说:

> 各种刑罚之间的轻重要配搭适当,这一点非常重要。(第六章第16节)

犯罪与刑罚之间要有正确的比例,而“罪刑相适应”(或“犯罪与刑罚相对称”)的理论是现代刑法的一个基本原则,也为现行中国刑法所承认。

尽管孟德斯鸠在第六章第16节中并未明确阐明为何在犯罪与刑罚之间应存在“正确的比例”,但他在提出了各种刑罚的轻重要配搭适当的论断后说:

> 人们总是防大罪甚于防小罪,防范对社会造成重大危害的罪行,甚于防范对社会造成较少危害的罪行。(第六章第16节)

由此看来,罪与罚的正确比例是根据犯罪行为对社会的危害程度衡量的。以对社会的危害程度作为刑罚的标准,符合刑罚的目的。因为刑罚属于市民法,市民法则是为了维护政体而起作用的。他在随后举出的例子表明,如果对两种不同程度侵犯社会的犯罪处以同等的刑罚,人们便无法找到更有力的手段去制止能带来较大好处的较大犯罪(这是贝卡利亚在孟德斯鸠的基础上得出的结论)。例如,在莫斯科公国中,由于针对盗窃罪和杀人罪的刑罚相同,导致了盗贼不仅实施盗窃而且杀人,因为既然两者的惩罚一样,那么如果将人杀害,就意味着没有在场的证人,查出这类犯罪也就变得困难了。此外,孟德斯鸠还举了反叛罪和诽谤罪、拦路抢劫和杀人劫财等作为例子,目的是证明对于不同性质的犯罪,应该量刑有别,在此他提到了中国针对不同类型的抢劫犯给予不同刑罚的做法。他还提到,即便是在刑罚上没有区分,也要妥善利用犯罪者对赦免的期望。他提到了英国区分盗窃和杀人的做法,盗窃犯有获得赦免的期望,而杀人犯则不被赦免。由此也可以看出,仅仅从制度本身来看,有些制度非但不能达到威慑的目的,还会滋生新的犯罪,正是在此意义上,如何制定一部使罪刑相适应的刑法典,是立法者的技艺。

有关罪刑相适应的讨论表明,刑罚的有效性不在于残酷,而在于针对不同犯罪给出不同刑罚。只有这样,人们的心灵才不至于变得麻木,才能培养出他们对不同犯罪之危害性的感受。在孟德斯鸠笔下,罪刑相适应的根据不是功利主义的计算,而是人的道德情感的培养。不仅如此,从罪刑之间应该存在正确比例出发,还有可能构建一个罪刑阶梯,即先根据犯罪行为对于社会的危害程度,构建一个等级体系。这个阶梯的最高一级是那些直接毁灭社会的行为,最低一级则是针对个人犯下的不正义的行为。然后与这个犯罪行为的阶梯对应,可以构建一个刑罚的阶梯,如此一来,就可以做到刑罚轻重的配搭适当了,也可以实现罪与罚之间的正确比例。贝卡利亚后来在谈到这个罪刑阶梯的价值和意义时说:

> 有了这种精确的、普遍的犯罪与刑罚的阶梯,我们就有了一把衡量自由和暴政程度的潜在的共同标尺,它显示了各个国家的人道程度和败坏程度。①

从这个意义上讲,现代刑法学中归结给贝卡利亚的“罪刑相适应”理论其实应该归属于孟德斯鸠,孟德斯鸠才是发明罪刑相适应理论的第一人。不仅如此,还可以得出如下结论:罪刑相适应是属于宽和政体下的刑罚,酷刑则是属于专制政体下的刑罚。罪刑相适应的刑罚制度设计充满了温馨的人道之风,有利于培养人类敏感的道德心灵,酷刑则

① 〔意〕切萨雷·贝卡里亚:《论犯罪与刑罚》(增编本),黄风译,北京大学出版社2014年版,第75页。

使人类丧失掉生命的感觉，漠视一切道德事物。

在《论法的精神》一书中，孟德斯鸠对与刑罚有关的其他问题也进行了深入讨论，他的讨论涉及刑讯、肉刑与罚金刑、同态报复等相关问题。在这个部分中，他集中表达了刑罚宽和的思想。

孟德斯鸠反对刑讯，我们对于这一点十分清楚。但是，我们在此考察的不是他是否反对刑讯，而是他为何要反对刑讯。历史上反对刑讯的人不在少数，值得注意的是他们反对刑讯的各种理由。尽管在现代文明的司法中，刑讯逼供的做法已不得人心，这种获得证据的做法通常被认为是不人道的，但在孟德斯鸠看来，刑讯远非不人道这么简单。孟德斯鸠从政体的角度反对刑讯，在他看来，只有在专制政体之下，才需要刑讯来产生令人畏惧的力量。在此，一个人是否犯罪，证据就在于他是否能够忍受残忍的刑诉，不能忍受者即被判为犯罪，似乎在“不幸者的筋骨和皮肉中蕴藏着检验真相的尺度”，但这样一来，无辜者将受到折磨，真正的罪犯却往往能够逃脱。真正的犯罪只需忍受暂时的痛苦，就可以获得无罪和罪轻的结局。因此，这种刑讯根本无益于找出真正的罪犯。

不仅如此，刑讯带来的肉体痛苦和精神痛苦也无益于发现真相。在一个人的肉体遭受重创之后，在他精神受到残酷的折磨之后，他怎会说出真相？他反而会担心，一旦自己说出的话无法令刑讯者满意，就会遭到更痛苦的折磨。他心里想的是如何摆脱折磨，而不是说出事情的真相。实际上，只有极少数拥有强烈的意志的人，才能在残酷的刑讯面前面无惧色，而大多数意志薄弱的人，往往在刑讯面前不得已承认了莫须有的罪名。

历史上主张刑讯的人还有为刑讯辩护的其他理由，例如，刑讯能使罪犯供出其他罪行，揭发同伙，而且能使罪犯洗清耻辱，但这些为刑讯辩护的理由在贝卡利亚的《论犯罪与刑罚》一书中均遭到了批判。对于为了获得案件真相而实施的刑讯来说，刑讯当然“并非为其性质所必须”，孟德斯鸠说，“法律虽然必须预先对案情做一些假设，但并非必须刑诉罪犯”（第六章第17节）。刑罚不仅不能使人说真话，还使人畏惧，使人退缩，使人失去对生命的尊严感，使人畏惧施以刑讯之人，而非畏惧法律。正是在此意义上，孟德斯鸠说，“刑讯对于专制政体也许是合适的”（第六章第17节）。

因此，孟德斯鸠是从刑讯对人们心灵的影响的角度，从刑讯同专制政体的内在关联性出发，反对刑讯。只有在专制政体下，统治者怀疑所有人都是同他作对的，根本不敢相信他的任何臣民。在讨论刑讯这一主题一开始，孟德斯鸠就同专制政体区分开来，他说法律应该相信人，“人心本恶，法律不得不把人设想成比实际好些”（第六章第17节）。

同样的结论也反映在孟德斯鸠对各种类型的具体刑罚的评论中。他反对肉刑，赞成罚金刑，以赞赏的口吻谈到了古日耳曼人的做法。古日耳曼人的刑罚多是采用罚金，因为他们认为，血只能流在手持武器的战斗中。尽管孟德斯鸠并未对罚金刑进行过多评论，但他显然认为，罚金刑是合理的刑罚，应该大胆采用。他在第十二章第4节中说，对侵害财产安全的罪行，处以丧失财产的刑罚就好，这更符合这类犯罪的性质。但他也说，如果侵害者是一贫如洗的穷汉，就只能采取肉刑。由此看来，孟德斯鸠没有完全主张废除肉刑。他在谈到日本人对刑罚的态度时，竭力为罚金刑的意义做辩护。他似乎认为，罚金刑有同肉刑一样的遏制犯罪的效果。罚金刑涉及财产，对宽和政体来说，财产的稳定具有重大意义。只有从财产对于宽和政体的意义出发，才能理解孟德斯鸠为何要为罚金刑辩护。贝卡利亚在评论驱逐和没收财产这两种刑罚时曾说，剥夺财产是一种比驱逐更重的刑罚。尽管如此，贝卡利亚还是论述了罚金刑的缺陷，它不仅可以为暴政获得利益提供机会，也可能伤及无辜,过多的罚金会剥夺一家人的生活来源,形成巨大负担。[①] 正是在此意义上,我们才能理解,为何孟德斯鸠会说,优秀的立法者应该懂得灵活地运用这两种刑罚。

孟德斯鸠对于同态报复的讨论同样值得注意。现代刑法将同态报复视为一种原始刑罚,按照黑格尔的说法,这种刑罚追求的是量上的相等,如“以眼还眼、以牙还牙”,但如果遇到一个独眼龙的罪犯,或者一个满口无牙的罪犯,又该怎么办呢?现代刑法学反对同态报复的立场,主张一种道义报应或者法律报应,即凡是触犯刑律的人,之所以要受到惩罚,是因为他在道德上应该受到惩罚,或者根据法律应该受到惩罚。现代刑法因此得出了如下犯罪的本质:一是道德上受到谴责的该当性,二是应受刑法惩罚性。作为刑法的奠基人,孟德斯鸠对同态报复的态度是复杂的,他反对同态报复,但他提出的却不是黑格尔基于物理意义上的等量的理由。他在《论法的精神》的第六章第 19 节中谈到了同态报复,在他看来,同态报复是一种简单的法律,专制国家常常采用这种法律,而政治宽和的国家虽然也使用这种法律,但只是偶尔使用。因此,他对于同态报复的反对就是从政体出发的。尽管在第十二章第 4 节的倒数第二段中也出现了“同态报复”一词,但是此处的同态报复并不是从物理意义上说的,“这种刑罚源自这类罪行的性质,发自理性和善恶的本源”。从这个判断看,同态报复又具有报应的意味,因为它并不是简单地从物理角度出发寻求量上的等值,而是考虑到了道德上的理由,是出自理性的规定。总体上来说,尽管我们不能肯定孟德斯鸠是否主张一种物理意义上的同态报复的观点,但可以肯定,他是主张限制同态报复的,具体来说,他主张政治宽和的国家应较少地使用同态报复。

从表面上看,第 20 节和第 21 节讨论的是君主的仁慈,但实际上讨

---

① 参见〔意〕切萨雷·贝卡里亚:《论犯罪与刑罚》(增编本),黄风译,北京大学出版社 2014 年版,第 68—69 页。

论的是君主政体中的刑罚适用问题。因为唯有在君主政体下,才需要君主的仁慈。在此,所谓的仁慈并不仅仅是道德上的宽大为怀,而是要为荣宠治国留下空间,因为荣宠也具有一种法的身份,失去了荣宠就相当于接受刑罚的惩治。君主的仁慈不是因为君主软弱,也不是因为君主轻视惩罚甚至无力实施惩罚,而是君主在尽力克制使用强制,转而用荣誉来激发人们对法律和国家的热情,用丧失名誉作为惩罚。这就集中体现了孟德斯鸠的耻辱刑构想。

结　语

长期以来,刑罚与政体的关系问题被人遗忘。现代刑法学很少讨论这个主题,之所以如此,是因为现代政体越来越倾向于单一化,即主张一种权力分立的自由主义政体,在这种政体中,人们关心的不是刑罚与政体的问题,而是刑罚与自由的问题。政体和刑罚之间存在的内在关联,早在《论法的精神》第一章第 3 节中就提出来了,在那里,孟德斯鸠指出,政治法是组成政体的法律,市民法则是维持这个政体的法律。刑法是市民法的重要部分(另一部分是民法),随着政治法的改变,刑罚也在发生改变,因而他深信,“刑罚是与政体的性质相关”(第六章第 15 节)。

总而言之,《论法的精神》第六章讨论的主要是政体和刑罚的关系问题。在这一章中,孟德斯鸠心中想的是刑罚的宽和,这一章不是从个体公民出发,而从遭到指控的犯罪人的角度出发进行讨论。一旦个体遭到犯罪的指控,就必须进入到公开审判中,因此刑罚就体现为酷刑和宽和的刑罚两种形态。不仅如此,在审判方式方面,在宽和政体中,审判的方式较为严格,要求不得由君主审理案件。同时,即便是人民审理案件,也要防止人民滥用审判权。

正如本文开端注意到的，孟德斯鸠在《论法的精神》第十二章中也讨论了刑法问题，但在那个部分中，涉及的是另一个问题，也就是自由与刑法的关系问题。在公民自由的问题上，主要依赖于将哪些行为规定为犯罪，因此在那里，犯罪的问题而非刑罚的问题就成为孟德斯鸠关注的焦点。想要从刑罚中看到公民自由是很难的，因为在刑罚中，公民的自由直接地处于受剥夺状态，在那里，对公民个体来说，感触至深的不是自由，而是刑罚的宽和以及审判的公正。①

① 关于这一章相对详尽的解读，参见〔美〕施特劳斯讲疏：《从德性到自由——孟德斯鸠〈论法的精神〉讲疏》，潘戈整理，黄涛译，华东师范大学出版社2017年版，第323页以下。

康德的永久和平和世界公民法权
——《永久和平论》的正文讲疏

引　言

《永久和平论》这本小书是康德在 71 岁时写的(康德生于 1724 年,逝于 1804 年,本书出版于 1795 年)。一个七十多岁的老者,尚未停止他对这个世界的思考,而且思考得如此深刻,可见思想的生命远超肉体的生命。

康德的哲学晦涩,不仅中国人这样看,德国人自己也这样看。1781 年《纯粹理性批判》出版之后,很多人觉得这是一部天书,不仅主题看不懂,而且还有很多奇怪的词汇和句子,比如先天和先验、形式和质料、现象与物自体等。阅读康德的书需要极大的求知勇气和耐心,一个著名的说法是,因为书中内容是一个句子套一个句子,以至于不得不一个手指按住一个地方,另一个手指按住另一个地方,最后手指都不够用了。康德的哲学著作被翻译成中文是一件大事,因为太难了,不仅读起来晦涩,理解起来更是难上加难。好多现代著名的哲学家,比如说海德格尔,都致力于康德解释。

我们在这里不讨论康德的哲学思想,而讨论他在这个思想基础之上提出的对于人类政治生活的看法,尤其是关于永久和平的看法。我们会觉得,哲学家的厉害之处就在于他的穿透力,对于很多复杂的问题,我们毫无头绪,但哲学家一上来就把握住了要点,这是哲学家的眼光。哲学家的厉害之处不在于他什么事情都会做,比如不仅会写文章、盖楼房,还会带兵打仗,会种种技术知识,这并不是哲学家的厉害之处,哲学家不同于技术专家,甚至远远比不上技术专家。哲学家的眼光是整体的,他要将一切具体的事件放在整体中考察,他是超越时代的,这样他就可以看出一些根本性的问题。哲学家擅长对生活的整体意义进行追问,比如说,技术专家不会考虑这种技术可能带给人类什么,哲学家则会追问技术化的时代能给人类带来什么。哲学家是人类价值和人类意义的守护者。考虑到这一点,我们关心的就不是康德究竟设计了一种什么样的方法,或者说一种怎样的制度来确保永久和平,而是要看一看,在他看来,永久和平这样一种人类社会的追求对人类而言意味着什么。

《永久和平论》这本小书目前有三个中译本,一个是何兆武先生的中译本,这个译本收录在商务印书馆出版的康德的《历史理性批判论文集》中,单行本后来在上海世纪出版集团出版;一个是李秋零先生的译本,收录在几乎是由他一个人翻译的康德全集之中;还有一个是我国台湾地区学者李明辉的译本。能读德文原文的朋友当然应该读原文,但建议大家对照着中译本或英译本读。关于这本小书的研究著作,国内目前仅有一部,这就是赵明教授的《实践理性的政治立法——康德〈论永久和平〉的法哲学诠释》,他从法哲学的角度出发解读这本小书,用了近20万字的篇幅。总体上看,国内的学者没有认真研究过这本小书,国外的学者倒是花了很大的心思来研究它。

一、《永久和平论》的时代背景、标题和结构

有一种做法很流行,即在讨论一个哲学家的思想之前,通常会考察

一下他的时代,深入到时代中去了解哲学家的写作目的。这种处理经典作家和经典作品的方式是糟糕的,因为哲学家对时代的把握,常常与我们对于时代的看法截然不同。稳妥的做法不是先去看一看那个时代,而是通过作家的论述来感受那个时代。因此,我们就不直接地深入到康德所处的时代,而是通过《永久和平论》的一些说法来简要地看看康德对他那个时代的描述。

《永久和平论》一上来就说,荷兰一座旅馆的招牌上画着一片坟场,上面写着"走向永久和平"的字样。这个事实表明了战争对于欧洲社会的影响。试着想一想,如果是一个和平的时代,就不会有旅馆挂这样的招牌。实际上,在康德撰写这部作品之前,欧洲爆发了一场大战,即1754—1763年的七年战争,当时的欧洲强国都参与了这场战争。战争的结束以1763年签订的两个和约(《巴黎和约》《胡贝尔图斯堡和约》)为标志,这场战争的目的是攻城略地。这场战争对康德影响应该是巨大的,1795年他撰写《永久和平论》的时候,尽管离战争结束已经30多年了,但恰好是反思战争最恰当的时候。

康德《永久和平论》的语言非常节制,很少直接讨论他那个时代的具体事件,但也有例外,比如他在一个地方讨论过他所处时代的景象,谈到了欧洲的野人。他说,现在每一个国家将自己的威严置于完全不服从任何外界法律的强制,而它的领袖的光彩就在于这些领袖自己不必置身于危险之中,有千千万万的人对他俯首听命,为着和他们本身毫无关系的事情去牺牲自己;他又说,欧洲野人与美洲野人的区别在于,美洲野人许多部落是被他们的敌人吃光的,而欧洲野人懂得最好是利用他们来扩充自己臣民的数量,继续扩大战争工具的数目。这些叙述都表明,康德对他所处时代的战争深恶痛绝。但是,哲学家面对时代的问题时并不只是痛恨而已,他思考的是如何走向永久和平的问题。

接下来进入文本,首先是看标题,这里何兆武先生的译本有一个非常严重的省略,这就是,"永久和平论"这个标题,其实还有一个副标题,即“一项哲学的规划”。千万不要认为这是哲学家康德在将理论结合实践,开始设计使这个世界永久和平的制度方案,他不像后来的学者那样,一心想要为国家、为世界设计出种种方案。他明确说,这只是一项哲学规划,目的是提醒大家注意,这只是哲学家的设想,哲学的规划不同于现实中政治家的制度设计,哲学家着眼于人性中美好的东西,政治家着眼于现实生活中需要的东西。现实中需要的东西和人性中美好的东西,两者之间是有距离的。这是进入文本一开始,必须首先意识到的问题。

其次是这里讨论的主题——永久和平,这很显然属于今天的国际关系范畴,但需要注意的是,康德所处时代的国际关系和今天不同,威斯特伐利亚时代的国际关系和两次世界大战之后的国际关系,肯定有所不同。关键要看,康德是如何从哲学的视角出发看永久和平。哲学的规划必定会超越时代,我们可以在今天的时代反思康德的永久和平观念,看他的说法在这个时代是否还有道理。阅读经典不仅是了解它里面写了什么,还要思考它和我们时代之间是否还有关系。我们有必要让经典复活,而这一点是可能的。因此,早在前些年,西方学者就开始思考康德永久和平的哲学规划在我们这个时代究竟是否适用的问题,并提出了一些有意思的观点。

最后来看一看这本书的结构。全书分六个部分(六个小节),共三组:第一组由前两个小节构成,分别是:“本节包括国与国之间永久和平的先决条款”(第一节),“本节包括走向各国之间永久和平的正式条款”(第二节)。第二组为两条系论:“第一条系论:论永久和平的保证”,“第二条系论:对永久和平的秘密条款”。第三组是两个附录:“附录一:从永久和平的观点论道德与政治之间的分歧”,“附录二:根据公共权利的先验概念论政治与道德之间的一致性”。两个附录其实讨论的是一个问题,也就是政治与道德的关系问题。在这里,我们只讲康德有关永久和平的哲学规划,而省略两个附录的内容,在某种意义上,附录中解释了康德永久和平的哲学规划背后更为深刻的哲学原理。

康德关于永久和平的哲学规划,和一般意义上的永久和平规划之间有什么差异?这个问题涉及《永久和平论》一书的主要内容,因此,需要看一看康德的具体说法。从每一节的标题可以看出,康德讨论永久和平的著作也是由条款构成,有“先决条款”“正式条款”,还有“秘密条款”。我们随便翻阅一项和约,如威斯特伐利亚和约,还有一战和二战中缔结的和约,从这些条约的规定中可以看出,其实没有那么细致的区分,都是有关停战或者战胜国、战败国享有何种权利或义务的规定。但是,康德区分了至少三类条款,这是为什么呢?

二、离开战争状态:永久和平的先决条款

接下来我们对这些条款逐一地加以考察。

什么是康德所谓的先决条款呢?康德一共列举了六个先决条款,主要内容如下:

> 第一条:在和平条约的缔结过程秘密保留有导致战争的材料的,这些和约不能被视为真正有效。
>
> 第二条:任何独立的国家都不得通过继承、交换、购买或赠送而被另一个国家所取得。
>
> 第三条:应该及时地废除常备军。
>
> 第四条:任何国债不得着眼于国家的对外战争而被制订。
>
> 第五条:任何国家不得以武力干涉其他国家的体制和政权。
>
> 第六条:任何国家在同其他国家作战时,不得容许在未来和平中将使双方的相互信任成为不可能的那些行动,比如说派遣暗杀者、在交战国中教唆叛国投敌等。

这六条不是逻辑性的,而是经验性的,针对的是现实战争中的做

法,在康德撰写此书之前,七年战争中已经有了这些行为的例证,康德时代的读者应该非常清楚这些条款的实际所指。因此,我们猜想,这些条款针对的是以往的战争中经常发生的事。康德一共列举了六条,但他没有说这穷尽了一切可能性,而只是说六条中第一、五、六条“是严格的,不问任何情况一律有效,是迫切必须立即实施的”,它们针对的应该是战争中最频繁发生的事情。

第一条涉及有关“秘密条款”的问题,意思说的是,和平条约中有保留条件,这些条件虽然目前没有出现,但在未来某个状态中一旦出现,就会成为战争的口实。康德的言下之意是,在条约中不能埋设任何着眼于在未来某个时刻发动战争的秘密条款,否则所谓的和平就不可能了。康德一上来就区分了“单纯的停战协定”和“结束一切敌对行为的和平”,前者只不过是暂时的休战,后者才是永久和平。康德有关这一条先决条款的相关论述也因此给我们带来了如下印象:他在这里讨论的和平,不是暂时的休战,而是结束一切敌对行为。这样的和平才是永久和平,而这首先就要求去除一切可能导致战争的秘密条款。

第五条已经成为当代国际行为的准则,也是和平共处五项基本原则的内容之一,“任何国家不得以武力干涉其他国家的体制和政权”,康德为这一条款给出的理由有些费解,他提到了援助陷入内战的一方是否构成对这个国家的体制的干涉这个问题。其实更明确的应该是他在第三条中给出的理由,国家是一个道德人的存在,“国家是一个人的社会,除了他自己本身之外,没有任何别人可以对他发号施令或加以处置”。

第六条非常重要,它与我们通常对战争的印象并不一致,由此更能看清楚哲学家康德有关战争与和平的观点,不仅如此,第六条更充分地体现出了康德有关战争与和平的思想。这里有必要注意以下几点:

第一,**否定灭绝性的战争**。他认为,即使在战争中,对敌人的思想方式也还是得保留某些信任。因此,如果完全不信任对手的话,就根本不可能缔结任何条约，只能是将对方完全消灭。这样，“敌对行动就会以一场灭绝性的战争而告结束”。很显然，康德对于灭绝性的战争不以为然，他甚至说：

> 只会造成双方以及一切权利随之同时一起毁灭的一场灭绝性的战争，就只是在整个人类物种的巨大的坟场上才能发现永久和平。

康德最担心的其实是灭绝性战争，实际上，《永久和平论》开篇就点出了这个主题：

> 在荷兰一座旅馆的招牌上画有一片坟场，上面写着“走向永久和平”这样几个讽刺的字样。究竟它是针对着一般人类的呢，还是特别地针对着对于战争永不厌倦的各国领袖们的呢？还是仅针对着在做那种甜蜜的梦的哲学家们的呢，这个问题可以另作别论。

那么，什么是战争呢？因此，第二，康德认为，**战争只不过是自然状态之下一种可悲的、以武力来肯定自己权利的必需手段**。也就是说，战争是维护自己安全的必需手段，这是康德对战争给出的定义。战争来源于一种必需性，是在没有法律的状态下，维护自己安全的必要手段。这就是战争，战争就是为了捍卫自身生存的必要性。因此，任何源于意识形态的战争都要被否定。这是康德对战争的界定，也可以说是限定。

第三，**否定惩罚性的战争**。在康德看来，只能从战争的结果出发界定战争的正义性，而不能以外在的某个标准界定战争是否正义。因此，不存在惩罚性战争。

康德有关战争的这三个界定是层层递进的。他的前提是，战争是在无法律的状态下为了维护自身安全采取的行动，也就是说，战争源自一种生存需要。由此可以说，一切不是出自这种生存需要的战争就不是正当的战争。将对手彻底消灭并非源自这种生存性的需要，自我保全不意味着将对手彻底否定,相反,应该对对手抱有一种信任。康德在对第六个条款的阐述中所说的信任,是他在论述永久和平的先决条款中最耀眼的词,这就意味着,即便在剑拔弩张的战争状态下,仍然存在信任,因为倘若不是这样,一切有关和平的条约就建立不起来了。由此可以想到的是,中国战国时期主张合纵连横的思想家,那些为实现合纵连横而四处游说的纵横家,并没有对对手的信任。

信任应该是哲学家的永久和平的保证,但它面临的最大对立面就是国家在政治上的考虑,即国家的政治目的(political expediency)。一个现实的政治家会认为,这种信任不过是哲学家的道德空想,是可笑的。康德对在两国关系中使用间谍非常反感,他说,这"只不外是利用另一个人的无耻而已",在他看来,这些在两国关系中破坏国与国之间信任的做法,不可避免地会导致战争。不仅如此,这种信任也否定秘密条款,如果对于缔结和约的对方有信任的话,就不可能在其中设置任何秘密条款。

以上就是有关先决条款的主要内容,从这些内容中可以看出,在先决条款中,康德表达了对国家作为道德人的尊重,他将战争限定在为了维护自身安全之需要的基础之上,强调在战争中仍然存在信任。这些先决条款从表面上看都是技术性的,是可以规定在《联合国宪章》之中的,但上述分析表明,这些条款是最低限度的保证,只有遵守了这些条款,才能避免灭绝性的战争。只有首先排除导致人类灭绝的战争,排除坟场中的死者的永久和平,才有可能讨论属于活着的人的永久和平。康德非常清醒地意识到了导致战争的各种弊端,在这里不需要对具体的战争加以列举就可以看到,导致这些战争发生的是人与人之间缺乏信任,战争受制于政治上的目的,而这些目的仅仅是出于现实的政治家不可告人的意图。这些目的同普遍的人类目的相去甚远,而哲学家有关战争与和平的规划,应该考虑到人类的普遍利益。在战争这一问题上,康德通过这些先决条款,一上来就同现实的政治家拉开了距离。现实的政治家不会在意这些先决条款,他们恰恰是要利用这些条款,如此才能达成利用战争获取利益的政治目的。

三、共和制:走向永久和平的第一项正式条款

接下来看康德有关永久和平的正式条款中的内容。这部分内容最重要,因为它是哲学家康德对于各国走向永久和平的可能性的哲学设想。这部分设想看起来非常具有现实性,但同时也非常具有争议。实际上,他前面的六个先决条款在后世都得到了回应,体现在现实的国际公约或和约中。但是,接下来的三个正式条款却很少得到回应,这值得我们思考。

首先来看这三个正式条款的内容。第一项:每个国家的公民体制都应该是共和制;第二项:国际权利应该以自由国家的联盟制度为基础;第三项:世界公民权利应限于以普遍的友好为条件。这三项正式条款备受争议,尽管其中的第二项似乎得到了认可,这就是国家的联盟,比如说,一战之后成立的国联,二战之后成立的联合国,都可以说是一种国际联盟。但是,这里要求的是自由国家的联盟,这就似乎将那些不自由的国家排除在外了。这就涉及了第一项,涉及了一国的公民体制的内容,也就是说涉及了国家的基本政治制度。为何应该是共和制呢?这将其他的公民体制排除在外了。最后一项,也就是世界公民权利,究竟什么是世界公民权利?为什么这个词变得如此重要,以至于好像如今我们谈论康德的永久和平观念的时候,基本上讨论的都是这个词,但实际上康德关于这个词讨论的内容非常少。这些问题都是在阅读这三项正式条款的时候,有必要认真思考的。但是,在思考之前务必牢记,不要一上来就从现实的政治生活状况出发否定康德的设想,而要看一看他究竟想要表达什么。

在进入有关三项正式条款的论述之前，康德还写了一段话，这段话中讨论的一个核心内容是，人与人之间的生活受到了战争状态的威胁，因此放弃敌对行为还不是和平状态的保证。对此，康德说，和平状态必须被建立起来。

这段话中表露了如下意思：第一，先决条款并不足以建立起和平状态，而仅仅是放弃敌对的表示。放弃灭绝性战争，并不意味着战争不会再度发生。第二，和平状态必须建立起来。这种建立必须有更进一步的条件。这个条件是什么呢？康德在这段话的最后说：

> 放弃敌对行为还不是和平状态的保证，除非它能被每一个邻人向另一个邻人所提供，否则一个人就可以把自己对之提出这种要求的人当作是敌人。

这就意味着，单方面地放弃敌对行为，还不能导致和平，而必须所有人彼此承诺放弃敌对，才能导致和平。单纯的一方对另一方的信任无法导致和平，只有相互信任才能建立和平。康德在这里还说，每一个邻人向另一个邻人提供放弃敌对状态的保证，只有在法治状态之中才能发生。这就意味着，在讨论正式条款之前，康德的意思是，只有通过法治状态，才能建立起永久和平。那么，康德所谓的法治状态，究竟是一种什么样的状态呢？

因此，永久和平的问题就和法的问题联系起来了。这是康德思考永久和平问题时的一个特点，在这里，战争状态是与无法律的状态联系在一起的。只是我们需要意识到，这里的法治状态与无法律的状态，都不是今天我们所熟悉的国家法的状态。这里的法治状态和无法律的状态，是指哲学家对法治状态的设想。因此，我们了解康德有关永久和平的哲学规划，实际上就是在理解他的法哲学，理解一个哲人对于法的思考。这与我们今天熟悉的国家法或者说国家制定法，处于不同层次。**康德的永久和平从本质上讲是一种法的秩序。因此，我们在了解康德的永久和平的过程中，重要的是理解他如何理解法。**

接下来看第一个正式条款：

> 每个国家的公民体制都应该是共和制。

对于如今的读者来说，这是一个容易引起误解的判断，因为对于共和制的概念，我们已经搞不清楚了。一般谈到共和制，总想到古代的共和国，比如希腊的共和国、罗马的共和国。中国人也讲走向共和，有人用共和描述中华民国的政制，也有人用共和描述周公的政治。西方学界在二十世纪下半期以后，也讨论共和主义的复兴，将其同美国宪法联系起来。我们在这里不讨论共和制或者共和主义在思想上有哪些含义，仅仅讨论康德如何理解共和制。实际上，理解思想史上的一些重要概念，最好的办法是一个思想家一个思想家的考察，不做这样的考察，单凭一两个定义来界定，是无论如何搞不清楚的。

康德为什么要将共和制或者说共和政体作为第一项正式条款？作为第一项正式条款的，肯定是非常重要的东西。为什么他要这样做？这是因为，在他看来，只有共和政体才有永久和平的前景。这个有关共和政体的论述，是康德有关现代国家的理论中非常重要的一块，我们不妨做相对详尽的考察。

康德没有一上来就说共和制是适合于永久和平的唯一政制，而是说它：

> 具有出自权利概念的纯粹来源。

什么叫作“具有出自权利概念的纯粹来源”？康德在这里说得很简单，他列了三条理由：第一条，符合社会成员的作为人的自由原则；第二条，符合所有人作为臣民的共同立法原则；第三条，符合所有人作为国家公民的平等法则。在康德看来，这三条理由是各种公民宪法的原始基础。简言之，就是自由、平等和自治，或者说，是**自由人的平等政治**。这一点在康德那个时代还是非常新的思想，如今已经成为政治学的常识。但我们未必清楚，自由人的平等政治具体该如何设置？它在制度上有什么特点？康德在《永久和平论》这本小书里面对于这个问题给出了回答，这个回答比后面那些学者的更清晰也更简洁。尽管这个问题在有关永久和平的讨论中似乎只是作为补充性部分出现的，却值得重视。

共和制最突出的特点在于，它是一种与专制相对立的政权的形式。在康德看来，这是现代人的成就。他发现了一个重要原理，这就是：

> 唯有在代议制体系中共和制的政权方式才有可能，没有代议制体系它就是专制的和暴力的。

他甚至说：

> 古代所谓的共和国没有一个是认识到了这一点的，于是它们就势必会解体为专制主义。

对于康德有关共和制的论述，理解上最困难的是两个方面：(1) 他将共和制视为一种政权方式，与专制政体相对立；(2) 唯有在代议制体系中共和制的政权方式才可能。

为了更深刻地意识到这一问题，有必要对上述两个方面作进一步讲述。

首先是政权形式的问题。康德区分了政权方式和统治形式。所谓统治形式，是根据掌权者的人数划分的，一个人掌权是君主政体，多个人掌权是贵族政体，所有人掌权是民主政体。而所谓政权形式，是根据国家如何依据宪法而运用其权力划分的，这里出现了共和制和专制的区分。专制是指掌权者根据自己的意见、自己的利益，而不根据法律行使国家权力。康德对于专制主义的评论非常明确，在《永久和平论》中，他称专制是“自由的坟场”，他也曾经在《判断力批判》中将专制视为一种机械主义。但有必要注意的是，区分统治形式和政权形式并非康德首创，这个区分来源于孟德斯鸠，是孟德斯鸠在《论法的精神》中首次将专制政体和共和政体区分开来。康德非常看重政权形式，认为较之统治形式来说,政权形式对于人民更加重要。

其次是所谓的代议制问题。康德有一个著名观点,这就是:

> 民主政体在这个名词的严格意义上必然是一种专制主义。

这里所谓的民主政体,是指所有人都掌握权力的那种政体,是从统治形式上来界定的。[①] 为什么他这样认为呢?因为他发现,在这种政体中,会出现这样一种权力,这就是所有人对支持一个人或反对一个人做决定,这样就会出现一种自相矛盾,这就是:

> 由已不成其为所有人的所有人做出决定。

这一点就是后来政治思想中所谓的自治(self-government)的难题,所有人自己治理自己,必然导致一个难题,这就是最终只能是多数人的政治,而不是所有人的政治,是多数人针对少数人的政治。这并不符合自由人的平等政治。这一点后来被密尔在其有关政治自由的论述中再度明确地指出来了。

既然不可能所有人自己治理自己,因此康德就认为:

> 凡不是代议制的一切政权形式严格来说就是无形式。

这里所谓的代议制就是指,选出一部分代表来代表这个所有人,可以是贵族来代表,也可以是君主一人来代表,总之不能自己代表自己。因此,康德认为,只有在代议制体系下,共和制才有可能。他似乎是从逻辑上推论了这一点,之所以要将行政权力和立法权力分开来,不是因为"绝对的权力导致绝对的腐败",而是因为没有人能自己治理自己。尽管康德在道德哲学中非常强调人的自律,但他并不主张,政治生活中的一群人可以实现自律。

上述有关共和制和代议制的讨论某种意义上是一种离题的讨论,

---

① 参见本书《通往自由国家——〈论法的精神〉第一编中的一对不为人知的政体》一文中的相关分析。

我们思考的不是共和制本身的问题,而是要思考为什么只有共和制才有永久和平的前景。这个问题非常重要,因为只有回答了这个问题,才能理解康德为什么要将共和制作为永久和平的第一项正式条款。

我们看看康德是如何分析这个问题的,他说:

> 在一种那儿的臣民并不是国家公民,因此那也就并不是共和制的体制之下,战争便是世界上最轻而易举的事情了。

在康德看来,现实中的政治家和民众对战争有不同态度,对人民来说,战争是糟糕的游戏,他们得参加战争、承担牺牲,与战争相伴随的还有财富的消耗,战争将摧毁人类建设的一切美好东西。相反,对鼓吹战争的政治家来说:

> 他的筵席、狩猎、离宫别馆、宫廷饮食以及诸如此类是一点也不会由于战争而受到损失的。因此他就可以像是对待一场游宴那样,由于微不足道的原因而做出战争的决定,并且可以漫不经心地把为了冠冕堂皇起见而对战争的辩护工作,交给随时都在为此做着准备的外交使团去办理。

康德在这里有关民众和现实政客的描述是鲜活生动的,他没有使用逻辑的语言,从而可以为我们回答上述问题提供更清晰的线索。只有在一个地方,我们才看到他从理论上揭示了为何共和制才具有永久和平的前景,这就是,他在做出非共和制国家容易发生战争的判断之后说:

> 因此,领袖并不是国家的一分子,而是国家的所有者。

这就意味着,在共和制之下,领袖只是国家的一分子,国家的所有者是全体臣民,共和制作为自由人的平等政治,民众在这里享有最高的主权。而民众绝不可能做出不利于自己的决定,因此也就不可能轻易地做出发动战争的决定。**说到底,康德之所以说共和制具有永久和平的前景,是因为他保证了人民的意见和决定是至上的,共和制因此是符**

合普遍利益的政治。因此，康德在《永久和平论》中所说的权利概念的纯粹来源，说的正是这种普遍性，它不是君主的权利，而是人民的权利。只有这样的权利才是纯粹的，才是正义的。关于这一点，康德在附录二中做了发挥。

四、共和国的联盟——走向永久和平的第二项正式条款

永久和平论的第二项正式条款说的是，国际权利应该以自由国家的联盟制度为基础。要想理解第二项正式条款，**关键在于理解这里所谓的"联盟"**。这就是说，永久和平只有通过联盟的形式才能实现。康德在这里强调：

> 我们在这里只就各个民族构成为同样之多的不同的国家，而不是融合为一个国家来考察各个民族彼此之间的权利的。

就是说，永久和平应该是各个不同国家构成的联盟，而不是由一个国家统治所有民族实现永久和平。为什么康德要这样主张？为什么不是通过一种帝国的形式来实现？也就是说，为什么不是使全体国家共同服从一个国家来实现？有关帝国的思想，在康德之前和之后的时代都非常流行，之前有罗马帝国，之后有大英帝国。这些帝国具有全球范围内的影响力，使各个国家臣服于一个国家，天下一统，不是也可以实现永久和平吗？而这是我们在这个部分的阅读中要思考的问题。

在一个国家之内遇到纠纷时，会诉诸法庭，寻找纠纷的解决方法，维护权利。但当一个国家在国与国的交往中遇到纠纷时，该怎么办呢？这里没有一个较国家更高的机构，要想解决纠纷，要么通过战争，要么通过和约或条约。和约仅仅是暂时地结束战争，并不能提供以后不再发生战争的保证。因此，最终仍然是依靠战争，战争因此成为解决国际

纠纷的一种方式，但康德说，通过战争无法获得权利（所谓的战争权利仅仅是一种自相矛盾的说法）。

必须注意的是，康德并不认为简单地通过法的方式可以消除一切战争，在他看来，想要实现和平状态，必须有各民族之间签订的契约。但是，即便有这种契约，也不意味着确立了法与权利，而是建立了一个联盟。这是康德在有关永久和平的观念方面的一个重大突破，他不是像当代的国际法学者那样，想要通过国际法实现和平。国际法并没有这样的效果，康德并不相信交战双方签订的和约，在他看来，这种和约仅仅是企图结束一场战争而已。只有联盟才有可能永远结束一切战争。

那么，这究竟是一种怎样的联盟呢？康德说：

> 这一联盟并不是要获得什么国家权利，而仅仅是要维护与保障一个国家自己本身的，以及同时还有其他加盟国家的自由，却并不因此之故需要他们屈服于公开的法律及其强制之下。

换言之，这个联盟由那些能够维护自由的国家构成。这些自由的国家之间彼此独立，并不相互隶属。

这些构成了联盟的自由国家就是第一条正式条款中所说的共和国。康德的设想是在这样的共和国的基础上，以之为中心成立联盟，既然这个共和国具有永久和平的前景，那么由此形成的联盟也会是一个有永久和平前景的联盟。康德的具体设想如下：

> 一个强大而开明的民族可以建成一个共和国，那么这就为旁的国家提供了一个联盟结合的中心点，使得它们可以与之联合，而且遵照国际权利的观念来保障各个国家的自由状态，并通过更多的这种方式的结合而渐渐地不断扩大。

这一联盟扩大的结果就是，最终形成一个全体自由国家的大联合，这个联合可以捍卫组成联盟的各个共和国的自由。

然而，这个联合是否可以确保非自由国家的人民的自由？这些非自由国家由于没有选择共和制，仍然受着专制的折磨，他们的人民不是国家的主人。这样的国家是否要受到自由联盟的攻击呢？这个自由的联盟是否有义务拯救非自由国家的人民呢？如此就意味着，这个自由的联盟必须主动进攻。这些问题都值得思考。但是，康德并未明确提出这些问题，根据他的论述，自由的共和国绝不具有攻击性，它之所以发动战争是为了捍卫自身的权利。那么，这就意味着，康德在这里似乎并未关注非共和国中的命运悲惨的人民。他也没有追问，一个非自由的共和国如何可以自发地转型成为自由的共和国呢？

作为总结，指出如下一点就足够了：康德坚决否认可以通过战争获得和维护国际权利，**国际权利的概念因此就意味着一个共和国的联盟的概念**。只有进入到这个自由共和国的联盟之中，国家在国与国之间关系中的权利才能得到确保。我们也因此发现，**权利在这里实际上指某种制度状态，国家在国际社会中所享有的权利，只能通过自由共和国的联盟才能确保。在国际关系中，权利因此意味着生活在一个自由共和国的联盟之中。**

五、世界公民权利——走向永久和平的第三项正式条款

与前两个正式条款相比，第三个正式条款比较难理解，康德在这里表达了一项世界公民权利：

> 世界公民权利应限于以普遍的友好为条件。

这是《永久和平论》中出现的一个关键词汇，这个词在英文中叫作cosmopolitan right。相较前两个条款，这个条款最奇特，康德的表述也非常奇怪。世界公民权利究竟是一种怎样的权利？或者说，如果把权利

理解为一种制度状态，那么世界公民权利指的是一种怎样的制度状态？这里所说的友好同我们日常生活中说的友好有什么关系？友好在何种意义上是一种制度状态？

康德一上来就说明了这种权利究竟指的是什么，他说：

> 友好就是指一个陌生者并不会由于自己来到另一个土地上而受到敌视的那种权利。

这一点该如何理解？这种权利就是他所谓的世界公民权利吗？我们通常所说的友好，是指对陌生人热情款待，是一种友好态度，我们不说一个人在异国他乡受到友好接待是一项权利，也从来不将自己在异国他乡得到不友好的接待视为对自己权利的冒犯。总之，问题在于，友好为何成了一项世界公民权利？

康德说，这种权利并不意味着人们一定要热情接待一个陌生人，如果这样做不至于使他遭遇不幸的话。他进一步说，只要这个陌生人在自己的土地上采取和平的态度，就不能将其视为敌人。敌人这个概念在这里再度出现，言下之意是，**我们不能够将陌生人设定为敌人，哪怕他来自遥远的异国他乡**。敌人意味着战争，因此，只要来到我们土地上的陌生人是和平的，就不能对之发动战争。**言下之意是，陌生人只要抱着和平的态度，是可以在我们的土地上来回行走的，我们如果对其加以阻碍，就是侵犯了世界公民权利**。

康德在这里着重强调，**这不是做客的权利，而仅仅是一种访问的权利**。也就是说，他们没有权利要求我们热情接待，但我们也不能阻碍他们。我们有权利抱着和平的态度访问世界上任何一个地方，这一点在康德看来是我们的权利，我们有权不受到阻碍。

这种在世界上各个地方四处访问的权利，在康德看来属于每一个人。同时，这项权利与一项自然事实联系在一起，这就是，由于地球表面是球形的，人们就不是向一个方向扩展，而是四处分散，但终究会因为地球表面是球形这个事实走到一起。也就是说，每个人从他目前所在的地理位置出发,就可以到达这个球面的各处,占有这些地方。因此,从自然事实出发,他们对于地球表面上的各处都有权利,不仅如此,人类还可以通过工具,通过船只等渡过海洋。如今我们有了更多的手段,这样,人与人之间在地球表面上的相遇就不是偶然,而是必然。这种必然的相遇,使相距遥远的各民族彼此进入到一种和平关系中,从而也将人类引向接受一种世界公民体制的状态。

然而,这还不足以说明世界公民权利就是一种四处访问的权利。康德为了说明这种权利,列举了一些例子,尤其是非洲和美洲殖民地的例子,以此说明不正义性已经到了惊人的程度。一些不友好的访问者,他们带着恶意前来,以贸易为借口,压迫土著居民,奴役他们,使他们成为战争工具。通过这些例子,康德想要说明的不只是不友好的态度,他还想说明,这是对世界公民权利的典型侵犯。通过这些例子也可以看出,友好远远不只是一个人对于另一个人的态度,而是完全有可能成为一项权利。这项权利的存在以人们之间的相互沟通为前提,当各个民族之间彼此联系紧密的时候,任何对于此种权利的侵犯,都可能被其他地方所知晓,从而沦为一种普遍的不正义。

友好的权利之所以是一项权利,是因为它意味着人类在地球表面上可以友好地到处访问,通行无阻,这实际上就承认了人类平等地共享一个地球。这种权利在康德的时代还仅仅是一种世界公民权利的观念,在今天已经成为在不同国家和地区通行的自由,只要抱着一种友好的态度,获得了签证,就可以在异国他乡获得和平对待。

如今,这种访问的权利已经成为现实,世界公民权利不仅是一种观念,更是一种现实,当今已经出现了一种现实的世界公民,他们常年在不同国家工作,国籍和国界对他们来说已经没有意义。全球化的时代真正到来。尽管在康德所处的时代,他还没有料到有飞行器这样的东西,没有料到铁路技术会如此发达,但哲学家的敏锐就在于,他已经预见到各个民族必然会在地球上的某处相遇。在这样的时代,战争成为一种尽管可能但越发不能被人类容忍的东西,随着各个民族之间交往的密切,人们越来越希望和平而非战争。也正是在这个意义上,世界公民的观念尽管看起来奇怪,却是对国家权利与国际权利的"一项必要的补充"。

当各个民族能友好对待陌生的来访者之时,就是敌意逐渐消失之时,一旦没有了敌意,战争的可能性也就消失了。在康德这里,这种基于友好的世界公民权利还只是作为对国家权利和国际权利的补充,但可以预见的是,**一旦实现了永久和平,作为一种道德态度的友好,就是一个世界公民的典型性格特征**。日常生活经验也告诉我们,一个经常在外出差的人,通常对他人都是比较友好的,他曾接受过友好的对待,或者在不友好中感受到了友好的价值。

康德的永久和平的正式条款在世界公民权利这里画上了句号,再也没有其他条款。如果说先决条款不是一个充分的条款,还可能有其他形式的禁令出现的话,那么正式条款是充分的,它只有三项,分别涉及国家权利、国际权利和世界公民权利。它们都涉及权利问题,因此也就涉及制度问题。国家权利的核心内容是建立一个共和制国家,国际权利则是要建立一个共和制国家的联盟。但是,仅仅有共和制国家及其联盟还不充分,还要有一项世界公民权利作为补充。这是这三项正式条款相互之间的关系中,我们有必要注意的现象。

世界公民权利实际上涉及的是在地球表面不受阻碍地友好通行或者说访问的权利,这种权利将使地球上的各个民族联合起来,彼此包容,那么,它的必要性究竟存在于何处呢?为何康德要用它作为补充呢?

实际上,在康德的前两项正式条款中,并未谈到非共和制国家。然而,总是存在着这种类型的国家,它们不是自由共和国联盟的当然成员。因此,前两项正式条款无法得到保证。这样一来,永久和平就必须不仅考虑那些共和制国家,还要考虑非共和制国家。**第三项正式条款**

是唯一一项不涉及制度的条款,这里涉及的是对陌生人,也就是对他者的态度。普遍的友好可以穿过制度性的障碍。可以想象的是,如果一个非共和制国家也尊重陌生人和平的访问权,那么这个非共和制国家也就必然和共和制国家联系了起来。**普遍的友好因此涉及的还有不同政体之间的宽容,这是康德没有明确说出来的潜藏在世界公民权利背后的东西。**世界公民权利因此超越了政体之间的差异,直接诉诸人类的道德感觉。与此同时,这种普遍的友好尽管是一种道德感觉,但也产生了对这项权利有利的结果。世界公民权利因此超越于政体的差异之外,而特别地受到青睐。相反,第二项和第三项正式条款由于只强调共和制,而越来越被指责为是西方中心主义,尤其是欧洲中心主义的产物。

相较其他两项权利,世界公民权利最能体现出哲学家的设想。严格来说,这是一种哲学权利,它既不像国家权利那样来自全体自由平等的人民的契约,也不像国际权利那样来自一个自由国家联盟的保障,而是来源于一种普遍的好客、一种友爱。正是这种友爱使一个全球性的联合体成为可能,只有凭借着这种友爱,才能出现一种真正意义上的世界公民。

六、战争与商业:永久和平的保证

在我们了解了永久和平的一系列条款之后,必然会陷入深深的疑惑之中。这些条款似乎不过是哲人的一厢情愿而已,在现实的政治活动中,敌人常常是被仇视的对象,对于敌人,我们的传统似乎是斩草除根,否则会引来复仇。复仇成为传统政治文化中一个突出的主题。我们从中国古代历史上看到了许多灭绝性战争。康德对战争所做的一系列规定,尤其是关于惩罚性战争的规定,在第一次世界大战和第二次世界大战中都没有实现，反而出现了一系列割让战败国的领土，要求战败国支付战争赔款的国际性条约。即便是在今天，常备军也仍然存在，尽管一直有缩减军备的呼声。在国际社会，军事实力的较量仍然是国与国之间的较量中最敏感的部分。既然这样，我们如何可以期待普遍的友爱？如何保证出现在我们家园中的陌生人不会成为攻击者或者受攻击者？这些问题都需要进一步思考，否则，康德设计的确保走向永久和平的条款就不过是痴心妄想而已。

也许正是出于上述担忧，第一条系论的标题就是“论永久和平的保证”。所谓保证，无非是要确保前述的条款有效。在一般的国际和约中，条款的有效性只能凭靠双方的信守，但这种信守常常是出于某种利益的交换，双方都从对方那里获得利益，如果条款被打破，利益必然遭到损害，而在那些不平等的条约中，凭靠的是强者一方的武力。在国内的合同中，合同条款的有效性凭靠国家权力来担保。然而，哲学家设计的通往永久和平的那些条款，是否能够现实有效，无法借助于外部力量，而只能凭靠这些条款自身的力量。那么，这些条款自身有着什么样的力量呢？

奇怪的是，康德没有直接谈论这些条款自身的力量，而是在这条系论的开头说：

> 提供这一保证的，并不是什么微不足道的东西，而恰好是大自然这位伟大的艺术家本身。

由此可见，在这里，提供人类通往永久和平，使人与人之间如此友爱，以至于世界上各个民族之间彼此保持和平与安宁的，是大自然。但康德在这里通过“大自然”这个名词想要说的是什么呢？是何种意义上的“大自然”呢？

康德将永久和平的保证留给自然，这是他的权利学说中最值得注意的地方。康德显然不认为单凭人类自身就可以解决这一点，他意识到，一个和平的世界，无法仅仅凭靠人的道德来达成。这是因为，如果这样的道德人不存在，和平就没有保证。因此，永久和平也需要一个更稳定的基础，友爱绝不仅仅是自愿的道德原则，而应具有强制力，但强迫的友爱还是友爱吗？究竟什么才能强迫人们接受他列出的那些通往永久和平的条款呢？

康德在这里讨论的不是通过自然科学规律认识的那种自然，他关心的是自然的“合目的性”。自然是有目的的，这是西方哲学思想中的一个古老的传统。亚里士多德就曾谈论过四因说，即目的因、形式因、动力因和质料因，而所谓目的因，是指每个事物的生长和发展都围绕着的那个目的。在康德看来，我们生活在其中的自然界被如此安排，就好像有一种目的，要将我们带到共和制的政治制度之下，将我们带到永久和平的状态中去。这是康德的一个非常重要的思想，这个有关目的论的自然的思想在1790年出版的《判断力批判》第二部分中，曾得到过详细的阐发。在这里，我们仅仅考察一下《永久和平论》中的论述。

康德说，自然界的一系列安排使得和平的保障有了必要。他明确地说了三种安排：第一，人们差不多可以在大地上的每一个地方生活；第二，通过战争将人们驱逐到各个方向，甚至是最不堪居住的地方，使他们定居在那里；第三，通过同一个办法迫使人们进入到法律关系之中。

哲学家康德一辈子没有离开过哥尼斯堡，但他熟悉世界各地的地理和风俗，接下来他举了好多例子。他说，北冰洋寒冷而不适合人居住，但这里有驯鹿，驯鹿将苔藓从雪地底下刨出来供人食用，还可以为人拉雪橇；沙漠中的骆驼被创造出来，也在某种意义上说明了沙漠不是一无是处。他又说，那些不毛之地之所以还有船只和房屋，是因为有河流将漂浮的木材带到那里去，那些看起来不适合人居住的地方，竟然到处都有人的影子，这就不能不说是自然的奇迹。然后，他又说到人的技术，说到了畜牧技术、农业技术和种植技术，最后还说到了贸易，正是凭靠这些东西，人们获得了更大的财富，使生存有了更多保障。他之所以要举这些例子,是为了说明,在大地之上,在这个球形表面,人们到处都能生活。不仅如此,这种生活有时甚至是被迫的,比如说,战争使人们不得不四处迁徙,驱使人类选择那种最不适合居住的地方生活,如因纽特人之所以在北极的雪地上生活,不是他们乐意如此,而是因为战争被赶到那里。这些描述仿佛不是出自一个哲人之口,而是出自一个历史学家或小说家之口,这些有关人类迁徙的故事,康德不过是随口说来而已。

康德为什么要讲述这些人类迁徙的故事,尤其是受战争所迫而被迫迁徙的故事呢?在这些人类迁徙的叙事中,促使人类分布在球形表面的各个地方的,不是康德在前面的正式条款中说的友爱,而是战争。战争与友爱是完全相反的概念。战争强迫人类分散,友爱则是人类自愿分散,友爱强调的是人类的访问权,强调的是人类和平地前往他人土地上的权利。而这里则强调战争占领他人土地,将他人赶出原本存在的家园。战争在这里获得了和友爱一样的效果。康德在这里说的不是他反对的灭绝性战争、惩罚性的战争,在这里,战争是自然的手段。战争仿佛是一种自然的机制,将人类驱散至大地的各处,使人成为世界性公民。

于是我们就看到,哲学家一方面谴责战争,另一方面又似乎在讴歌战争:

> 然而,战争本身并不需要任何特殊的动力,而是好像在人性之中并且甚而被当作是某种高贵的东西,人类受了荣誉心的激发,没有自私自利的动机就会去作战,从而战斗勇气就被断定为具有直接的伟大价值。不仅仅是当战争已经发生时,而且还为了要有战争发生。于是仅仅只为了表现战斗的勇气就引起了战争,因而战争被赋予一种内在的价值,甚至于就连哲学家也赞颂它是人道的某种高贵化。

我们如何理解这种对于战争的讴歌呢?如何理解战争作为人道的

某种高贵化呢?如何理解这里所谓的战争没有自私自利的动机呢?在这里,战争被视为人性中某种自然东西的外在迸发,是人性的自然表达,这里的战争不是政治家为谋取私利而发动的战争。因此,这里就出现了一种非常特殊的战争概念,康德似乎认为战争不可避免,这是一种自然的战争,这种战争源自人性,在这种战争中,区分敌友不是为了谋取利益,这是一种具有生存属性的战争,由人性中的各种激情所导致。

对于这种战争的发现,或者说对于一种自然的战争的承认,是康德在《永久和平论》的第一条系论中揭示出来的重要内容。这就涉及一个有关永久和平观点的最根本问题,在这里,大自然以其自身的机制,也就是通过人性中的自然激情,从而通过战争,达到了与友爱相同的结果,这就是使人成为世界公民。而友爱原本是人类理性的目的,或者说原本是一种道德观念,世界公民权利的观念正是出自哲学家的理性发现,也是一种道德要求,而眼下这种道德要求所要达到的目的却通过一种自然机制得到了实现。这就是康德通过第一条系论传达出来的东西。

知道了这一点,就可以初步理解康德法哲学与政治哲学中的一个非常重要的,也是非常容易引起误解的论题,这就是有关强迫使人自由、强迫使人道德的问题。他说,一个人即使不是一个道德良好的人,也会被强制成为一个良好的公民。这里的强迫不是指由一群人强迫另一群人,而是指大自然似乎有一只隐蔽的手,强迫人类走向自由,成为道德的人。战争中体现出来的人的自私倾向,为自己挣得荣誉的倾向,最终导致的是人类的分散、迁徙,导致的是人与人之间的更紧密结合。原本人们彼此之间不相干涉,如今正是通过人性中的自私倾向,使人们彼此之间不得不生活在一起,不得不对这种自私有所克制,最终彼此容忍。这种机制使康德甚至得出了如下结论:

> 建立国家这个问题不管听起来是多么艰难,却是连一个魔鬼的民族也能解决的。

不管这些魔鬼的民族心中怀着怎样的邪恶想法,但他们的自私动机最终会迫使他们进入一个必须彼此容忍的状态,至少在公开的行为中恪守彼此认可的法则,也就是进入到法治状态中,使他们服从的规则至少从形式上看是出自他们各自的同意。

于是,大自然通过人类的自私倾向实现了自己的计划,最终建立起一种全世界范围内的永久和平,人类必须这样生活在一起,否则战争将进一步地推动他们实现更密切的结合,使曾经的仇人相互往来,相互通婚,生儿育女,这种自然的机制成为法律秩序的保障,而不需要进入法律状态的人都是道德的。也正是在这个意义上,法律与道德就区别开来了,道德在这里不是法律的前提,相反,只有当人们生活在一起之后,才能逐步形成一种道德规则,从外在行为的一致到内心的认同。因此,康德有一句名言:

> 正如良好的国家体制并不能期待于道德,倒是相反,一个民族良好的道德的形成首先就要期待于良好的国家体制。

大自然通过人心中的自私倾向,通过战争,通过对立,最终为和平扫清了道路,达到了理性想要达到的目的。在这个意义上,理性同自然一样有一种内在的适合性。

康德主张自由国家的联盟,反对建立一个世界性帝国,尽管这种世界性帝国的构想在他的时代就有人主张。他除了说一个国家在内部已经有了一种权利保障的机制,有了服从的主权,不可能在外部再服从一个主权之外,他给出的更深刻理由是:(1)法律总是随着政权范围的扩大而丧失它的分量,从而沦为专制和无政府状态。可见,康德并不主张在一个领土广袤的国家中设置统一的中央权力。但是,这个理由显然不准确,充其量只是基于罗马帝国的历史经验,而无法解释现代的工业和商业大国。他接下来的理由才值得重视,也有现实性,这就是:(2)语言和宗教的差异会促使各个民族彼此分开。如今我们看到,尽管语言的差异还不足以使各个民族分开,英语成了世界性语言,但宗教导致的民族之间的差异和矛盾却非常尖锐。康德非常清楚，语言和宗教的差异“常常是导致相互敌视的倾向和战争的借口”，但他认为，“随着文化的增长和人类逐步接近于更大的原则一致性，却也会引向一种对和平的谅解”。他没有分析究竟是怎样的机制导致了不同宗教间的彼此宽容，但战争带来的忧伤与悲惨的生活命运，必定会使这些导致各个民族之间差异性的因素得到缓和。但无论如何，我们需要把握的是，康德并不支持一种单纯的统一，也就是取消了差异性的统一，他将各个民族的相互隔离视为一种良好的状态，尽管这样可能导致战争与冲突，他更欣赏的是一种在最生气勃勃的竞争的平衡中产生和维持的和平。

在第一条系论最后，康德谈到了商业精神。康德时代的商业远远没有后世发达，但他给出了天才般的预测，他说，“与战争无法共处的商业精神迟早会支配每一个民族”。与战争受制于人追求荣誉的性格一样，在商业活动中追求利益也成为人的天性，商业同样具有自然的起源。在较康德略早的孟德斯鸠那里，在 1748 年出版的《论法的精神》中，孟德斯鸠已经将亚历山大远征视为一种具有商业价值的远征，古代的征服史成了一部商业精神的发达史。很显然，在孟德斯鸠笔下，商业贸易已经成为新的政治生活方式的基础。在孟德斯鸠与康德之间，是著名的亚当·斯密，他分别于 1759 年和 1776 年出版了《道德情操论》和《国富论》。十八世纪是商业思想发达的世纪，商业思想不仅支配着人们的商业行为，是现实中日渐发达的商业生活在思想家的著作中的反应，同样还开始影响人们思考政治生活的方式。康德意识到，在国家的实力中，最可靠的势力是金钱势力。商业的出现缓和了战争，商业对赚钱的需要取代了当时流行的在战争中因夺取土地而生发的荣誉感。商业的荣誉取代了战争的荣誉，商业的联盟似乎要比战争中缔结的联盟更持久。尽管康德对商业精神的讲述不多，仅有一段话，但我们已经能感受到一种新的全球性机制的生成，尽管后来我们也看到，当商业发展到垄断阶段之后，又出现了帝国主义的全球掠夺，但商业追求利益的平等，的确在极大意义上抑制着战争的发生。

至此，康德就为我们提供了一种使永久和平的前述条款能够在历史中实现的担保，这就是通过人性本身的内在倾向来促成。战争和商业都来源于人性中追求荣誉和追求自身利益的机制。这种机制将促使人们彼此更密切地联系起来，促成彼此的交往，使彼此变得更宽容，从而永久和平就不再只是哲学家的空想，而是变成了一种历史的必然。在康德叙述的这些保障中，我们看到，他是通过历史，通过追溯人类在历史长河中的种种活动来向我们展示这种可能性的，这种被他称为"天意"(providence)的东西，也就是在这里仿佛有一种更高的智慧在为人类确定目的，决定世界进程的方向，并在后来发展成为一种历史哲学。这种历史哲学在黑格尔那里达到了最高的形态，这就是一切历史最终都是通往人的自由。历史的必然性就是人必然实现自己的自由。在这里，康德所叙述的历史，必然促使人们进入一个永久和平的法权秩序。永久和平因此不是通过道德的机制来实现，而是在历史中实现。人类注定要过一种有秩序的法律生活，即便人们不愿意这样做，自然也会推动他们最终做到这一点，通过历史进程我们就可以发现这一趋势。

结语：永久和平的秘密条款

第二条系论说的是永久和平的秘密条款问题。康德将对这一秘密条款的讲述作为《永久和平论》正文部分的结语。

有关秘密条款的问题早在第一条先决条款中就出现过：

> 凡缔结和平条约而其中秘密保留有导致未来战争的材料的，均不得视为真正有效。

康德在那里分析指出，如果在一个和平条约中存在这样的条款，它就只是单纯的停战协定，而并不意味着结束一切敌对，因此，这样的秘密条款在和平条约中出现就是自相矛盾。但是,为何在《永久和平论》正文的末尾,他又回到了所谓的秘密条款?

在康德这里,出现了两种类型的秘密条款,这两种类型的秘密条款的对立恰好表明了《永久和平论》作为一项哲学规划的品质。我们接下来看康德的表述,康德一上来就说:

> 在公共权利的谈判中有一项秘密条款,这在客观上,也就是说从其内容来考虑,乃是一种矛盾,然而在主观上,从裁决它的当事人的身份来判断,则其中却很可以有一项秘密,而公开宣布自己是秘密条款的作者就会使自己的尊严感到为难了。

这句话的意思是说,尽管在和平条款中设置一项秘密条款自相矛盾,但在有关永久和平的这个哲学规划中出现的条款中,允许设置一项秘密条款。

为什么在永久和平的哲学规划中允许有秘密条款,它包含什么内容?康德接下来揭示了秘密条款的内容,这就是:

> 哲学家有关公共和平可能性的条件的那些准则,应该被准备进行战争的国家引为忠告。

与之相应,不妨这样来表述现实政治生活中的和平条约中的秘密条款,这就是:

> 擅长治国之术的人("长于国家智虑的人")有关未来战争的可能性的条件的那些准则,应该被缔结和平条约的国家引为忠告。

秘密条款涉及一个重要问题:国家的主权者究竟该听取谁的忠告?是听取哲学家的,还是现实中的擅长治国术之人?也就是主权者的智囊或主权者身边的谋士。

康德显然站在了哲人一边。他说,一个国家的立法智慧在有关自己对别的国家的行为原则上,应该听取作为哲人的臣民的劝诫,尽管人们已经赋予一个国家的立法者以最大的智慧。因此,为了使国家不至于名誉受损，国家就要"不声不响地请求哲学家来进行这个工作"。但这是不是说，国家要赋予哲学家以政治上的优先性，或者干脆让哲学家成为国王呢？康德明确否认了这一点，他否认国家必须使哲学家的原则优先于法学家，同时也明确否认柏拉图的哲人王的提法。他说：

> 不能期待着国王哲学化或者是哲学家成为国王，而且也不能这样希望，因为掌握了权力就不可避免地会败坏理性的自由判断。

尽管康德没有明确表达，但从这句话中可以看出，他同意孟德斯鸠有关权力必然导致腐败的观点。

康德的意思是，主权者应该听取哲学家的忠告，但他反对主权者将哲学家请到自己的权座旁，给予谋士权威和地位，使之成为自己的智囊团或者顾问团成员，而是"允许哲学家们自由地和公开地谈论进行战争或者缔造和平的普遍的准则"。换言之，允许哲学家们自由讨论，并倾听他们的看法，而不给予他们具体的权力。

康德将哲学家与法学家进行了比较，认为"成为法学家的标志的不仅乃是权利的天平，而且紧跟着也还有正义的宝剑"。也就是说，法学家可以运用权力强制性地落实自己的裁判，"不仅是为了防止对于权利的天平的一切外来影响，而且还要在天平的一端不肯下沉的时候把宝剑投到那上面去"。康德对法学是不大看得起的，视之为"低级系科"，在他看来，法学仅仅是因为它伴有权力才高级。法学之所以是低级的系科，是因为法学家的职责是运用现有法律，而无法对法律的改良说出任何东西。只有哲学家才关心人类法律是否朝着良好的方向发展，他提醒国家注意自己的道德义务，这一道德义务早就通过他们的理性而被先天发现了。康德表达的永久和平的条款，尤其是三个正式条款，出自哲学家对理性的探究和守护，出自理性本身对于人类共同生活的要求。哲学家的任务仅仅是表达理性的这一要求或命令，提醒现实生活中的主权者应该不断接近理性规定给人类的目标。

这就是康德在《永久和平论》正文最后设置的秘密条款。在那里，他允许哲学家基于理性的内在规定对现实政治生活发表看法，这些看法将使现实生活走向永久和平。主权者们应该倾听这种看法，如果不去倾听、违背理性，必将导致战争。由此可见，在康德那里，对言论自由并非没有限制，这个限制就是，哲学家运用言论自由，不是为实施阴谋诡计和结党营私，不是为现实的政治生活准则进行宣传，而是言说理性对人类公共生活发出的种种呼声。只有这样的言论自由，才可以被允许，才可以作为永久和平的秘密条款，一切为了结党营私和阴谋诡计起见的言论，都应该被禁止，这种对于言论自由的要求，当然不是基于某种外在的权威来发出来的，而是出于理性内在的规定，是一切运用理性的人们应该坚守的内在的诫命。

至此，康德就再次回到了《永久和平论》这本小书的开头，在那里，他做了一项保留：

> 深通世故的国事活动家即使在有争论的情况下也必须始终一贯地对待理论家，而不可在理论家斗胆侥幸公开发表的意见背后还嗅出对国家有什么危害。

实践的政治家要倾听理论家的态度，并且尽可能地对理论家的意图做善意的解释，之所以如此，是因为理论家的看法尽管看似空洞无物，但背后可能是基于人类理性发出的对政治生活的劝诫。只有遵守了这些劝诫，政治家才可能使政治生活与人类的道德生活一致。由此，也就引出了一个更重要的问题，这就是有关道德与政治之间关系的思考，而这是《永久和平论》两个附录中所要重点考虑的内容。

中编

论养士（上）

——读《史记·孟尝君列传》札记

题记:“士”是中国传统文化中的一个重要命题。何谓士？余英时在《士与中国文化》一书中，系统总结了中国传统文明中“士”的精神，在他的笔下，士被认为是具有独立精神的代表，是类似于现代世界知识分子的人物。士不惧权威、敢于直言，有勇有谋，其命运在某种意义上反映了一个时代政治生活的特征。从春秋战国时期一直到宋代，有关士的记录在文献中是比较多见的，不同时期的士有不同的形象。

战国时期，士有多种，士人活动频繁。根据生活方式和社会地位，战国时期的士大体分为三类：一为武士（国家的武装力量、侠客、力气大而勇悍之人），二为文士，三为底层官吏。这些士“分布在社会各个角落，上可为卿相，下可为士民、布衣”，但不管他们身处何种阶层，凭靠的都是自身的知识、道德和勇力。也就是说，他们不是因为出身而跻身士阶层，因此不同于后世的“士绅阶层”。像商鞅、吴起、李斯这类人，都是从底层的士一跃成为高层官僚的。

战国时期是一个士的身份出现转折的时代，在此之前，士不过是一个介于大夫和庶人之间的等级。战国时期出现了后世所谓的“士大夫”的概念，在此之前，士都是排在大夫之后的，但从战国时期开始，士常常冠在大夫之前。这个排列的不同意味着，传统靠宗亲分封而来的、基于世袭的大夫，被一批靠自己才能从底层晋升的士取代，这是郡县制替代分封制的结果，这种替代意味着，战国时期的大夫正在演变为官僚体系中的职位和爵位，大夫中的多数不再是依靠宗亲分封，不再是依靠世袭，而是取决于个人在知识、德行和勇力上的优异与杰出。

《史记》大篇幅地记录了士的生活。战国时期活跃在诸侯国之间的游说之人，不管他们是否是儒生抑或是法家或纵横家的学徒，甚至包括那些靠自己的勇力获得一席之地的刺客或游侠，都是士。《史记》七十列传中讲述的许多人物，大都可以归为士一类。在这个意义上，或许可以说，《史记》讲述的是士的精神，甚至司马迁的一生也可以说是文士的一生，他在许多地方都表达了自己对于士的看法。因此，在阅读《史记》中有关士的记录时，尤其要注意的是司马迁凸显出来的士的精神。

不仅如此，真正的士的存在也表明了养士的政治家品质。士想要在政治生活中占据一席之地，还需有善养士的政治家的支持。这也是讲述战国四公子的基本思想线索。我们不仅要关注《史记》中有关士的记录，也要关注养士的政治家的胸怀。如果没有阔达的政治家，就很难看到士，充其量只能看到"隐士"。

《史记》"四公子列传"四篇讲述的是战国时期四个诸侯国（齐、魏、赵、楚）的公子，也就是历史上著名的孟尝君、信陵君、平原君和春申君的养士故事。孟尝君即齐国公子田文，信陵君即魏国公子魏无忌，平原君即赵国公子赵胜，春申君即楚国公子黄歇，他们系出王族，继承了大量的家产，具有一定的政治影响力，具有养士的天然优势。战国四公子以养士而闻达于诸侯，在很大程度上可以说，《史记》中关于四公子的列传就是关于他们养士的记载。

本文讲述的重点是《孟尝君列传》和《魏公子列传》，在笔者看来，这两篇是战国养士文献中的代表作。对这两篇文献进行细致分析，可以凸显先秦时代不同公子对待士的不同态度，从四公子如何选择士和使用士中，可以看到他们在政治上的品质差异。仔细阅读这两篇文献，将它们相互对观，不仅可以使我们更深入地了解先秦时代的政治生活，而且能使我们更深刻地领会到古典时代的思想家们对于政治生活的看法。

一、受命于天?

《孟尝君列传》一上来没有直接讲孟尝君田文本人,而是讲他的父亲田婴。田婴是齐威王的小儿子,是齐宣王的异母弟,在宣王时做了十一年的齐国宰相,后来被封于薛国,当了薛国的国君。由此可见,田文是王族出身。不仅如此,在这段有关田婴的记载中,还可以看到,田婴具有政治上的才华,这里记录了几件事情:第一件是他在齐威王时期和成侯邹忌、田忌等人领兵救韩伐魏;第二件是他同孙膑、田忌等伐魏,俘虏魏太子和杀庞涓;第三件是他出使韩、魏,使韩、魏依从齐国;第四件是他会见梁惠王;第五件是他教张丑说服楚威王从齐国退兵。其中,第五件事最重要。实际上,这个张丑也是一个士,他善游说,田婴显然不排斥政治生活中士这个阶层。这是《孟尝君列传》中第一次提及士。

有关田婴的叙述非常简洁,在这叙述中未见田文本人,而在叙述田婴的功绩后,才开始讲述田文。《孟尝君列传》第二段一上来说:

> 初,田婴有子四十余人,其贱妾有子名文,文以五月五日生。婴告其母曰:"毋举也。"其母窃生之。及长,其母因兄弟而见其子文于田婴。田婴怒其母曰:"吾令若去此子,而敢生之,何也?"

接下来引出了田文和田婴的一段对话。

太史公的叙事非常有意思。首先,他说田文是田婴的贱妾之子,言下之意是说其不受器重;其次,他说田文是五月五日出生,田婴下令不要养这个儿子,可见田文本来就不应该来到这个世界。田婴之所以下令不要养这个儿子,是因为五月五日出生的孩子,"长与户齐,将不利其父母"。长大后跟门户一样高,将不利于父母,这可能是一种民间宗教的说法。总之,田文本不该出生,他的出生年月意味着他是一个不祥之物。但是,"其母窃生之",田文的母亲希望有一个属于自己的孩子,并且在田文长大之后才让他去看自己的父亲，这说明他的母亲是私底下养育他的。一个贱妾敢于违抗国君的命令把孩子养大，既需要小心谨慎，也需要隐忍，当然，她最终还是让田文去见了父亲。这个贱妾不是不知道其中风险，但她为什么还要让田文露面呢？

《史记》中的许多叙事都极度简略，需要我们想象。在这里，田文的母亲为何敢于违抗国君的命令，使田文去见他的父亲呢？也许她觉得田文具有常人没有的本领，这样如果能被国君喜欢，也可以改变自己的命运。因此，田文的出场实际上是因为他的母亲想改变自身的命运，这是一个非常私人的理由。当然，我们可以继续想象，身处贱妾之位的田文母亲会为田文找一位什么样的教师呢？田文又学得了哪方面的本领呢？

当田婴讲了五月五日出生的孩子"长与户齐，将不利其父母"之后，田文问："人生受命于天乎？将受命于户邪？"田婴一时答不上来。很奇怪，为什么这个问题会使田婴沉默呢？这不是一个很难的问题，没有什么好问的，这是大家都相信的东西，是公认的道理。为什么田婴会沉默？这是田婴的第一个反常举动。

继续来看父子两人的对话。田文感觉到了父亲的沉默，他说，如果受命于上天，那就听天由命，但如果是受命于门户，那就是可以人为改变的，把门户加高，不就没有人长得和它一样高了。我们不妨看看田婴的反应，《孟尝君列传》中只记录了三个字："子休矣"。

这是田文父子的第一场对话。在这场对话中，作为国君的父亲似乎没能在话语上占上风，在听完田文的一番慷慨陈词之后，田婴先是沉默，然后说了一句"子休矣"，并未表达出他对这个五月五日生的儿子的厌恶，他的反应反而凸显了这里讨论的话题的严肃性。这就是有关个体的命运是否可以改变的问题。表面上看这是一个简单问题，但其实这个问题比较复杂，五月五日出生的孩子"长与户齐，将不利其父母"，这是一种民间说法，这个说法背后反映的其实是一种天命观，也就是说,五月五日出生的孩子注定是不祥之兆,因此要放弃,这是田文所处的时代对天命的把握,是对天命的一种预测,这是受命于天的。姑且不问这样预测是否有科学依据,田文所处的时代当然不会说这种说法是迷信,没有科学根据,这是现代人的疑问。

我们看到,田文一上来就将这个问题转移了,他将这个问题说成是:一个人的降生,究竟是受命于天,还是受命于门户?他接下来强调,如果受命于天,就无法改变,但如果受命于门户,就没有什么不能改变。显然,他将问题的重心转移到了人可以改变命运的那一端,换言之,他把一个关于天命不可违的重要命题转移到了可以改变天命的这一端。我们姑且不问这里田文是不是诡辩,但的确可以感觉到,他采取了某种逻辑方面的技巧,从这个角度看,他似乎受到了名家的教育,具有名家的气质。他明显不同意关于五月五日出生的孩子是不祥之物的说法,主张人可以改变命运,不能受制于天命。五月五日出生的人为不祥子这种说法对当时的人们来说就是对天命的把握,但在田文看来,这样的一种把握并不可信。因此,田文想要表达的这种怀疑,已经是对天命本身的怀疑了。你怎么知道这就是天命?其实他想要表达的是,天命不足畏,人可以改变它。

见多识广的田婴不会不知道田文的话背后蕴含的意思,当田文第一次问,一个人的生命究竟是受命于天还是受命于门户的时候,他其实就已经感觉到了田文的立场,他的沉默毋宁说是他的吃惊。这样的论辩在那个时代意味着什么呢?意味着打破了常规、离经叛道,对于古典时代的人们来说,天命当然不可违。田婴意识到田文有可能受到了高人的教导,或者有不一般的禀赋,敢于这样提问非常不简单。而当田文接下来表达了可以通过人改变命运的说法之后,田婴的反应则表达了他对此种敢与天命相争的立场的警觉,他清楚地意识到,田文的这种天命观同当时流行的天命观相对立。这是对西周以来的天命观的打破:其实无所谓天命,人可以改变自己的命运,这就是一种新的天命观。田婴在自己的从政生涯中其实也感受到了这种新的天命观，实际上，一开始《孟尝君列传》就讲述了他如何教张丑游说楚威王，以摆脱楚威王对自己的追杀。这种通过人自己的努力可以改变命运的观点，是战国时期的说客们普遍认同的观点。他了解说客们的本领，也懂得利用说客们的本领，因此，他的一句“子休矣”，并不意味着他对田文的话表达不满。而是因为，在田文和他对话时，还有其他兄弟们在场，这种违背天命观的对话不适合在公共场合进行，因此他打断田文，是对田文的保护。但可以预见的是，田文已经在这次对话中得到了父亲的赏识，因此很快就获得了接下来同父亲对话的机会。

《孟尝君列传》接下来说，“久之，文承闲问其父婴曰”。这是一个非常简洁但又蕴含深意的叙事笔法，“承闲”，也就是趁闲暇时机，也就是说，田文通过同父亲的第一次交谈，获得了进一步接近父亲的机会。通过第一次谈话，田婴已经看到了田文的才华，田文得到了父亲田婴的认可。

田文同父亲田婴的第二次谈话和第一次谈话在性质上非常相似，从形式上看都是逻辑性的。田文问他的父亲，“儿子的儿子，叫什么”。这个问题不难，难的是一直追问下去，“孙子的孙子，叫什么”，“玄孙的孙子，叫什么”，这种追问方法在西方逻辑学中叫无穷后退，在西方古典时代也有，亚里士多德就曾用这种追问方法来寻找“不动的推动者”，也就是第一因。这种无穷的追问没有尽头，因此，一般人也不会这样问。同时，这样的问题也难以回答，田婴当然答不上来。那么，田文为何要这样追问呢？他追问的目的是什么呢？

田文究竟想要说什么？他接下来说，“父亲您在齐国受到了重视，历经三代君王，但齐国疆域未见拓展，自己家却有巨大的财富，只是门下一个贤人都没有。我听说，‘将门必有将，相门必有相’，现在后宫中的人穿戴的都是好衣裳，有才之士却连粗布衣裳都穿不起，奴仆们有剩余的饭菜和肉，有才之士却连糟糠都吃不饱。现在您还在竭尽全力地积蓄储藏财富,想要把它留给您方才所说的那些不知道的孙子,却忘掉国家之事一天比一天糟糕下去”。

田文之所以要采取无穷后退的追问方法,当然不是要发现第一因,而是要提醒他的父亲:既然您连自己子孙的名字都还不知道,积累那么多财产干什么呢? 因此,这里的逻辑学形式的追问,不是一种形而上学的追问,它止步于论证者想要实现的目的。那么,这个目的是什么呢?

这个目的就是田文所说的“公家之事”,也就是治理国家的大事,更明确的说是拓展疆域的大事。可见,这里的国家大事不是简单的积累财富,而是兼并土地,获得军功。这是我们从田文的话中得到的一个重要信息。不仅如此,从这段对话中还可以看到,这里的公家之事同“贤者”、同“士”联系在一起。这是《孟尝君列传》中第一次明确使用“士”这个词,很显然,在田婴的后宫中,这些“士”没有得到重视,士的生活条件甚至不及奴仆。而田文显然觉得,若想要振兴公家之事,这些“士”不可或缺。可以说,田文认识到了士在他所处时代的重要性。实际上,在战国时期的兼并战争中,士是非常重要的力量。

对于贱妾之子田文的这个判断,身为薛国国君的田婴当然知晓,他就曾启用过士来解除自己遭遇的风险。显然,他对田文非常满意,听完这番话,他越来越喜欢这个孩子,并且派他出来主持家事,接待宾客,以至于“宾客日进,名声闻于诸侯”。后来,诸侯派人请求他立田文为太子,他也答应了。田文最终在父亲田婴死后即位。

这就是《孟尝君列传》中记载的孟尝君田文的身世。他的出生可谓卑贱,不仅是贱妾所生,按常理注定无法继承君位,又生于一个不祥的日子,本来是要被弃之野外,但他凭借自身的智慧,赢得了父亲的重视。在前面的分析中,我们也看到,田文身上具有名家的某种气质,他善于逻辑讲辞,有政治抱负,懂得士的作用,而他的父亲田婴,也深谙时代的变迁,并且在政治生活中积极起用士。在这个方面,可以说田文继承了他父亲的某种品质。

二、鸡鸣狗盗

孟尝君田文真能洞悉国家大事，知人善任吗？有政治抱负是一回事，有能力实现这一抱负又是另一回事。《孟尝君列传》记载了一系列他和门客们的故事，也讲述了他在政治生活中的各种表现：

> 孟尝君在薛，招致诸侯宾客及亡人有罪者，皆归孟尝君。孟尝君舍业厚遇之，以故倾天下之士。食客数千人，无贵贱一与文等。

《史记》笔法由此可见一斑。在孟尝君延揽的士人中，甚至包括“亡人有罪者”。但是，为何要独独凸显“亡人有罪者”？这似乎说明，孟尝君在择士的标准方面是成问题的。收纳犯罪逃亡的人作自己的士，无疑为犯罪逃亡的人提供了“法外空间”，不仅可以免于国法的惩罚，甚至可以得到礼遇。这必然会带来一些不利的影响，不仅会引起治安方面的问题，而且从长远看也会改变薛国的民风，这一点也体现在太史公在末尾处的评论中。可见，孟尝君并不在意这些犯罪逃亡的人的习性，他看重的是其他标准，我们在后面将看到，他的士人们究竟在哪些方面为他提供帮助。

从太史公的这段叙事中，我们可以看到，孟尝君对待养士有三种态度：一是“客无所择”，二是“厚遇之”，三是“无贵贱”，这三种态度使他受到了天下士人们的欢迎，“人人各自以为孟尝君亲己”，“士以此多归孟尝君”。但值得进一步思考的是，孟尝君这种“客无所择”的选择士的标准，以及仅仅从物质财富方面“厚遇之”的待客方式，是否真的为他找到了合适的士呢？接下来《孟尝君列传》通过两则故事叙述了孟尝君的士在他的政治生活中的影响或贡献。

第一则故事说的是秦昭王听说孟尝君贤能，因此派遣弟弟泾阳君到齐国做人质，请求孟尝君去秦国。孟尝君答应了这个条件（由此可见

他看重利益),但他门下的宾客都觉得不能去,于是劝谏他,可他根本听不进去。这时有一个叫苏代的宾客挺身而出,说了一番话:

> 今旦代从外来,见木禺人与土禺人相与语。木禺人曰:"天雨,子将败矣。"土禺人曰:"我生于土,败则归土。今天雨,流子而行,未知所止息也。"今秦,虎狼之国也,而君欲往,如有不得还,君得无为土禺人所笑乎?

苏代没有一上来就陈述此番前往秦国的不利,而是举了一个木偶人和泥偶人的例子:木偶人对泥偶人说,如果天下雨,泥偶人就会完蛋,但泥偶人不这样看,它说自己"生于土,败则归土",一旦天下雨,会把木偶人冲走,不知漂到哪里去。苏代用木偶人比孟尝君,说秦国是虎狼之国,如果此次前去,必遭泥偶人的耻笑。《史记索隐》中说,这里的泥偶人说的是被秦昭王质于齐的泾阳君。在此我们不纠缠于史料,可以想到的是,劝诫孟尝君不要赴秦的宾客们没有成功,而苏代仅凭借这个木偶人和泥偶人的比喻就成功了,这个木偶人和泥偶人的比喻其实不那么清晰,为何孟尝君去秦国必将会像木偶人的命运一样?这里没有给出分析。但秦国为虎狼之国,相信这个道理其他的宾客也论述过。《孟尝君列传》中说,孟尝君听了这番话之后,"乃止"。

这位苏代是著名的合纵派主张者苏秦的弟弟,在《史记·苏秦列传》中有关于他的详细记录,此处不详细分析。从《苏秦列传》中我们知道,苏秦学的是纵横之术,并且擅长合纵之术。所谓合纵与连横,主要是就当时的六国和秦国关系而言,团结六国,主张结盟反对秦国的是合纵派;而站在秦国一边,破坏合纵的是连横派,连横派的代表是张仪(见《史记·张仪列传》)。在《苏秦列传》有关苏代的部分中,说了苏代兄弟三人游说诸侯,擅长权变,最终都寿终而死,声名远扬于诸侯。同时,值得我们注意的是,在太史公的笔下,这位苏代并不忠于齐国,而是忠于燕国,尽管齐国对苏代有救命之恩,但他最终还是协助了燕王攻打齐国。按照《史记》中的记载,这恰好是孟尝君时期的事情。因此,从这里可以看出，孟尝君没有认清苏代的品质，没有看清他在根本上并不忠于齐国。这位苏代在《孟尝君列传》中总共出现过三次，这里是第一次。

为何孟尝君会轻易被苏代的言辞打动，而置其他宾客的劝诫于不顾？可见他不是一个善于纳谏的人，尤其是不能使用直接与他的意思相反的话劝诫他。苏代也许懂得孟尝君的个性，因此使用了比喻，这个木偶人和泥偶人的比喻重点在于区分两者之间的差异，强调的是木和泥两种材质的区别，而并未强调两者的相同处，这就很容易使人想起名家的代表人物公孙龙子的"白马非马"之逻辑学说，这种学说的核心就在于强调差异性，白马不是马，因为一个是从颜色上说的，一个是从形体上说的。由此可见，苏代的话极大迎合了孟尝君对名家的喜好。由此可见，孟尝君非常讲脸面，身为薛国的国君，他尽管在对待宾客时不分贵贱，平等相待，但这种平等似乎仅仅是一种策略而已，仅仅是为了使宾客集聚在自己身边。他能听进去苏代的建议，而听不进去其他宾客的建议，已经表明了其实他并不善于使用宾客。

接下来看第二则故事，这个故事就是著名的"鸡鸣狗盗"。"鸡鸣狗盗"这个成语讲述的正是孟尝君及其士人的故事。由此可见，中国古代的许多成语都来自政治生活。

秦昭王最终得偿所愿，孟尝君不得不前往秦国，并且得到重用，被拜为相。这时候有人游说秦王，告诉秦王说，孟尝君是齐国的王族，他做宰相一定会将齐国的利益放在第一位，这样一来，就会将秦国置于危险之中。秦王听从了这个建议，于是将孟尝君囚禁起来，想要杀掉他。孟尝君向昭王宠爱的妃子幸姬求救。但是，这位幸姬提出了一个条件，要得到孟尝君的狐白裘。这件狐白裘，据说天下只有一件，本为孟尝君所有，但他到秦国时就献给秦王了。如果搞不到这件狐白裘，幸姬就不会救孟尝君，这令孟尝君感到为难。如何才能搞到这件狐白裘呢？这时，他的宾客中有一个偷盗的能手，说自己能偷到这件狐白裘。这位宾客果然在深夜扮成狗的模样，潜入宫中，偷到了狐白裘。

这则故事很容易让我们想起前面说过孟尝君在选择宾客的时候“客无所择”,连有罪的逃犯都纳入到自己门下,这里说的狗盗者似乎就是指“亡人有罪者”。这样的宾客凭借的是小偷小摸的手段,其实没有什么大智慧。此外,孟尝君这次完全是在同幸姬做交易,他只要能够满足幸姬的要求,就有活命的希望。最终,狐白裘搞到手了,幸姬也在秦王面前为孟尝君说了好话,秦王于是就释放了孟尝君。

孟尝君的这次活命非常不体面,但他顾忌不了那么多了。为了活命,他不惜使用狗盗之徒,同一个后宫女人做交易,这段叙述似乎不能体现出他如何善于用士。孟尝君一路飞驰逃走,秦王后悔释放了孟尝君,于是派人追逐,孟尝君到达函谷关时已经夜半,按照通关法令,必须鸡叫时才能放行,在生死存亡之际,他的宾客中有一位能学鸡叫者,当下叫了几声,所有的鸡都跟着叫了起来,于是他得以逃脱。这就是“鸡鸣狗盗”的由来。这个成语实际上讲的是孟尝君在士人帮助下从秦国脱逃的故事。“鸡鸣狗盗”一词同时也说明了孟尝君门下的士人的品质,所谓的鸡鸣狗盗,实在不是体面的技艺,不过是逃命的手段。

《孟尝君列传》中提到,在此之前,宾客们因为孟尝君将善于鸡鸣狗盗的这两个人收纳为宾客而感到耻辱,如今这两人帮助孟尝君脱了险,所有的宾客都佩服起孟尝君的识人能力。这般笔法实在是讽刺。如果宾客佩服的都是这样的士人,那就无疑为孟尝君收纳士人确立了一个标准,这就是鸡鸣狗盗之徒,也就是一些在危急关头身怀绝技、能为主人提供逃生通道的保镖,而不是有勇气、有谋略的士人。

至此,我们似乎可以看到孟尝君的为人和择士的标准。在平时的政治决策中,他并不善于纳谏,而喜欢那些与自己的品位相投者,并不知晓这些宾客的内在品质,他甚至看不出苏代这位藏匿在齐国的燕国间谍。此外,在危急关头,他看重的士也是善于鸡鸣狗盗技艺之人,是拥有保命技巧的保镖和护卫,而不是主动而积极地化解危难之人。这里无法看出他的士人的政治智慧,或者他使用士人的政治智慧。他讲脸面的性格最后也终于在一件事情上体现得淋漓尽致,这就是他经过赵国时,平原君很礼貌地接待他,赵国人听说他很贤明,都争着去见他,但等到看完之后,却嗤笑说,“原来以为薛公是一位魁伟的丈夫,今天看到,却不过是个矮小的汉子罢了”。孟尝君听了这些传言,非常愤怒,于是和随从宾客一道砍杀了好几百人,最后灭了赵国的一座县城而去。

《孟尝君列传》中的这段叙事多有夸张,有人质疑说,堂堂孟尝君不可能因为这样一件小事就杀百人、灭一县而去,但从前面他不愿听取宾客们的意见而顾忌脸面、喜欢曲意逢迎这一点来看,这种事情倒是符合他的性情。不过,这里太史公的笔法又在不经意间显露。赵国人说原以为孟尝君是一位魁伟的丈夫,眼下见到的却是一个渺小的汉子,这当然不可能是说孟尝君的性情,毕竟他只是经过赵国而已,因此这纯粹是从形象角度说的。这就使我们记起前面有关他的身世的叙述,当初说五月五日出生的男子身长可以与门户齐,如今大家见到的却是一个五短三粗的汉子,因此,我们也可以将这理解为一种讽刺。

《孟尝君列传》接下来讲述了孟尝君从秦国返回齐国后的事,齐王对他的这次遭遇感到内疚,一回来就拜他为相。而孟尝君因为这次在秦国的遭遇而怨恨秦国,于是想要先替韩、魏攻打楚国,然后联合韩、魏两国攻打秦国,为此就需要向西周借武器和军粮。这个时候,苏代出来劝说他放弃这一打算。苏代向他分析说,协助韩、魏两国攻击楚、秦,必然会增长两国的实力,而削弱齐国,建议不进攻秦国,也不借西周的武器和军粮,而是要求西周转告秦王,要求秦国下令割让楚国东方的土地给齐国,并且释放楚怀王。这样一来,齐国就不仅可以得到楚国东边的土地,还可以得到楚怀王的感恩,这样薛国就可以保世代平安。苏代的建议从表面上是非常有眼力的,但其实他不是为了齐国的利益,他的方案实际上确保的是西周的利益,在这个方案中,西周几乎没有任何损失,只是苏代不能确保秦国会按照他的方案行动。然而,孟尝君显然十分信任这个并不忠诚于齐国利益的燕国间谍,高度赞赏这个方案,不仅放弃了联合进攻秦国的打算,而且要韩、魏向秦国道贺。这不仅离间了齐国同韩、魏的关系,也无法达到自己想要的结果,由于这里没有任何可以迫使秦国接受建议的手段,因此太史公记载说,秦王坚决不肯释放楚怀王。

苏代非常了解孟尝君的性情,孟尝君想要以齐国的利益为名攻打秦国,其实是出于私人利益,出于他对秦王的怨恨。苏代的厉害就在于,他懂得如何化解孟尝君的怨恨。在苏代的方案中,孟尝君简直可以不费一兵一卒而完全得利。从这件事可以看出,孟尝君对诸侯国之间的局势并没有清晰的看法,首先是他出于私人恩怨发动战争,其次是他想在这次联合攻击秦国的战斗中向西周借武器和军粮,可见没有做好充分的战争准备。苏代的一次简单谈话,就使孟尝君打消了进攻秦国的想法,而这次谈话中苏代许诺的政治利益其实并不能得到保证,但是,他许诺的利益是如此之大,而且简直不费什么力气,这就大大吸引了孟尝君。可见,孟尝君会因为利益而遮蔽洞察政治事务的双眼。

由此看来,孟尝君并不知人善任,也缺乏高超的政治智慧。实际上,他只是一个看重脸面、重利益的公子而已。《孟尝君列传》在叙述了他择士和用士的种种例子之后,接下来记载了一件事情:孟尝君在齐国担任宰相期间,门下有位名叫魏子的门客替他收取封邑的租税,但前去收了三次,都没有收回,孟尝君对此感到奇怪,追问这件事,魏子告诉他,自己将收到的租税以他的名义送给了一位贤良,因此虽然收了三次,但一次也没有收回来。孟尝君听说了之后,非常愤怒,就将这位叫魏子的门客驱逐了。后来,有人向齐国国君报告孟尝君要叛变,国君开始怀疑他,他不得不逃亡。这时,得到了魏子赠送钱财的那位贤人听到这个消息,就上书国君说孟尝君并未叛变,并以自己的生命作证,在宫门面前自杀,以表明孟尝君的无辜。这件事使国君感到惊恐,他开始调查这件事,结果并未发现相关线索,于是召回孟尝君。

这个事件说明孟尝君不懂得真正的士就在身边,不懂得识别真正的士。这位魏子,还有受魏子接济,最终为保孟尝君清白而献身的那位贤者,才是真正的士。对于这类士,孟尝君似乎是有眼睛而不会观察。这些士在他生死存亡之际,不是采用鸡鸣狗盗的办法,而是不惜献出自己的生命。这种士的德行是高尚的,品格是卓越的,他们不在乎物质利益,甚至物质利益也不能将他们吸引到身边。我们在孟尝君身边看不到或很少看到这样的士,这样的士必然不见容于喜欢阿谀逢迎的他。

三、绝 嗣 无 后

在《孟尝君列传》中有关孟尝君直接记载的最后,谈的是孟尝君牺牲齐国的利益以自保的事,这就意味着他最终选择背弃了自己的国家。这两段叙事非常尖锐,也最能体现孟尝君的性情。他对士的选择,显然不是如他当年劝说他的父亲那般,是为了使齐国的疆域扩大,相反,他为了薛国的利益而不断损害齐国的利益。这里苏代第三次出现,表明他在与苏代的长期交往中始终没有识别出苏代的性情,他如此信赖苏代,但其实他不过是苏代的一颗棋子。这一次苏代为自己的利益而来。从秦国逃亡出来的将军吕礼要来齐国做宰相,此人对苏代很不满,想要陷害苏代。这时,苏代向孟尝君建议说,齐王之所以信任吕礼,是想要取信秦国,而一旦齐秦两国结盟,国君就会重视吕礼而不重视你。苏代建议孟尝君将齐王驱逐的忠厚的大臣周最叫回来,以挽回齐王的信用,最后撮合秦国和魏国。这样秦齐就不会联盟,孟尝君的地位就可以永固。这个方案显然是以给孟尝君带来利益为名的,尽管真实目的是阻止吕礼为相可能给苏代带来的危机。孟尝君再一次接受了苏代的计谋,结果是使吕礼怨恨孟尝君。在这个故事中,我们除了能够看到苏代的计谋之外,更能感受到孟尝君对权位的贪慕。尽管他在前一次被国君驱逐后,曾借着生病请求回薛国养老,但其实他很贪念权位。

苏代的计谋显然发挥了作用,从此吕礼和孟尝君结怨,并且陷害他,这就使他感到恐惧,做出了一生之中最卑劣的举动。孟尝君写信给秦国宰相穰侯魏冉,向他申述齐秦联盟必将提高吕礼的地位,削弱他的利益,因此建议他劝秦王出兵攻打齐国,并许诺,一旦攻破齐国,会请求将秦国攻打下来的土地作为他的封邑,等等。这就暴露出孟尝君的实质,他为了保全自己,宁愿损害国家的利益。穰侯听取了孟尝君的建议,立刻派兵攻打齐国,结果,吕礼亡命而去。这段故事中并没有关于孟尝君笔下门客的任何记载,但这种建议显然与苏代的建议相似。

但这还不是孟尝君最后一次出卖国家利益,后来齐王更排斥他,他对权位的贪慕,显然引起了国君的警惕。于是他就逃到了魏国去,这是《孟尝君列传》中记载的他的第三次出逃。这次出逃之后,他担任了魏国的宰相,在他的任上,他会合西边的秦、赵,与燕国共同出兵击败齐国,齐王逃离齐国,死在外地。根据《苏秦列传》的记载,燕国出兵齐国的主谋者正是苏代。

《孟尝君列传》中说,孟尝君仍然中立于诸侯之间,他离弃自己的祖国,但又没有开创新的王国,薛国没有因为他而日益强大,反倒是在他逝世之后,孩子们互相争位,结果被齐国和魏国所灭,最终,"孟尝君绝嗣无后也"。

"绝嗣无后"看起来是一个事实描述,但其实是《史记》中对品质低下的政治人物的一个普遍论断。孟尝君不是一个有政治德行的人,他之所以延揽众多宾客,不过是"好客自喜",为了充台面。实际上,这些门客中鲜有能为他实现政治抱负者,并且从孟尝君的举止言行来看,看不出他有远大的政治抱负,更不用说有伟大的政治才干了。他用士也和他的父亲田婴一样,只是为了保全性命。孟尝君最终绝嗣无后,算是某种天命报应,这就似乎应承了他出生时他的父亲田婴的担忧:五月五日出生的孩子,最终将不利于父母。他试图改变命运,但不懂得如何改变,这或许就是孟尝君的悲哀。

四、冯 驩 其 人

奇怪的是,《孟尝君列传》在讲孟尝君绝嗣无后之后,没有就此结束,而是插叙了一段故事,这就是有名的“冯驩弹铗”和“冯驩焚券”。这故事在《战国策》中也有,但《史记》的记载略有差异。太史公为何要在叙述完孟尝君的一生之后,插叙有关冯驩的故事呢?

太史公叙述,有一个叫冯驩的人听说孟尝君对士人不错,于是穿了草鞋远道而来拜见他。为何这里要强调穿草鞋呢?说明这个人出身贫贱。但是,孟尝君择士不是无论贵贱吗?我们看到,这里孟尝君有点表里不一了,他显然对冯驩的到来表示怀疑,“先生远辱,何以教文”?意思是,先生此番前来,有什么可以指教我的?这位冯驩并没有像我们通常认为的那样,立刻将自己的本领一一呈现,而是强调自己贫困,想要投靠他混口饭吃(这里要注意太史公的措辞,冯驩说,“闻君好士”,可见他仍然将自己置于士之列)。孟尝君于是将冯驩安置于传舍中的最低等级,也就是下客居住的传舍,说明他其实为人吝啬。

因此,孟尝君并非真正的好士之人,他看重的是士的本领,看重的是这种本领究竟可以给他带来什么好处。他的这种迫切之心在接下来对传舍长的问话中看得十分清楚。在二十天之内,他三问传舍长。第一次问是在安顿好冯驩十天之后,五天后又问了一下,再过五天又问,可见,他急切地想要知道冯驩究竟有什么本领。很奇怪的是,他不是亲自躬身前去,也不是安排一件事情来考验,而是三次都询问传舍人。我们看一看冯驩又是如何表现的。第一次传舍长回答说,冯先生很穷,只有一把剑,剑把上没有什么好装饰的,只好用茅草做成的绳子缠绕一下,他弹着剑,唱到“长剑,长剑,回去吧,连鱼都没有”。这就是著名的“冯驩弹铗”典故的由来,这短短的十来个字形象地描述出了冯驩这个士人的形象。于是，孟尝君就安排将冯驩移到中客居住的传舍。五天之后，他又问冯驩在干什么，这次传舍长报告说，冯先生又弹铗而歌，唱到"长剑，长剑，回去吧，连车马都没有"。于是又将冯驩移到上客居住的传舍。五天之后，他再问传舍长，传舍长报告说，这次冯先生还是弹铗而歌，唱到"长剑，长剑，回去吧，连家都没有"。

《孟尝君列传》中记录的孟尝君三问和传舍长的三次汇报富含深意。冯驩三次弹铗而歌，前面的说法都一样，"长剑，长剑，回去吧"。这里的长剑可以说是冯驩自比长剑，可见其内心孤傲，可即便这样还是没有引起孟尝君的重视，他只听到了后面的一句"连鱼、车马、家都没有"。他过于看重士人在物质利益上面的追求，于是就从物质利益方面来改善。从表面上看，冯驩变本加厉，对于物质条件的改善似乎毫不满足，终于使"孟尝君不悦"。

冯驩"弹铗而歌"的故事说明了什么？冯驩听闻孟尝君善待客，因此前来投奔，他一定有一技之长，却不挂在嘴边，不轻易示人。他弹铗而歌，其实是表达自己的立场，所谓"长剑，长剑，回去吧"，实际上是以长剑自比，可惜的是孟尝君并未听出弦外之音。由此也可以看出，孟尝君过于看重用财富安顿士人，而没有意识到，真正的士人不会因财富而前来归附。冯驩三次弹铗而歌，提出的物质需求越来越多，更是遮蔽了孟尝君的眼睛，使他根本意识不到这是冯驩在提醒他，反而越来越对冯驩不满，根据《孟尝君列传》讲述，他没有满足冯驩提出的第三个要求。然而，我们或许可以从另一个角度理解，这一次冯驩唱出"长铗归来乎，无以为家"，也许不是向孟尝君索要家产，而是说这柄长剑此刻无用武之地，他因此有离开之心。

《孟尝君列传》中接下来说，又过了一年，"冯驩无所言"。冯驩的隐忍可见一斑，他似乎正在等待时机的到来，只有适当的时机才能提供给他展示才华的机会。由此可见，孟尝君分辨有才之士的能力是较差的，他仅从传舍长之口了解士人的才华，导致必然错过许多原本优秀的士人。真正的士人不会满足于他赐予的丰厚衣食,他也必然见不得士人的孤傲。因此,孟尝君对待士人就无法同信陵君对待士人那般礼贤下士,他的士人必定只能停留在鸡鸣狗盗的范围内。《孟尝君列传》之所以大篇幅叙述冯驩的事迹,其实是为了对照,冯驩的出现原本是对孟尝君之择士的提醒:真正的士应该有冯驩的品格。在孟尝君面前,能有一个冯驩就算是老天的赐予。因此,在讲述孟尝君绝嗣无后之后再来讲述冯驩的故事,其实是提醒如孟尝君这样的人物,什么才是真正的士,应该如何对待真正的士。

冯驩的确是隐忍之人,尽管他自比长剑,却长期不见用于孟尝君,但他并不抱怨,更没有愤而离去。时机倒是真的来了。孟尝君因为长期养士,有食客三千人,封地的收入竟不够他供养这些人,因此他就叫人借钱给薛国的百姓,想要靠百姓借钱的利息供养食客。孟尝君为此事忧虑,于是问谁能解决这个问题。实际上,这就是一个收贷的问题。

借贷本身在先秦时代就不是好职业,通过借贷的方式赚钱并不是体面的事,与农耕时代的美德背离。孟尝君依靠这种手段解决食客供养问题,表明他已经穷途末路了。此外,《孟尝君列传》中接下来的记录表明,这件事情似乎不是公开进行的,也就是说,这种向百姓借贷的行为不是近代以来所谓的发行公共债券的行为,而是孟尝君的私人行为,他不能通过公共行政的方式解决,因此,在遇到借款不能及时收回的情形时,他只能依靠私人的路径,也就是求助于自己供养的食客。

这时,传舍人向他汇报说,这里有一个叫冯驩的食客,看起来是个相貌堂堂、能言善道的长者,没有其他技能,可以让他去收债。从传舍人所说的话中,可以看出收债的不体面,否则他不会建议由一个没有什么技能的人前去办理。或者说,在传舍人看来,收债不是一件需要多大技能的事,只要能言善道、是个长者就够了。孟尝君当然同意了传舍人的建议,他叫来冯驩,直言相告自己面临的困难。在孟尝君看来,这并非什么难为之事,冯驩也不加推辞。

冯驩于是载着契据出发了,他先是召集借钱的人,收到利息钱十万。接下来他的行动就奇怪了,他买了好酒好肉,告诉借钱的百姓说,你们能还利息的来,不能还利息的也来,都拿借据核对一下,然后大家都来了。喝得正好的时候,他拿着借据到大家的跟前进行核对,凡是能还利息的,就定一个期限,而贫穷无法还的,就将借据烧掉。他还向大家说明了这次收债的原委,是因为不够奉养食客了,但他显然没有简单重复孟尝君的话,而是补充了自己的话。他说,当初孟尝君向薛国借款,是为了使没有钱的人能借此经营自己的事业;然后又说,有钱的,在今天所订的期限内还,贫困的,债就不收了,这是孟尝君对大家的关怀,大家一定不要有负于他。他的说法明显不是实情,孟尝君当初借钱给薛国百姓,就是为了赚钱供养宾客,按照孟尝君的想法,这次如果能收取利息,就可以渡过难关。因此,他未必会同意冯驩烧掉借据的做法。果然,孟尝君听说这件事之后,"怒而使使召驩"。他不能理解为何冯驩在收到十万利息之后要请客吃饭,不仅如此,还烧掉了借据。

冯驩从容作答,我们不妨看看他的理由。他说,第一,如果不多备酒肉,就无法使大家全部到会,就无法了解谁有钱,谁没有钱。第二,知道了谁有钱,定还利息的期限就可以了,而对于没有钱的穷人,定了期限也没有用,反倒时间越长,利息越多,最终只会将这些百姓逼走。这样就会有人说您好利不爱士民,还会有人说您封地的人民有弃君赖账的恶习。因此,不如烧掉无用的借据,放弃不可得的空账,这样就会使薛国的百姓亲近您,彰扬您的美好声誉。

我们来看这两个理由,一方面,这里有实用的理由,比如,只有备了好酒好肉,大家才会全部到会,可见冯驩是一个非常了解人情世故的人。他熟知普通人的心理状态,善于利用这种状态,这样他才有可能真正了解情况。而在宴饮中,尤其是在酒精的作用下,人常常会口吐真言,这是自古以来的道理。另一方面,冯驩不只是懂得人情世故,懂得实用技巧,他还极其善于安抚民心,这是鸡鸣狗盗之徒们所不及的。他将孟尝君向百姓借钱的原因说成是为了使百姓能继续经营自己的事业，这就将孟尝君描画为一个爱民的形象。他烧掉借据，是知道穷人根本无力归还利息，干脆放弃，这反而会使孟尝君受到薛国百姓的爱戴。由此看来，冯驩的确是一位有政治智慧的士人，他知晓治理一国百姓的关键在于民心，而不是与民争利。焚烧借据的行动表明，他是一位具有真正本领却潜藏不露的士人。

五、何谓士？

《孟尝君列传》接下来讲述了与冯驩相关的两件事，第一件讲的是冯驩通过政治上的技艺使孟尝君恢复相位，第二件讲的是冯驩和孟尝君的一场谈话。我们可以从中完整地看出冯驩这位士人的品质，尤其是他同孟尝君的谈话，可以视为是对孟尝君择士标准的深刻反思。

第一件事发生在齐王废除孟尝君的职位之后。孟尝君之所以被废相位，是因为秦国和楚国造谣他“名高其主，擅齐国之权”，由此可见，他在齐国非常有势力。门客们见孟尝君职位被废，纷纷离开，这时，冯驩请求孟尝君给予一辆车，西入秦国，并承诺能使其名望更高，封地更广。于是冯驩西入秦，向秦王陈述齐秦两国势力不相上下的道理，并陈述孟尝君对齐国的重要意义。他说，如今齐国废了孟尝君，如果秦国能争取孟尝君担任宰相，一定会在与齐国的竞争中取胜。秦王听取了他的意见，派遣使者带着车辆、黄金去迎接孟尝君。冯驩先行告别秦王，他又来到齐王面前，同样讲述了齐秦两国势力不分伯仲的道理，并告知秦国打算迎接孟尝君西入秦，使者已快到达边境。他建议齐王赶在秦国使者未到之前，恢复孟尝君的职位，并增加他的封邑，齐王最终也听取了他的意见。

这段故事讲述得惊心动魄，冯驩以一辆马车来往于齐秦之间，游说于两国国君面前,这不仅要有胆量、勇气,更要有杰出的谋略、辩才。这则故事恰好同孟尝君当年借助鸡鸣狗盗之徒逃离秦王的追捕形成鲜明对比。冯驩的才华绝非鸡鸣狗盗之徒所能比拟。而我们在这里已知道,当孟尝君被废职位之后,那些鸡鸣狗盗之徒就树倒猢狲散了。

《孟尝君列传》以孟尝君和冯驩有关应该如何对待士人的谈话作为结尾。说的是在孟尝君去职时,士人们都离开了他,如今他官复原职,这些人又回来了。在宾客们还没有到来前,孟尝君感慨地说:"我喜欢接受宾客,有食客三千,但这些人一见我被免职,就弃我而去;如今我官复原位,他们有何脸面来见我,如果他们来看我,我一定要羞辱他们。"这就证实了孟尝君是一个非常看重脸面的人,这是他的性情。在这方面,他不具有冯驩一般隐忍的性格,当年冯驩并不见用于他,却仍在其门下等待时机。如今冯驩才华显露,但孟尝君是否反思过自己择士的标准呢?

听罢孟尝君的此番言论,冯驩立刻结好马缰、下车行礼,孟尝君也下车还礼,问道:"你是想替宾客们道歉吗?"冯驩说:"不是为他们道歉,而是为您的失言。"他说了一句在今天看来仍然饱含哲理的话,"夫物有必至,事有固然,君知之乎"。孟尝君自然无法懂得这句话的含义,于是就有了冯驩的一番教诲,这是《孟尝君列传》中最深刻的一段话,也是这篇列传末尾处的教诲:

> 生者必有死,物之必至也;富贵多士,贫贱寡友,事之固然也。君独不见夫趣市朝者乎?明旦,侧肩争门而入;日暮之后,过市朝者掉臂而不顾。非好朝而恶暮,所期物忘其中。今君失位,宾客皆去,不足以怨士而徒绝宾客之路。愿君遇客如故。

这段话的意思同《史记·货殖列传》中的"天下熙熙,皆为利来,天下攘攘,皆为利往"表达的意思何等相似。它表达了对于利的追求在人世生活中的影响。冯驩说这是"事之固然",就仿佛是事物的本性一样。他的言下之意是,宾客们大多是为追求利益而来,所谓"人为财死,鸟为食亡”,这段话道出了当时食客阶层的主要诉求,也道出了冯驩对此等人物的不屑。很显然,他本人没有遵循这个逻辑,而是在众食客离弃孟尝君时,凭一驾马车往返于齐秦之间。由此看来,真正的士,真正不为利益的士是罕有的。

但是,冯驩仍然劝诫孟尝君“遇客如故”。这就意味着,尽管他自己并非此类追逐利益之人,但他懂得普通食客的心理,尊重日常生活中人们的所思所求,他对普通人生活的这种理解,在他焚烧薛国百姓的借据的时候就已经有所体现,如今不过是直白说出而已,那些鸡鸣狗盗之徒显然不是真正的士。更重要的是要看到,他在此劝诫孟尝君不要从利益的方面看待食客,如果仅仅看到食客离弃自己而去,并由此心生厌恶,不也是追求利的表现吗?不能因为食客不能给自己带来利就不善待食客,他想要表达的真正意思应该是,不能仅仅从是否能够带来利益的角度出发来评论士、选择士,真正的士不会以利益为优先考虑。

冯驩无疑是战国士人中的杰出代表,他有苏代那样善于运用比喻的才能,他用市场上的人来人往比喻,其实是暗示,养士不能如同市场上的购物一般,而非直接地讲述他想要表达的道理,他懂得孟尝君更容易听取用这种方式表达的意见。他又不像苏代那样仅仅为自己的利益着想,而是真正为孟尝君的利益着想,希望他能仍然善待士。不过,他在这里似乎也暗示了某种更高的看待士的标准,这就是,不是从利益的角度出发来待士,既然天下攘攘、皆为利往,那么真正的士肯定会超越这个标准,真正的士懂得“物有必至,事有固然”的道理。因此,当初孟尝君并未善待他时,他也不因此而离去,因为他懂得孟尝君的心态,既然他没有做出功绩,孟尝君当然不可能给他丰厚的馈赠。然而,如果孟尝君懂得这一常识的话,他肯定会早就发现了冯驩的贤能,这个向他索要家业的人,不因他的拒绝而离去,这在本性追逐利益的食客那里就是值得注意的。因此,从表面上,冯驩似乎在为食客们追逐利益的行为辩护,但实际上,他暗示的是某种超出利益的标准,如何择良士而纳之,这是他留给孟尝君思考的问题。

《孟尝君列传》中说,孟尝君听了这话,再三拜谢,并表示一定要尊奉先生的教诲。然而,从前面有关孟尝君的种种行为来看,他并未遵从冯驩的教诲,最终绝嗣而亡。因此,这段有关冯驩的插叙实在是太史公的有意为之,太史公的春秋笔法可见一斑。《孟尝君列传》以这一插叙作为正文的终结,实际上提出了一种士的标准,也提出了养士者的标准,这就是,超出利益的考虑才能最终得到真正的士,才能成就一番政治伟业。

太史公评论孟尝君时说,“世之传孟尝君好客自喜,名不虚矣”。这绝非单纯的褒扬之语,“好客自喜,名不虚矣”,这是多么巨大的反讽!这是对士文化多么深刻的反思!

论养士（下）

——读《史记·魏公子列传》札记

《魏公子列传》位列《史记》列传第 17 篇，同列传第 15 篇的《孟尝君列传》一起，是描述战国时期养士的著名文献。司马迁在《太史公自序》中这样概括这两篇的核心内容，“好客喜士，士归于薛，为齐扞楚魏。作孟尝君列传第十五”；“能以富贵下贫贱，贤能诎于不肖，唯信陵君为能行之，作魏公子列传第十七”。这里的信陵君即《史记》“列传第十七”中讲的魏公子魏无忌。太史公说孟尝君“好客喜事”，未必是正面评价，在战国四公子里面，基本上都能做到好客喜士，不仅如此，其他战国显贵，能做到“好客喜士”者并不少，如《吕不韦列传》中讲吕不韦厚遇宾客，有食客三千。太史公曾经说，孟尝君在接纳食客时“无贵贱一与文等”，大概也能做到“能以富贵下贫贱，贤能诎于不肖”，但同时太史公却说，“唯信陵君为能行之”。这是什么意思呢？按照太史公的说法，尽管养士者众多，但能真正做到礼贤下士的，仅信陵君一人。如此说来，便只有信陵君真正懂得何谓真正的士，既然能知晓真正的士、识别真正的士，那么信陵君也就是一位优秀政治家了。对此，我们有必要认真阅读太史公《魏公子列传》的行文，看一看太史公描述的信陵君形象，尤其是要看一看信陵君如何养士和用士，看一看信陵君这个政治人物的性情，并且拿他同孟尝君做对比，看一看战国时期政治家对食客的不同态度和性情。

一、仁而下士

《魏公子列传》一上来就点明了魏公子的王族身份,他是魏昭王的儿子,是魏安釐王同父异母的弟弟,也就是说,他是王族出身。魏安釐王即位后,封他为信陵君。这个叙述并不特别,但有一点需要注意,不同于孟尝君,信陵君是国君之子,而孟尝君的父亲才是国君之子,孟尝君不过是国君之子的贱妾所生,因此从小到大,按照常理来说,王位同孟尝君无缘,甚至因为出身于一个不祥的日子,他从小就被父亲抛弃。因此,国家的安危对孟尝君来说,就不如对信陵君来说那般急迫,相反,个人的安危成为他从小到大关切的事。对孟尝君而言,所谓政治,其实不过是他个人的利益和安危而已;而对信陵君而言,国家的安危与其自身直接相关。因此,我们就看到,接下来太史公开门见山,讲述了当时魏国遭遇的国难。说是范睢在担任秦国的国相之后,发动了对魏国的战争,魏国在这次战争中失利,军队被击溃,自己的大将也被赶跑。太史公也为范睢立了传,这就是《史记》中的《范睢蔡泽列传》。范睢曾是魏国的食客,在魏国时受到当时魏国相国魏齐的侮辱。那不是一般的侮辱:魏齐派人打断了他的肋骨,打落了他的牙齿,并用草席包着他,将他丢到了厕所,还让宴席上醉酒的宾客朝他身上撒尿。后来范睢到了秦国,做了国相,就想要复仇。《魏公子列传》开篇讲的这一国难正是范睢针对魏国采取的私人报复行动,国难当头,信陵君和魏安釐王都感到担忧。

我们要十分注意《史记》的笔法,《魏公子列传》开头的叙述和《孟尝君列传》开头的叙述不一样。《孟尝君列传》开头讲述的主要是孟尝君父亲田婴的事迹,田婴是对国家有功之臣,因此得到了封邑,被封于薛。接下来说的才是孟尝君田文的安危,如果不是他的母亲悄悄将他藏起来养大，也许他连自己的命都保不住。而《魏公子列传》一上来就将信陵君同魏国的危难联系在一起。这也许决定了两位公子一生的命运：孟尝君一生东躲西藏，固然获得了巨大的荣耀和权柄，却也多次为自己的性命担忧，他的食客也多在这方面为他排忧解难，而信陵君的一生却是同国难联系在一起的。这也是《魏公子列传》开头的暗示。

接下来，太史公直接讲述了信陵君对士的态度：

> 公子为人仁而下士，士无贤不肖皆谦而礼交之，不敢以其富贵骄士。士以此方数千里争往归之，致食客三千人。

"仁"这个词是此处的关键。"仁"是儒家强调的为政者的品质，在《论语》中就有若干次有关"仁"的对答。"仁而下士"，说明信陵君能以儒家之礼仪待士，"谦而礼交之"，这是君子之风，能得到这个评价非常不易。不仅如此，我们还可以设想，以仁的态度面对士，一定是有所选择的，对"不仁"之士，想必信陵君不会深交。而在《孟尝君列传》中，未见一个"仁"字，相反，那里讲述孟尝君待士时，太史公写道：

> 孟尝君在薛，招致诸侯宾客及亡人有罪者，皆归孟尝君。孟尝君舍业厚遇之，以故倾天下之士。食客数千人，无贵贱一与文等。

很显然，孟尝君采取的是利诱法，接纳"亡人有罪者"，为其提供庇护，"厚遇之"，以丰富的赏赐吸引天下之士。尽管两位公子同样食客众多，但这些食客的品质不可同日而语。信陵君以"仁"待客，"士以此方数千里争往归之"；孟尝君"舍业厚遇之，以故倾天下之士"，"争往归之"。这说明宾客们被信陵君的"仁"所吸引，主动接近他，同他交往，这种士之亲近信陵君，也就是亲近"仁"；而在孟尝君那里，天下之士是因利而投靠。这里已经决定了两者的命运，亲近"仁"的人不会因仁者身处窘境而离弃，而亲近利者，一旦无利益可图，必然会离弃。

不仅如此，太史公此处的叙述还有非常强烈的儒家学说的特征。儒家教义中说，"仁者爱人"，不仅仁者之间彼此亲近，而且"仁"本身也有力量。传统儒家学说一直强调,依靠仁可以击退外患,因此儒家教义不主张积极备战,而将重点置于内修仁义上面。在司马迁所处的汉代,曾围绕这一点展开过大争论,这场争论后来被记录在《盐铁论》中,这是一场身为御史大夫的桑弘羊和代表儒家立场的贤良文学的辩论,贤良文学反对盐铁官营,反对垄断,反对对外扩张,与桑弘羊的主张恰成反对。在这里我们看到,太史公在讲述了魏公子的"仁而下士"之后说到,"当是时,诸侯以公子贤,多客,不敢加兵谋魏十馀年"。这就是在表达仁本身的力量,有仁之人必然会"得道多助",这样外敌也就不敢轻易冒犯。

这是《魏公子列传》一上来的头两段话。这两段话就给我们描述了一个关切国难、以"仁"待客、得道多助的公子形象,也是一个非常优秀的政治人物的形象。一个能奉行仁政的政治人物,如果能给他充分的施展政治才能的空间,他就一定会有一番作为。可是,事情往往并不往理想的那一端走。接下来,《魏公子列传》讲了一个故事。

这个故事说的是,有一天信陵君正在和魏安釐王也就是他的同父异母的哥哥在下棋,这时从北边的边境传来情报,说赵国的军队来犯。魏安釐王马上放下棋子,急召大臣们商量对策。这时,信陵君对魏安釐王说,不要担心,这不过是赵国国王出来打猎罢了,不是来侵犯魏国。过了不久,从边境上传来消息,证实了信陵君的话。魏安釐王大吃一惊,问信陵君何以知道这件事。信陵君回答说,他的门客中有能打听到赵王秘密的人。

这个故事的场景很简单。太史公为何要在这里讲这样一则故事?我们不妨再度想象一下这个场景,并且将这个场景再简化一下。想象是一位君王和臣子在下棋,这时,突然边地告急,在君王没有得到来自官僚系统的确切消息之前,臣子告诉君王,这是对方打猎经过。君王感到吃惊,问臣子何以知道,臣子告诉他自己在对方国家有间谍,早就知道他们要过来打猎。如果这样叙述的话,我们会感觉到这里有不妥的地方,因为这位臣子掌握信息的能力要优于君王掌握信息的能力,在一个严格的等级制体系中,这就有以下犯上的嫌疑,会有杀头的风险。哪怕是在现代的官僚系统中,如果一个公民掌握信息的能力超过了国家官僚机构获取信息的能力,他也会被怀疑是否窃取了国家机密。不过,在现代社会,如果有人有这么厉害的获取信息的能力,可能会给他个人带来巨大的经济利益,比如说,一个公司如果能得到充分的市场情报,就可以在市场上较之国有企业获得更大的利益。

信陵君在这里的举动是危险的,他必然遭到国君的怀疑,但因为这位国君是他的同父异母的哥哥,他还不至于有杀头的危险。他这种强大的获取情报的能力,在诸侯国争雄的战国时代,是一种极其可怕的政治能力,因此他必然会为国君恐惧。果不其然,太史公接下来写道,"是后魏王畏公子之贤能,不敢任公子以国政"。这位"仁而下士"并因此得到无数仁人相助的公子,因为他的不审慎而被剥夺了进入政治生活的资格,这是他的悲哀。奉养食客的公子,一旦有了超强的政治能力,束缚他的就必定是等级体系,在这个等级体系中,他注定与政治权力的中心无缘,如果他的能力超出了这个中心的能力,他就必然不会见容于这个中心,他只能退而回到私人的领域。信陵君的一生注定是悲剧性的,他越是"仁",就越是怀才不遇,越是不见容于那些嫉妒其才华的人,一个"仁"的君子,除非遇到一个"仁"的国君,否则没有好结果。由此可见,在一个不"仁"的时代,"仁"的君子固然有力,但除了"仁"的性情,还需有"审慎"的智慧,需要有所隐忍,这大抵就是信陵君缺失的地方,这也是我们从《魏公子列传》开头得到的一个推论。

二、隐士侯嬴

《魏公子列传》接下来讲了一个故事,说的是有一个叫侯嬴的老隐士,七十多岁了,生活得很清苦,是看守魏国都城大梁城东门的一个小吏。信陵君听说了这个人,就去慰问,想要送贵重的东西给他。太史公没有告诉我们魏公子究竟听说了这个人的什么事情,总之,他听到的信息足以使他前去拜访和邀请。他先是像孟尝君那样想要用丰厚的馈赠打动侯嬴,但没有想到,这位穷困的老者不稀罕丰厚的赠礼,而是说,“臣修身洁行数十年,终不以监门困故而受公子财”。可见,侯嬴不是一位贪财的士。

不是所有士都会因为丰富的物质利益而前往归附,这位侯嬴和《孟尝君列传》中的冯驩是一类人,这类士的特点是“修身洁行”,着重内在品质的修炼。这类士不贪慕富贵,他们看中的是招贤纳士之人是否真正重视自己,是否能给自己施展才能的空间。因此,这类士非常能隐忍,他们可能处在一个不为人知的小岗位上。信陵君能注意到侯嬴的存在,说明他做过一番调查,赠予厚礼既是为了表达尊重,也是一次试探,在择士这个方面,信陵君较孟尝君而言是主动的,是要有所考验的,而不只是道听途说而已。侯嬴此举必然会令他心生敬意,他不会因侯嬴的拒绝怏怏而归,在他看来,侯嬴是“难得之士”,他自有办法将这等隐士招纳到自己门前。

我们不妨看看信陵君接下来做了什么:

> 公子于是乃置酒大会宾客。坐定,公子从车骑,虚左,自迎夷门侯生。

看来信陵君早有盘算,对于此等孤傲的士人,单纯给予财物肯定不行。这类隐士修身洁行,隐于闹市之中,当然看不起追逐利益的食客。他们看重的是招贤纳士者是否能够真正尊重他们,信陵君因此大摆筵席,请了很多宾客前来,并且等这些人都坐定之后,带着随从车马,空着左边的座位(古人以左为尊),亲自迎接侯嬴。我们不妨比较一下信陵君和孟尝君两人对待士的方式,孟尝君仅仅从物质利益方面笼络人心,他在接待宾客的时候,常常安排一位书记官在屏风后面,记录宾客亲属的姓名地址，随后送上丰厚的馈赠，但可以想象，像侯嬴这样的宾客，不会因为他这样做而感激他。在《孟尝君列传》中，我们没有见过一则故事讲述孟尝君躬身前往寒士之家，降低身份去盛行邀请。

侯嬴究竟是怎样应对邀请的呢？首先，他肯定是答应了邀请，于是，我们就看到太史公这样来描述他：

侯生摄敝衣冠，直上载公子上坐，不让，欲以观公子。

他连衣服都不换就大摇大摆地坐到了左边的位置。这等行为肯定让信陵君的随从感到厌恶，但这显然是侯嬴故意为之，他想看一看信陵君如何反应。你不是重视人才吗？既然你让左边的位子给我坐，我就坐，故意激怒你，看你是否真正看重人才。这大概就是侯嬴的想法。没想到，信陵君“执辔愈恭”。侯嬴看到信陵君此举，应该是已经笃定了追随信陵君的心意。因为人们早就传说信陵君“仁而下士”，如今他亲自检验，果不其然，他没有必要再怀疑信陵君的诚意了。仁者爱人，既然侯嬴是一个仁者，那么他对信陵君这个仁者当然惺惺相惜。

然而，这个侯嬴接下来做了什么呢？他对信陵君说，我有一个好朋友在市里做屠夫，希望委屈一下您，跟我一起去拜访他。这个要求非常过分，信陵君是当今国君的兄弟，是显贵之人，并且仁而下士，受天下宾客欢迎，如今已经屈尊前来拜访你，为何要得寸进尺？想必这就是一般人的所思所想。问题是，为什么在这个关头，在信陵君已经摆好宴席，众人都已经坐定，只等邀请侯嬴前来的关头，侯嬴却要去见市场中的一个身份卑下的朋友呢？是为了炫耀，还是有其他的深意呢？他想要去见的又是何人呢？

没有想到信陵君答应了他的要求，并且几乎不问原因。《魏公子列传》中只说“公子引车如市”，说明信陵君不问理由，当即驱车前去，他也许是在想，既然侯嬴是一位难得的士，那么他的朋友也一定是一个难得的士。也许这也正是侯嬴的想法，既然他已经打定心思追随信陵君，那么他就有义务给信陵君找到更多他所佩服的、有才能的士。此外，真正的士难得遇见仁而下士的主人,他因此也有义务将他的朋友引荐给信陵君,这也是对这位朋友的义务,只有这样来设想才符合仁者的交往。信陵君、侯嬴和侯嬴这位友人之间的交往,当然应该是真正的仁者之间的交往。

侯嬴在这个紧急关头想要见的是何人？此人名叫朱亥。此人后来不惜生命解除了信陵君遇到的危难,而他不过是市场中的屠夫而已,身份低下。由此看来,此人也如侯嬴一样,是一位大隐,不过他的性情更孤傲,想要招纳这样的贤士非常不容易,这也许就是侯嬴要趁此时机见他的原因。因为越是这样,越能使朱亥看出信陵君的“仁而下士”。《史记》的笔法令人惊叹,因为接下来,它是这样叙述的:

> 侯生下见其客朱亥,俾倪,故久立与其客语,微察公子。

侯嬴故意和这位朱亥站着说了很久的话,偷偷看信陵君的脸色。他这样做当然也是在考察信陵君,但他一定不只是在考察信陵君是否真心待他这个贫贱出身的士人,也在看信陵君是否注意到朱亥这个人,同时给予朱亥一个考察信陵君的机会。招贤纳士不是简单花钱的事,大多数人当然是奔钱而来,但也有人是看到钱而离开,对内心修为很高的人来说,金钱没有什么吸引力,相反,是否能诎身下士是他们看中的,他们看中的是招贤纳士者的用士之心,是否有足够的耐心,是否有足够的容忍之心。此时的侯嬴大概不仅是出于对信陵君的考察,更是出于给朱亥考察信陵君的机会。当然,他的这个不寻常行动,也应该会使求贤若渴的信陵君注意到朱亥这个人。

《史记》并未大篇幅描述人物的内心活动。大篇幅描述人物的内心活动,是现代小说中常用的技巧,直接的心理活动描写自然会使我们看清楚人物的性情,但也流于琐碎,过于直白,不适合于古典时代通过隐微的笔法表达深刻的含义。古典时代历史叙事的精妙之处就在于,不需要借助繁复的心理描写,而只需通过叙述一个人的言行就可以为我们提供观照个体内心的镜子。《魏公子列传》接下来叙述了旁观者的看法。我们还记得,在信陵君去接侯嬴之前,众宾客已经就坐了,这时侯嬴要求去市场上见一个身为屠夫的朋友。这就使随从们心里不高兴,都在私底下骂侯嬴,但侯嬴看到信陵君的脸色始终不变。这就越加体现出了信陵君的仁而下士的性情。

在求贤若渴的战国时代,一方面,真正的士极其难得,另一方面,真正懂得士人之心的显贵也难得。侯嬴前来市场,自然不是单纯为了考验信陵君,也是为了能使朱亥和信陵君彼此了解,如果此时信陵君表现出任何不耐烦的神色,只怕是这位隐士就要从此同他告辞了。《魏公子列传》中说,“侯生视公子色终不变,乃谢客就车”。如今侯嬴看到信陵君“色终不变”,自己的目的显然达到了,他于是就上车,前往信陵君王府。到了王府,信陵君引侯嬴上座,并且介绍宾客们认识他,这就使宾客们感到十分惊讶。

这侯嬴究竟是什么人?他有何本领让信陵君屈尊至此,而又心甘情愿呢?太史公接下来写道,大家喝酒,喝到半醉时分,“公子起,为寿侯生前”。为什么要强调是在半醉时分呢?想必信陵君还是多有不解,也许其实他对今天发生的事情略有不快,只不过是有耐心而已,直到在酒精的作用下,他才说出自己的疑惑。他不明白为什么侯嬴还要前往市场去见那位屠夫朋友,不理解为什么要在市场停留那么久,他只知其中有因,却想不出这原因是什么。因此,他以敬酒祝寿为名,前去询问。可是不等询问,侯嬴就自己说了缘由。

侯嬴告诉他说,今天是故意令公子为难。他说,自己区区一个看守城门的小吏,公子驾车,空着尊贵的左边座位,前往迎接他,这件事情已经是引起轰动了,尤其是到人头攒动的市场上去,招摇过市,几乎为世人所知了。他这样做其实是损害自己的名誉而成就公子爱士的名声。由此可见,侯嬴当初请求信陵君去市场时,从坐上车的一开始就已决定为信陵君做一点什么,这不能不说是他的过人之处。尽管他说得如此直白,但他还是隐藏了一个秘密,信陵君并未问及朱亥,他也就不提朱亥,这令人疑惑。信陵君虽然仁而下士,但在智慧方面还欠火候,他有一片赤子之心,却做不出判断,他看不出侯嬴坐着他的车招摇过市的用意,倘若他认定侯嬴为贤者,他就一定会继续追问有关朱亥的事情。这一点太史公没有明说,却值得我们思索。

关于朱亥这个人,还是在这次宴会后侯嬴说给信陵君听的。侯嬴告诉信陵君,这次去拜访的屠夫叫朱亥,是一个贤士,世人不了解他,他就隐于市井屠夫之间。可见,朱亥才是真正的大隐。侯嬴的名声想必早就在外了,因此信陵君才能去拜访,但朱亥不为人知,可见是比侯嬴隐藏得更深的贤士,他的内心比侯嬴更孤傲,这种士的内心修为极高,他们不在乎别人的盛情邀请。果不其然,信陵君听了侯嬴的话之后,几次去拜访朱亥,但朱亥都不回拜。

这是《魏公子列传》中有关信陵君和侯嬴、朱亥初次交往的记录,这两人将在信陵君的政治生活中扮演重要角色。侯嬴的老谋深算在这里显露无遗,而信陵君的大度、谦逊、仁而下士的品德也展示得淋漓尽致。侯嬴的尖刻与直接、朱亥的深藏不露与孤傲的习性,也是我们在《孟尝君列传》中未曾见过的一类人的代表。相比侯嬴来说,同样是老者的冯驩尽管孤傲,但在言语中不无戏谑,他故意要这要那,是看孟尝君是否能够领会他真正的想要之物,尽管他明知不可行。他拿市场上来往者皆为利来比喻天下士人追逐利益的心态,以启发孟尝君领悟到真正的士超越于利益之外,但他从不直言,他好用比喻,不像侯嬴这般直白。

三、窃符救赵

在《魏公子列传》中,最著名的当属"窃符救赵"这个故事。如果说有关信陵君和侯嬴交往的故事反映出来的是他的私人性情,窃符救赵的故事则将他的个体性情同国家生活紧密联系起来。

窃符救赵说的是魏安釐王二十年，秦国击破赵国的防线，兵围邯郸，赵国危在旦夕。信陵君的妹妹是平原君的夫人，她几次叫人送信给魏王和信陵君，请求魏国出兵相救。自己的妹妹有难，魏王当然要出兵，于是派将军晋鄙率领十万士兵援救赵国。秦王知道这件事之后，就派使者来到魏国，威胁说，如果哪国敢派兵帮助赵国，待秦国占领赵国后，一定先攻打它。按照当时的局势看，秦国攻破赵国是早晚的事，因此魏王很害怕，就命晋鄙停止进军，驻守在邺地，采取观望态度。这个时候，平原君派遣的使者络绎不绝地来魏国求救，并且平原君责备信陵君说："当初我之所以娶你的妹妹，是看你信陵君崇尚高义，能急人之困，如今赵国遭遇国难，你急人之困的高义到哪里去了，更何况你即便不看我的面子，难道不管你妹妹的死活了吗？"信陵君受到了责备，就去请求魏王出兵，但魏王就是不出兵。魏安釐王是一个胆小如鼠的人，这种性情从他下棋时听到赵国军队在边境处出现就心神不定可以看出。

魏王不肯出兵，信陵君毫无办法，他能想出的办法就是，"计不独生而令赵亡，乃请宾客，约车骑百余乘，欲以客往赴秦军，与赵俱死"。既然不能劝魏王出兵，手中又无军队，就只能依赖门下的宾客，"同赵国共存亡"，由此可见，信陵君是一个讲义气的人。平原君说他能"急人之困"，可见他是一个乐于助人的贵族。但是，仅凭借门下几千食客，仅凭区区百余乘车骑，如何能帮助赵国躲过危难？这不过是螳臂挡车而已。车骑出城门时，信陵君见到了侯嬴，他告诉侯嬴此行是为了同秦军决一死战。没有想到在辞别时，侯嬴却对他说，"公子勉之矣，老臣不能从"。

这是反常的事，为何侯嬴不拦阻呢？他在初次见信陵君时的老谋深算哪儿去了？信陵君如此善待他，难道他因怕死而不去吗？虽然他垂垂老矣，但没有到完全不能行的程度，难道这样做是他故意为之？他的反常当然也为信陵君感觉到了，"公子行数里，心不快"。信陵君心中非常不愉快，自认为绝没有亏待侯嬴，从来都是周到待他，现在自己要死了，他却不和自己说一言半语。信陵君怀疑有什么地方做得不周全，对不起侯嬴,怀着这种疑惑,他驱车返回。这种疑惑使我们想起了他在初次见朱亥时在市场里的疑惑,那个时候,虽然他的脸色未变,但心中还是有块垒,只在宴席酒醉时分才说出来。由此可见,信陵君是一个无法压抑自己内心感情的人,他欠缺洞察事物的智慧,正如他在魏安釐王面前不审慎地说出自己的消息来源一样。也正是他的这种性情,使他驱车返回,但没有想到,侯嬴已经在门口笑着等待他了。

侯嬴深知信陵君的个性,他必然会回来,说出他的疑惑,并要求自己答疑解惑。其实,侯嬴之所以在信陵君出城的时候不加拦阻,是想要留给他反思的时间,侯嬴的反应应该让他自己反思,是否自己的决策有失误。信陵君在政治智慧上的欠缺可见一斑,他仅仅凭靠着私人的情绪来处理问题,想不出更多的可能,但也正是这种私人的情绪,促使他回来。由此可见,尽管信陵君待士真诚、仁而下士,却过多地受私人情绪牵制,缺乏政治智慧,这种性情必将影响到他今后的政治生涯。侯嬴对此应该有所预见,他开始时不加拦阻,想必也有某种教育的意图在内。

在侯嬴看来,信陵君此次想要以私人的力量援救赵国,不过是“以肉投馁虎”。他的话非常尖刻与直白,他说,“公子喜士,名闻天下”,如今却想了这么一个决一死战、以卵击石的办法,还要养什么宾客?士的使命是为主公化解忧难,因此应该要想一个更有效的办法。

侯嬴显然想出了办法,但这个办法显然不能公开说出来。因此,他支开旁人,向信陵君说出了他的办法,这就是,窃取魏王的兵符,如此就可以调动晋鄙的大军。但是,兵符在魏王的卧房里面,如何获得呢?只能通过魏王宠爱的妃子获得。实际上,这也是一个类似于《孟尝君列传》中鸡鸣狗盗的故事,那个“狗盗者”也是从秦王那里窃取了狐白裘,献给了秦王宠爱的一个妃子,由这个妃子在秦王面前说情,孟尝君才得以脱身。不过,这两个故事之间的区别在于,孟尝君之窃取狐白裘、求助于国君宠爱的妃子,是为了自己逃命,而在这里,信陵君之窃取兵符、求助于国君宠爱的妃子，是为了救赵国于水火，实现仁者之间的情谊，而绝非只是出于个人的利益，这是两者的根本区别。此外，在孟尝君那里，窃取是妃子被动为之，而在信陵君这里，则是妃子主动为之。

侯嬴听说，魏安釐王有一个宠爱的妃子叫如姬，如姬的父亲被人杀了，三年多都没有找到仇人，国君以下都想替她报仇，最终是信陵君派宾客斩下了她仇人的头。“如姬之欲为公子死，无所辞，顾未有路耳。”这就更使这次盗窃兵符的行动同孟尝君盗窃狐白裘的行动在性质上有了根本区别，在这里，是信陵君之仁义打动了国君的宠妃，而在孟尝君那里，是为了满足君主宠妃的物质利益要求。在这里，如姬答应信陵君的任何要求，只需要信陵君开口即可。

在侯嬴看来，这次援赵抗秦的行动，绝不只是实现仁者的大义，更是“五霸之伐”，是春秋五霸的功业，是政治上的丰功伟绩。显然，在五霸的大业面前，盗窃兵符的行为不过是仁者的谋略。这就进一步表明，侯嬴是一个有着极高明政治智慧的人，他其实早就深切地了解到信陵君遇到的危难，并对此作了分析，对于此次前去救援的目的，以及实现这一救援目的的手段，他已经了然于胸，只等着信陵君前来问他。与侯嬴相比，信陵君组织“敢死队”决一死战的行为，不过是匹夫之勇。

侯嬴的深思熟虑还体现为，他明确意识到军事生活的规律，这就是“将在外，主令有所不受，以便国家”。他意识到晋鄙可能不会因为见了兵符就进军，相反，他可能会怀疑，因此向魏王请示，为了提防这一点，他建议信陵君带上朱亥。这是朱亥的第二次出场。朱亥是一位“力士”（在战国时期的士中，有一类士以勇力为特征）。侯嬴建议说，如果晋鄙怀疑，就可以命朱亥击杀之。由此可见，侯嬴在关键时刻是非常果断的，他明白政治形势一旦到了危急的时刻，就必须当机立断，春申君正是因为不听食客朱英的劝告，被李园所杀，太史公最终对于春申君给出的评论正是“当断不断，反受其乱”。

在太史公笔下，侯嬴的果断同信陵君的优柔恰成对比。听完侯嬴的这番策略,信陵君没有进一步询问细节,而是流下眼泪,这就使侯嬴感到奇怪,以为"公子畏死",但其实并不是信陵君怕死,而是因为他的仁爱之心,他说,晋鄙是"嚄唶宿将",必定不听号令,因此必定会杀死他。这是《魏公子列传》中对信陵君性情最直白的描述,在政治危机关头,他仍然保有仁爱之心,但这种仁爱使他陷入到私人的情感之中,无法自拔,每每陷入这种情感,他便会满怀忧愁、潸然泪下,这实在不是一个政治家应该具有的品质。

信陵君遵从了侯嬴的策略,于是请"力士"朱亥一同前去,朱亥答应了。信陵君此前曾多次拜访,朱亥都不回应,这是他一直奇怪的事情。这次,朱亥直接地告知了其中原委,说自己之所以不回拜,是因为不拘小节("以为小礼无所用"),而不是拒绝或看不起信陵君,现在信陵君有难,"此乃臣效命之秋"。可见,朱亥真是一位深藏不露的士。在辞行之时,侯嬴对信陵君说:"我老了,不能随你前去了,我愿意估计你的行程,等你达到晋鄙军中的那天,就面向北方自杀,以答谢你的爱重之情。"侯嬴为什么会选择自杀呢?这应该是他深知此行的风险,所谓士为知己者死,他的言下之意是,要同信陵君共患难。这是对信陵君的极大激励,也体现出了一位士的高尚节操和义气。

事情果然如侯嬴预料到的那般,晋鄙怀疑,不听从号令,朱亥于是锤杀了他(《魏公子列传》中说朱亥"袖四十斤铁椎,椎杀晋鄙",可见其"力大神勇"),信陵君得以统领晋鄙的军队。统军之后下了一道命令,太史公记录了这条命令的内容:

> 父子俱在军中,父归;兄弟俱在军中,兄归;独子无兄弟,归养。

显然,这条命令体现了儒家孝的教义。信陵君最后选出精兵强将八万人,击退了秦国的军队,解除了赵国的危机,赢得了赵王和平原君的尊崇,说"自古贤人未有及君子者也"。而侯嬴也在信陵君到达晋鄙军中时自杀了。

这就是信陵君窃符救赵的故事。太史公在叙述这个故事时,主要记录的是信陵君和侯嬴、朱亥三人的对话以及三人的行为，从中可以看到士对主人的忠诚，可以看到侯嬴的深谋远虑，也可以看到信陵君的仁义，正因如此，如姬才会不惜生命替他偷窃兵符，侯嬴才北向自杀，朱亥才肯为他卖命。但是，信陵君之窃符救赵虽保全了赵国，却给魏国带来了战争风险，而且假传军令、夺取晋鄙军队，无疑也触犯了魏国的律法。对此，信陵君很清楚，《魏公子列传》中说，他让将军们领着军队回到了魏国，而自己和宾客就留在了赵国。

信陵君留在赵国后，《魏公子列传》中还讲了一个故事，说是赵王念他救赵有功，想要封五座城给他，于是他不免得意忘形，但他的门人告诫说，你现在是夺得晋鄙的军队来救赵国，固然对赵国有功，却有负魏国，自以为功因此不应该。太史公没有告诉我们这位向信陵君提建议的食客究竟是谁，但由此可见，在信陵君门下，此时还有不少类似于侯嬴的食客，他们有真正士的品质，敢于直言纳谏。我们也看到，信陵君坦然接受劝诫，"于是公子立自责，似若无所容者"，不仅如此，在赵王迎接他时也十分谦卑，并未居功自傲，甚至还说自己是戴罪之人，对赵国没有功劳，以至于赵王不好意思说赐予封地之事。

可见，信陵君是善于纳谏之人，同孟尝君的纳谏相比，他的食客可以直接地向他劝诫，他也听从劝诫。其实，可以想到的是，倘若他收取了五座城池，将不仅有负于魏国，还会给人以窃符救赵是为了获取利益的口实。也许是赵王始终觉得亏欠于他，坚持让他接受赠予，最后他接受了鄗这个地方作为"汤沐邑"。所谓汤沐邑，是指国君赐予王畿以内供住宿和斋戒沐浴的封邑。这是周代以来的制度，而非一般意义上的封地，仅仅是用作居住。可见信陵君自始至终并未接受赵王的赏赐。也许正是因为看他窃符救赵并非为了个人利益，没有从中得到好处，魏王也不追责于他，还保留了他在魏国的封地。

四、薛毛二公

信陵君果真是仁而下士的君子,对有才华的士,他能做到屈尊而礼贤,即便客居赵国时,也依然如此。他听说赵国有两位“处士”(在此需要注意,太史公在叙述有关侯嬴的故事时,用的是“隐士”,此处用的则是“处士”。在此我们不深入讨论处士和隐士的区分,而更具体地考察信陵君同他们的交往),一个叫毛公,一个叫薛公。毛公隐藏在赌徒中,薛公隐藏在买酒人家。信陵君想见他们时,他们都主动躲藏起来了。这是什么原因呢?《魏公子列传》中并未说明原因,但记载了在信陵君窃符救赵之后平原君的反应,也就是,从此平原君不敢拿自己同信陵君进行比较。根据《平原君虞卿列传》,平原君也是一个以招贤纳士闻名的公子,他因相信冯亭的说法,导致赵国在长平之战中失利,最后在楚国和魏国的帮忙下才得以脱身。著名的“毛遂自荐”就与他相关,为了得到楚国的帮助,他的士毛遂走到楚王跟前逼迫楚王歃血为盟。平原君既然也以养士著称,为何没有将毛薛二公纳入门下呢?这是有意思的问题。

总之,信陵君没有灰心,而是再度去拜访,不过这次太史公说他是“私下悄悄地步行而去”,这次三人交谈甚欢。由此可见,上述猜测并非没有道理。前一次拜访,他肯定是带着车辆随从,这也说明他的不审慎,他没有意识到,在赵国,平原君既然以养士得名,怎么可能会遗漏这两位高士?只有一个可能,这就是平原君不懂得识别真正的士(在这个方面,平原君和孟尝君是相似的,太史公有关平原君传记的写法同孟尝君传记的写法有几分相似,这就是他们基本上都是在为保命或保住自己的利益而奔波,保住性命或者利益,是这两个传记围绕着转的原则)。如果毛公和薛公公开接受信陵君的邀请,不是置平原君的名声于不顾吗？如果他们真的是拒绝信陵君的话，为何这次悄悄地前去，就交谈甚欢？信陵君的第二次前去，显然是接受了士的建议，他本人并不具有这种自觉的审慎。

信陵君亲近毛薛二公的行动，当然瞒不过平原君，但平原君不是表达出嫉妒或由此产生的不满，不是责备信陵君在自己的地盘上抢了人才，而是嗤笑信陵君，他对自己的夫人说："你的那个哥哥，不是说天下无双吗？如今居然与赌博的和买酒的交了朋友，真是荒唐！"由此可见，平原君对待士的态度和孟尝君对待士的态度是相当的，这就是以貌取人。当初冯驩去到孟尝君面前时，孟尝君何尝高看过他两眼呢？冯驩几番试探，孟尝君仍然无动于衷。由此看来，平原君和孟尝君都缺乏识别高士的能力。对此，信陵君非常愤怒，他对自己的妹妹说："我之所以冒死救赵，是因为听说平原君是贤明之人，如今没有想到他招贤纳士，不过是充阔绰而已，不是在寻求真正的士。我在魏国时，就听说这两个人是贤人，来了赵国还怕见不着他们，也怕他们不理我，没有想到平原君却以此为耻，这种人真不值得交往！"于是想要辞别而去。他的妹妹将这些话转告平原君，平原君过来道歉赔礼，极力挽留他。

太史公笔法的精妙在此再度体现，太史公没有让平原君和信陵君两人进行当面的交锋，双方的评论都借助于中介，也就是平原君夫人即信陵君的妹妹转告。这个转告就缓解了两位公子之间的紧张关系，这里没有两者的剑拔弩张。不过，以信陵君的性格，他也不会当场说这般激进的话，而考虑到平原君待人以礼，尤其是他对信陵君的尊重（当初击退秦国军队之后，他背着箭袋和箭在前面为信陵君引路），这里设置了一个私人性质的中介，让双方在这个中介面前无所防备，让双方尽情地将性情和观点展示出来，从而使这里的转述有明显的对话风格。试想一下，如果没有这样的中介，双方在谈话时都有所保留，就不会这样毫无遮掩地表达看法。这不能不说是太史公高明的写作手法。

然而，这件事竟然被平原君底下的门人知道了，究竟是谁告诉他们的呢?《史记》中并没有这方面的记载,这话肯定不是平原君传出来的,因为毕竟是对他自己不利的话,也不可能是从他的夫人那里传出去的,因为这是对她夫君不利的话,很大的可能是从信陵君这里传出去的,他的不审慎在《魏公子列传》的开端就表现得十分鲜明,我们在此不进一步设想这是否是他在门人的建议下有意传出的可能性。总之,一场私人的谈话被公开出来。结果当然是平原君门下的食客觉得自己的主公不及信陵君,竟然有一半的人都离开平原君,归附信陵君,天下有贤能的人都跑到信陵君这里来了。

一晃十年过去了,信陵君竟然在赵国待了十年。《魏公子列传》中没有记载他在这十年间都干了些什么。他自觉有负魏国,不愿意回到自己的国家。当年,他在魏国时,因为门下宾客众多,诸侯"不敢加兵谋魏十余年",如今,这位贤明的人已经多年不在魏国了,于是,秦国"日夜出兵东伐魏"。这时,魏王希望信陵君回国,愿派使者接他。但是,信陵君担忧魏王因窃符救赵之事还怨恨于他,他告诫门下的食客,如果有人在这件事上劝诫,就杀无赦,这些宾客们大多是从魏国随同他来赵国的,因此没有人敢劝他回国去。

信陵君的这一行为又为我们了解他的个性多了一些材料,他本是一个胆小之人,如果不是因为追求大义,是不愿意去做壮烈之事的,他待在赵国,十年间在政治上毫无抱负,仅仅是因为愤怒于平原君的为人,才产生过想要辞行的冲动。他不愿回去,仍然惦记着十年前那场事件可能会引发的怨恨,这也就表明,他不能摆脱自己的私人感情。如今,甚至在自己的国家面临危险时,他仍然想着魏王对他的私人怨恨,而没有想到,若是怨恨于他,魏王早就剥夺他的封邑了。而魏王一直保留着他的封邑,说明魏王没有对他产生过持久的怨恨。在国破家亡之际,他竟然无动于衷,这就不能不说他其实已经将政治之事淡忘了,他有妹妹在赵国,赵王赐予了他居住之地,他在赵国的生活,一定过得悠闲而自在。

对魏国可能遭遇的危险，对有可能带来的国破家亡的后果，他显然没有深切的意识。这时，毛公和薛公求见，直言不讳地对信陵君说："你之所以受到尊重，不过是因为魏国还在，如果魏国被秦国打败，先王的宗庙就会被铲平，到那时，你有什么脸面见天下人！"信陵君太需要这种直白的点拨了。从智力上讲，他不及孟尝君，当年苏代以木偶和泥偶的比喻劝诫孟尝君，后来冯驩又以市场来比喻孟尝君的招贤纳士，这种做法在信陵君这里是不合适的，必须像侯嬴那样，用直白的语言说出紧急的道理，这是信陵君的性格决定的。好在他的性情特点在于，一旦明白了其中的利害得失，就会做出正确的行动。于是，他吩咐备好车马，赶回魏国。魏安釐王将上将军的印玺给了他，由他统领军队准备作战。

《魏公子列传》至此记录的有关信陵君的几件事，都与国家的兴亡有关。这一篇一上来讲范雎为秦国国相，为了报复魏齐攻打魏国，使信陵君和魏王十分焦虑。如今，在居留赵国十年之后，信陵君再度回国，也是为了缓解魏国面临的国难。他之所以窃符救赵，更是为了缓解他国的国难，他一生的活动大多同国难联系在一起，他在国难中奔波，每次都为解难而来，而他本人似乎没有其他政治上的建树，在生命中的其他年月里，他过着属于自己的平静的私人生活。也正因为这样，他在赵国十年，没有发生过和权势人物相争执的事情，他显然也没有想要夺取魏国的权力，否则，魏王怎么可能在这个时候求助于他？由此可见，信陵君似乎生来就不适合做政治人物，他的不审慎已经在许多场合一一呈现，也始终不见他被卷入到政治生活中。然而，这一切又因他的仁而下士所招致，如果他不爱士，就不会引起他人的重视，也不会再三地进入政治权力的中心。他的养士似乎仅仅是私人的爱好，他是真正的爱才，但不见他主动地使用这些士创造一番政治上的功业。

五、病酒而卒

《魏公子列传》中载：

> 魏安釐王三十年，公子使使遍告诸侯。诸侯闻公子将，各遣将将兵救魏。公子率五国之兵破秦军于河外，走蒙骜。遂乘胜逐秦军至函谷关，抑秦兵，秦兵不敢出。

由此看来，所谓仁者无敌是有道理的，当信陵君作为上将军领军抗击秦国军队的消息“遍告诸侯”后，得到了各诸侯支持，“诸侯闻公子将，各遣将将兵救魏”，合纵抗击强秦。这可谓是信陵君一生政治生涯的顶点，他似乎是为救国难而生，为了在战争中称雄，他对兵法非常重视，当时有不少宾客献给他兵书，他于是在这些兵书上署自己的名字，这些兵书后来就成为《魏公子兵法》。可惜的是，这部兵法如今已经失传。

既然信陵君取得了合纵抗秦的胜利，那么秦国要想兼并魏国，他的存在就会是威胁，于是秦王“行金万金”，去找晋鄙的宾客，让他们在魏王面前诋毁信陵君，说信陵君想要篡权称王，并且采取反间之计，假装祝贺信陵君立为魏王。而在魏王这边，则是“日闻其毁，不能不信”，后来就干脆剥夺了信陵君的上将军职位。令人奇怪的是，信陵君对此竟然一无所知，也没有对此作出应对。也许这是因为他招纳的宾客多是那些能够替他带兵作战者，不太懂得协调这种宫廷内部的组织人事关系，缺乏识破反间之计一类的人才。但更有可能的是他的不审慎，他易动感情、喜形于色的私人性情容易使他受到怀疑，身处权力中心，因为功高盖主而致君上怀疑，从而被褫夺公权者，这种事情发生得实在是太多了，他和他的宾客们难道不知道吗？

信陵君的私人性情注定会使他在这次褫夺公权的行动中深受打击，他是一个易动感情的人，而且喜形于色，这些都是不审慎的表现。

他初见侯嬴时,侯嬴要求去市场中见一个屠夫朋友,他虽当场不说,但后来还是在酒精的作用下,按捺不住,讲出心中不解;后来北上抗秦,侯嬴同他简单告别,他心中颇有怨气;再后来窃符救赵,听闻赵王要赏赐他五座城池时,他又喜形于色。在那些时候,都有宾客们以利害关系相告,使他化解了心中块垒。如今,他被褫夺上将军职,他又会怎样呢?《魏公子列传》中说:

> 公子自知再以毁废,乃谢病不朝,与宾客为长夜饮,饮醇酒,多近妇女。日夜为乐饮者四岁,竟病酒而卒。

这次,他的私人性情再度呈现,他心中愤懑,因而称病不上朝,并且和宾客们通宵达旦地饮酒、亲近女人,这样昼夜不停、沉溺于饮酒作乐长达四年,最终因饮酒患病而死。这副形象同《魏公子列传》前面所述的形象相差是多么巨大!其中的原因究竟是什么?历史上的真相已经不得而知。太史公如此叙事,意图又是什么呢?在信陵君病酒而死的同一年,魏安釐王也死了。我们不能简单地说,信陵君是因不见用于国君而死,一个仁而下士的公子,为何在被褫夺高位之后如此抑郁,难道他的心中还是放不下权位么?更让人怀疑的是,他的宾客此时又去了哪里?按照《魏公子列传》中的说法,他的饮酒作乐,均有宾客陪伴,这些宾客难道此时不再如从前那般进言了么?

种种疑问在太史公笔下似乎无法得到解答,但我们又似乎可以从信陵君的个人性情中看到答案。尽管信陵君礼贤下士,但他本人缺乏政治智慧,他在政治上数次成功的行动,取决于宾客们提出的正确意见。如果没有侯嬴的劝告,他早就死在救助赵国的战争中了。他的个人性情中,似乎推重教义者多,他知道礼贤下士,知道知书达理,懂得应该克制,但缺乏智慧,而克制之后想不出理由,自然心情郁闷。因此,在他的身边是要有那种能够真正洞察事理的宾客的,只有这样的宾客才能直言相告,才能使他脱离苦难。也因此,一旦这样的宾客不存在,他的政治生命也就完结了。

信陵君的悲哀在很大程度上是他个人性情所致,他其实不适合政治生活,他爱面子,性情也直接,因此他才在魏王面前直接透露出自己拥有比君王更有效的情报系统,他在听说赵王赐予城池时得意忘形,他在宾客们送上来的兵书上署自己的名字,如此种种,都表明如果他不加克制,便会是一个流俗之人。但是,他的教育又使他能够克制,能够按照儒家的教义做事,使他知道应该虚心接纳建议、言出必行,只是当他的周围没有人能给他劝诫时,他会受自己的性情摆布。

然而,在战国四公子中,信陵君又最受赞誉,尤其是他的礼贤下士、善于纳谏、急人之困以及他的对国家的爱,这些都是其他几位公子身上难得一见的品质。在孟尝君、平原君和春申君身上,只有春申君有和他类似的品质,但春申君听不进士的意见,当断不断,反受其害,不具有他善于纳谏的品质。仅仅就对士的态度来说,能如信陵君这样"接岩穴隐者,不耻下交"的公子,是难得一见的。于是,在《魏公子列传》的末尾,太史公情不自禁地补充了一段汉代帝王们对信陵君的敬重与推崇:

> 高祖始微少时,数闻公子贤。及即天子位,每过大梁,常祠公子。高祖十二年,从击黥布还,为公子置守冢五家,世世岁以四时奉祠公子。

他之所以写这样的话,想必是以此作为自己这个士对当朝帝王的劝诫吧!

《韩非子》的问题意识

——读《初见秦》与《存韩》札记

一、读《初见秦》

关于《初见秦》是否是韩非本人的作品，一直存有争论，因为《战国策·秦策一》也收录过这篇文章，并被算到了张仪的头上，此外还有其他说法，比如说它是吕不韦的作品，是范雎的作品，是蔡泽的作品。

我在这里不打算对此进行辨析，接下来的其他篇章也照此办理。疑古派可能会上升到怀疑整部《韩非子》是否为韩非所作，我不反对这种对于历史的怀疑，但对我而言，对于这部影响后世的法家代表作，我权当它是由一个叫韩非的人所作。因此，在以下各篇分析中，为了言说方便，我都会说"韩非在本章中认为"等。对于我来说，是谁写了它并不重要，重要的是，这些流传下来的篇章在传达什么，它是否在传达一个相对系统和完整的思想，这个思想是什么。这是我所关心的问题。

更具体地说，我想要从政治哲学角度来探究韩非的思想，考察韩非如何看待政治生活。换句话说，我想考察《韩非子》中描述的政治世界，这个政治世界是怎样的，它是否承诺给我们美好的生活。如今，"美好生活"成了一个政治词汇，为政治家们所乐见，我们不妨问一问，《韩非子》描述的政治生活究竟美好不美好？它能够带给我们什么？这是我阅读《韩非子》的问题意识。

经典阅读的方法,不在于徘徊在文本之外,而在于直接进入文本,听文本自身说话。接下来我们直接进入文本。

先是标题,不论这里的《初见秦》,还是接下来的《存韩》等,似乎并非原文所有,这些单独成篇的标题,都是后人为了方便识别加上的。有的标题很切合文章内容,例如《解老》《喻老》。总体来看,大多数标题都还是能够反映出文章内容。但是,反映出文章的内容是一回事,标题是否能够反映出文章的主要思想,就很难说。比如,《初见秦》这篇说的是韩非见秦王的事情(尽管史家们对此不无疑问),但这一篇是否仅仅是叙述他初次见秦王呢?又如,《存韩》篇说韩非建议秦国不去攻击韩国,因为韩非本来是韩国人,由此导致李斯对他的怀疑。这些标题充其量只是提示我们文章中的大概内容,而可能无法充分反映文章的核心思想。因此,对于这类标题,我们充其量仅仅作为某一篇的标记而已。

《初见秦》作为《韩非子》起首篇,题目令人感到奇怪。首先,尽管历来学者们都认为,这是韩非第一次见秦王,但没有任何信息说这里记录的是韩非初次到秦国,至少通过标题之外的文本无法看出这一点。其次,第一段话以臣子向君王讲话开始,但这里的臣子究竟是谁,究竟是韩非还是其他人,至少《初见秦》篇自始至终没有透露过。因此,我们不妨暂时地悬置有关《初见秦》主角身份的问题。

《初见秦》以"臣闻"开篇,以"大王诚听其说"结尾,说明这里讲述的是臣子与君王之间的关系。臣子与君王的关系,似乎是支配《韩非子》全书55篇的主题,也确定了几乎所有对话的情景。臣子与君王构成了一个典型的政治生活情景,这是先秦的政治生活,臣子如何对待君主,君主如何对待臣子,是这篇文字一上来就提出的内容。

接下来看看这位臣子的言辞风格和内容。这位臣子从言说方式本身的讨论开启《韩非子》全书。有关言说方式的讨论是《韩非子》的重要内容,著名的《孤愤》《说难》等篇,都与言说有关。《初见秦》一上来就提到了臣子面对君王的三种言说行为:第一种是"不知而言,不智";

第二种是“知而不言,不忠”;第三种是“言而不当”。不知道的东西非要发表意见,这是愚蠢的做法,是“不智”。这太明显了,文章没有在这个问题上加以强调,而是进一步说,“为人臣不忠,当死”,这里强调的是忠诚的问题。知道而不说,就是不忠诚,知道的不说,就是隐藏,臣子在君王面前知道而不说,是不忠,结果是“当死”,应当判处死罪,“言而不当,亦当死”。可见,“知而不言”和“言而不当”都是糟糕的行为,但这里并没有说,“不知而言”也“当死”,不知而言,仅仅是不智而已。

但是,如果进一步分析的话,就会发现一些问题:文章中没有说臣子“不知而言”是否“当死”,因为不知而言也是一种不忠,不知道的也想要发表意见,显然是欺骗,应该同样“当死”。当然,这里也存在一个问题:如何判断一个人是否是不知而言?有时候,他原本认为自己是知道的,但其实他并不知道,或者说他知道得并不准确,这个时候他说话了,那这个时候是否应当判处他死刑呢?他是否可以将自己的模糊看法说出来呢?另外,知而不言并非不忠,比如说所知的这件事本来是无伤大雅,比如说君主是一个情绪化的君主,告诉他会导致其他人受到伤害,这个时候算是不忠么?所谓知究竟是知什么呢?要知到什么程度?如果仅仅是自己了解而已,如果是自己对某件事了解但并不清晰地知道,是否也算是一种知?

这类近似于现代知识论的问题,显然不是这里关注的重点,这里没有强调知的内容,而是强调臣子在君主面前说话的态度。臣子应该将自己知道的东西都说给君主听,以表明是忠诚于君主。但是,没有将那种不知而言的人视为对于君主不忠,是非常奇怪的事。因为不知而言是欺骗,也是不忠。不知而言也可能是知而不言的一种表达,明知自己不知道,却非要发表自己的意见,这就是典型的不忠。

接下来这位臣子提到了第三种类型的言说及其后果,这就是“言而不当,亦当死”。这里似乎提出了另一个言辞的标准,这是一种“不当的”言说。韩非没有说言而不当究竟是否不忠,只是说,此种行为“亦当死”。那么,这种不恰当究竟是什么样的不恰当?标准如何?

总体上看,《初见秦》一上来提到的有关言说的标准令人奇怪,这里并未明确说出标准,或者说这里:(1)“不知而言”是“不智”,(2)“知而不言”是“不忠”,(3)知道了说出来也有一个标准,这就是当与不当。从结果来看,他没有说“不知而言”是否当死,而只是说“知而不言”“言而不当”当死。这是不是说,不知而言就可以免于一死了呢?我们前面分析过,不知而言其实应该算是知而不言的一种类型,因为这里是明知自己不了解,而去就某事发表意见。其实,不知而言也可以是言而不当的一种类型,因为不知而言意味着,这里说出的东西肯定不真实,是片面的,这样的言论显然不当。

不管怎么说,《初见秦》实际上一上来就提出了有关言说的问题。仅仅从字面上看,他提到了“不智”“不忠”,他没有对“不智”进行评论,没有谈到“不智”的结果。“不智”看起来仅是一种知识的态度,不知以为知,是对知识的不真诚,但在政治生活中,不知而言才是最大的祸害,因为历来奸臣都有一个特点,就是善于捏造以及在自己不知的方面发表欺骗性言辞,不知而言是为了欺骗,而欺骗当然是不忠,因此本“亦当死”。政治生活不同于纯粹的知识生活,在政治生活中不智,将导致大的祸害。但很奇怪的是,韩非将侧重点放在了言辞的“不忠”和“不当”方面,并且强调其结果是“当死”。“死”(判处死刑或者处死)成为一个极具震慑性的手段。

《初见秦》开端展示了言辞的意义,言辞的适用标准涉及的是对君主的忠诚,关乎身家性命,开端有关言辞的说法忽视了纯粹的知识上的标准,“不智”并不涉及不忠,但来自对手的不智足以混淆君王的心灵,使君王将明智的意见也视为不当。为什么这个臣子不说“不知而言”的“不智”言论亦当死呢?这是《初见秦》开端给我们提出的疑问。

不仅如此,《初见秦》对这三种言辞行为之标准的陈述是否就是法家有关言辞的全部观点,这一点也令人疑惑。这个臣子援引这三个标准是说给君主听的，很显然，这是君主能够接纳的标准，也可以说是流行的政治言辞的标准。但是，这并不意味着这就是《韩非子》的标准，或者说是法家自身的标准，这是需要注意的事情。

实际上，有关臣子和君主之间的言论，后面会有多篇涉及。《初见秦》开端有关言辞的简单说法，预示了法家将要面临的一个巨大困难，这就是他们在君王面前如何使用言辞的问题，也预示了他们将因为忽视故意的“不知而言”，也就是不智，而受到巨大冲击。对于君王的忠诚并不仅仅表现为将知道的悉数告知，也体现为尽量地不去不知而言。但是，不知而言是一个极其模糊的标准，因为一个人对他所知道的东西究竟要知道到什么程度，是一个难以给出明确回答的知识论问题。此外，忠诚并不仅仅反映在一方的真诚上，即将所知之事悉数告知，也取决于听者的感受。更明确地说，忠诚与否不是知识的标准，并不仅仅是要做到知而言之，而且还要知道说话是否得当，如果言而不当，“亦当死”。而言论是否得当，究竟取决于什么标准呢？是取决于言论自身的品质，取决于它的内容，还是取决于倾听者君王的裁断呢？

讲完为人臣在君王面前的言辞规则之后，文章中接下来说，“虽然，臣愿悉言所闻，唯大王裁其罪”。意思是说，“即便如此，我仍然愿意将全部见解说出来，希望大王您来裁断这样做的罪过”。很显然，这里的这位臣子不是选择“知而不言”，他请求君主裁断其罪责，这就意味着他不认为自己是不知而言，这就意味着他对接下来想要说的东西是非常了解的，但在此种了解的基础上说出来的东西是否恰当，需要君主的裁断。这就引出了一个更有意思的问题：他在此种了解基础上说出来的东西，应根据什么来判断是否恰当？如果他说出的是事物的真实方面，如果他并非不智者，那君王不是应该接受他的看法吗？他将自己所知道的，而且是非常了解的东西说出来，他显然是一位忠臣，一位忠臣的话，在何种意义上是不当的呢？把正确的东西告诉给君主，这里也会有一种不当吗？可见，忠诚的标准并不取决于臣子将知道的全部告知，而取决于君主。只有在君主裁断之后，才有忠诚，如果是这样的话，那么忠诚实际上取决于君主的品质。将自己知道的东西说出来，从而不是政治言辞的唯一品质，忠诚并不取决于言说的真诚，还同样取决于另外的标准。这个标准究竟是什么呢？《初见秦》篇中的这个臣子，显然不是不智，他对于君主有一颗忠诚之心，但他接下来的言论是否恰当，还需要判断。我们需要寻找到这个标准。这是《初见秦》开端提出的重大问题，也就是忠诚者言辞的正当性问题。尽管这里也忽视了另一个重要的问题，这就是"不智"可能或者即将带来的冲击。

接下来我们再看这位臣子向君王的具体进言，他究竟对于君主说了一些什么？他开始分析天下形势。这里的天下不是我们后世理解的天下，而是指当时除了秦国之外的，以赵国为中心的六个国家，分别是赵、燕、魏、荆（楚）、齐、韩。六国联合起来"将西面以与强秦为难"，这就是合纵。战国时期有合纵连横之说，合纵连横反映的是战国时期的政治格局，合纵是指六国联合起来攻击和防御秦国，而连横是指秦国联合六国中的某一国，破坏合纵的政治谋略。在合纵连横的政治格局中，诞生了一批政治家，比如说苏秦、张仪等，司马迁的《史记》中都有记录他们事迹的传记。

回到文本，这位臣子分析的是六国合纵抗击秦国的政治形势。尽管秦国看起来处在六国联合抗击的危险之中，但这位臣子说，"世有三亡，而天下得之，其此之谓乎"，意思是说，世上有三种国家灭亡的情形，六国目前就是这样的情形。他说的是哪三种情形？第一种是"以乱攻治者亡"，混乱的国家进攻安定的国家；第二种是"以邪攻正者亡"，邪恶的国家进攻正义的国家；第三种是"以逆攻顺者亡"，倒行逆施的国家进攻顺应天理的国家。这三种情形实际上揭示出了三组对立的国家，混乱的国家与安定的国家相对应，邪恶的国家与正义的国家相对应，倒行逆施的国家与顺应天理的国家相对应。按照这位臣子的看法，六国即便联合起来，也无济于事，因为六国目前是混乱的国家、邪恶的国家、倒行逆施的国家，而秦国是安定的国家、正义的国家和顺应天理的国家。他接下来对六国和秦国的状况进行了比较细致的分析，我们不妨对此进行详尽的考察。

他从分析六国也就是“天下”开始。他说，“今天下之府库不盈，囷仓空虚，悉其士民，张军数百万”。意思是说，六国仓库里财务不足、粮食空虚，但它仍在征集全部士民，扩大军队。这就是说，六国在国内生活并不富足的情形下，准备战争。这就会导致如下的问题，“其顿首戴羽为将军断死于前不至千人，皆以言死。白刃在前，斧锧在后，而却走不能死也”。这里说的是，在战争的时候，将军和士兵们都无法做到拼死作战，对于战争并不十分积极。为什么会这样呢？

这位臣子继续分析说，“非其士民不能死也，上不能故也”，这不是说士兵和将军们不能拼死作战，而是因为君主不能使他们这样做。也就是说，六国之所以战斗力较弱，不能与秦国抗争，原因不在于将军和士兵（士民），而在于君主，具体来说，是因为“言赏则不与，言罚则不行，赏罚不信，故士民不死也”。这是一个关键点，他将六国缺乏战斗力的原因不是归结到是否行“仁政”之上，而是归结于“赏罚不信”。国家在赏罚方面缺乏信用，这是导致六国衰弱的根本原因。这位臣子再也没有说其他原因，而将落脚点置于“赏罚”之上。可见赏罚信用方面的问题是他前面所谓的安定的国家、正义的国家和顺应天理的国家在治理方面的核心问题。同时，赏罚信用方面的问题也是战争中的关键问题。

接下来再看这位臣子的分析。他分析的角度开始偏转，转到了秦国这一面。那么，他对秦国方面的分析重点在何处呢？他说，“今秦出号令而行赏罚，有功无功相事也”。这就是说，秦国在治理方面施行赏罚，这与六国的做法完全对立。那么，结果如何呢？战场上“断死于前者皆是也”，将士们在战场上毫不怕死，十分勇猛，可见当时秦国军队的士气非常高昂。这里说到，“闻战，顿足徒裼，犯白刃，蹈炉炭”，可见将士们“贵奋死”，以奋战而死为荣。在战争中的勇敢和断死精神，对战争有极大影响,"夫一人奋死可以对十,十可以对百,百可以对千,千可以对万,万可以克天下矣"。由此可见,秦军的勇猛,可以使它抗击和战六国。在战国七雄的斗争中,军事上的胜利是非常重要的。

我们可以看到,这位臣子迄今为止的分析都是围绕战争来谈的。他谈论的是战争中的德行,他关注的是战争中的国家的命运。其中,赏罚问题是战争的核心问题。这种战斗精神,加上秦国的土地面积广阔,而且地理位置很好,这些都是六国不能相比的。至此,这位臣子的分析终于有了一个目标,这就是秦国的一统,文章中强调,"以此与天下,天下不足兼而有也",这就是说,以此作为基础,秦国可兼并六国、获得土地,这是"大功"。

然而,这位臣子的话锋一转,说秦国的现实并不如此,而是"兵甲顿,士民病,蓄积索,囷仓虚,四邻诸侯不服,霸王之名不成"。显然,前面说的兼并六国只是一个目标,还不是现实,甚至在某种意义上讲,秦国在当时还并未清晰地意识到自己统一天下的使命,或者可以说,七国的一统在当时还并未成为政治家们的根本问题意识。当然,这位臣子在向君王的建言中,没有强调统一的重要价值,而是说,之所以秦国没有完成统一,是因为"谋臣不尽其忠"。有关忠的问题,在《初见秦》开端已经遇到,在那里,"知而不言,不忠"。这就是说,此前的谋臣们没有将这个关乎统一天下的道理说出来。其实不是说不出来,而是根本没有意识到这个问题。也因此,统一的道理需要来传达。按照现在的话来说,需要有一种统一的政治哲学。这种政治观念或者哲学需要有人来传达,显然,这就为法家思想的出场打开了大门。

接下来看这位臣子说了一些什么内容。他开始叙述齐国的命运。齐国是春秋战国时期的大国,齐国"土地广而兵强,战克攻取,诏令天下",在战国时期的兼并战争中,齐国曾占尽优势,但这个"五战之国","一战不克而无齐",国运不可谓不衰。究竟是什么原因呢?这位臣子说,"由此观之,夫战者,万乘之存亡也"。战争是国家存亡之根本,齐国因战争而亡国。在此之所以提及齐国，是因为齐国与秦国可以做一比较，两国都是地广兵强之国，究竟是什么导致齐国在战争中失利，并最终走向亡国呢？

战争关系到国家存亡，齐国“一战不克”而亡国。因此，这位臣子强调，“战者，万乘之存亡也”。接下来他又说了如下一番话：“削迹无遗根，无与祸邻，祸乃不存。”这句话的字面意思是说，砍树不要留下根，不靠近祸害，祸害就不会发生。看来，这种战争必然是残酷的，是剪灭性的战争，所谓“削迹无遗根”，是指要彻底消除身边的祸害。这意味着战争必须是惨烈的。因此，不能容许战争中的宽容，而应该勇往直前，直到彻底剪灭对方。这就是《初见秦》一篇表达的战争观，或者也是韩非的战争观。这是一种兼并性的战争，战争的目的在于彻底征服。在这个时期，战争与国家的生死存亡相关，或者说，是国家立足的唯一凭据。

有了这样的战争观作为标准，接下来可以看看这位臣子列举的秦国三次失去了“霸王之道”的例子。秦国三次失霸王之道，都与无能力将战争推向极致有关，或者更准确的说法是，这三个例子体现了不同的战争观。

第一个是讲秦国与楚国的战争。在这次战争中，秦国打败了楚国，导致了楚国迁都到陈，但可惜的是，秦军并未乘胜追击，而是“引军而退，复与荆人为和”。在这位臣子看来，这就失去了绝好机会，本来如果秦国乘胜追击，不仅可以剪灭楚国，而且可以进一步削弱其他国家，“一举而霸王之名可成”，但由于和楚国讲和，结果楚国再度崛起，之后发动了对秦国的战争。第二个是讲六国合纵进攻秦国，结果被秦军所败，秦国军队大破魏军，围困魏国的国都大梁，但这一次秦国仍然是引军而退，与魏国讲和，从而失去了可以“一举而霸王之名可成”的机会。秦国在与楚国和魏国的两次战争中，都没有做到“削迹无遗根”，因此后患无穷。第三个是讲魏冉任秦国国相的时候，“用一国之兵而欲以成两国之功”。这表面上说的是魏冉利用秦国军队夺取当时最富裕的定陶作为封邑的事情,实际上说的是魏冉利用国家的军队来实现自身私利的事情。这个例子和前面的两个例子略有不同,它说的是削弱了军队战斗力的事情(“是故兵终身暴露于外,士民疲病于内,霸王之名不成”)。

在前两个例子中,战争之所以没有推到极致,没有达到兼并的目的,是因为战争的目的在这里是获得战败者的土地。这是春秋以来兼并战争中的典型做法,这种做法我们还会在《韩非子》后来的讲述中看到许多个例子。第三个例子表面上看是魏冉为了自己的私利而发动战争,但其实夺取富庶的地方作为封邑是当时兼并战争中最典型的做法。这个例子更直白地讲出了之前的战争观的一个核心,这就是个人或者说国君的私利。第三个例子表明,之前的战争的目的都是私人性的,不是普遍性的,或者更为准确的说法是,不是为了政治上的统一,而仅仅是一种掠夺。考虑到这一点,那么在秦国三次失去霸王之道的例子中,所谓的“谋臣不为”就不是一般意义上的谋臣不为,因为这里产生了一种新的战争观,而过去的谋臣对此是无法理解的,更不要说践行了。

我们看一看接下来这位臣子说了些什么。他将话题转移到了赵国,分析秦国与赵国之间的战争,相对于与楚国、魏国的战争,这位臣子似乎更看重与赵国的战争,似乎在他看来,与赵国的战争是决定秦国霸业的关键。我们不妨看一下他对于秦国与赵国之间的战争的分析。

他一上来就说,赵国是“中央之国”,但接下来的分析表明,这个中央之国其实势力薄弱,他的分析十分有意思:

> 杂民所居也,其民轻而难用也。号令不治,赏罚不信,地形不便,下不能尽其民力。彼固亡国之形也,而不忧民萌……

这段话的信息量非常大:第一,杂民所居。说的是赵国的百姓工商游食之民众多,而这样的人民是轻佻的,这样的人民不是在战争中可以依靠的力量。第二,号令不治,赏罚不信。这就是说,法令没有确立,赏罚不守信用。第三,地形不便。第四,上下不相亲,贵贱不相信。也就是说,赵国国内并不团结。在这种形势之下,赵国竟然发动了对韩国的战争,夺取韩国的上党。秦国趁此攻打赵国,取得了丰硕战果。按照这位臣子的看法,如果攻克了赵国,韩国也会危在旦夕,如此下去,六国就会被悉数征服,从而成就"霸王之名"。然而,和前面与楚国、魏国的战争一样,秦国这次仍然是"谋臣不为",最终"引军而退","与赵氏为和"。这位臣子对于秦国与赵国的战争充满了期待,在他看来,如果成功地夺取赵国,天下可得。他对谋臣引军而退的行为大加谴责,认为这是导致六国合纵抗击秦国的三个原因之一。而其他的两个原因是:第一,秦国再度进攻赵国的邯郸,结果未能攻下,只能撤退;第二,从邯郸撤退的大军在和援军汇合之后,再度进攻赵国,又再度失败。

这番对于秦国和赵国战争局势的分析,似乎是这位臣子对当时政治形势的判断。在他看来,秦国想要获得霸业,首先必须攻克赵国,这才是一个谋臣称职的表现。他在分析完秦赵战争的形势之后,说了这样一句话:"且臣闻之曰,战战栗栗,日慎一日,苟慎其道,天下可有。"这里是在提醒君王要谨慎对待治理的原则。很显然,这个治理原则不是一般意义上的治理原则,而是导致"天下可有"的原则,这个原则因此就是统一六国的原则,也是《韩非子》一书需要论证的原则。而君王是否能够真正地领会这些原则是存在疑问的。

在接下来的部分中,这位臣子开始再度讲述故事。他讲了两个故事,一个是纣王和周武王的斗争,纣王势力强大,但最终不敌周武王"素甲三千";另一个是晋国六卿之一的智伯最终被赵襄子所灭。两个故事的共同点是:不论是纣王还是智伯,都势力强大,但如此势力强大的国家或公卿最终都被力量弱小的对手剪灭。

值得注意的是,《韩非子》一书中多次提到有关赵襄子与智伯之间斗争的故事。如此势力强大的国家或者公卿,最终都被对手消灭,为什么会被消灭呢? 韩非暂时没有给出他的分析,这个分析是留待后面的篇章中的。不过,在他所选择的故事中,很显然将纣王、智伯和秦国放在了一起,目的是通过这些国家覆灭的故事提醒君王。他在前面提出的统一天下的原则需要谨慎、审慎才能获得，需要对过往的政治生活进行分析才能有所体会。

在《初见秦》末尾，这个臣子直接表明了自己的立场，他正是想要做一个能使秦国一统六国的忠诚的谋臣。他有一套使秦国一统天下的方案，这就是“举赵，亡韩，臣荆、魏，亲齐、燕，以成霸王之名，朝四邻诸侯之道”。他是如此自信，以至于在《初见秦》的末尾，他甚至说，如果达不到这种效果，君王可以将他杀掉，可以将他的尸体巡行示众。

由此可见，在这位臣子看来，谋臣忠诚的标准，应该是秦国在兼并战争中取胜，是秦国的统一天下。一切不利于这一目标的言辞，在他看来，都是不忠。在文章的末尾，他请求君主，如果按照他的计谋霸王之名不成，就杀掉他，“以为王谋不忠者戒”。这实际上是明确了在这位臣子心中忠诚的标准。他所谓的忠诚，并不是对君主个人的忠诚，而是忠诚于七国的一统，忠诚于霸王之业。这是我们从《初见秦》中获得的一个重要信息。不仅如此，这篇文字还告诉我们，在秦国统一天下的兼并战争中，与赵国的战争是关键所在。正是这一点引出了接下来的一章，也就是《存韩》，在《存韩》中，这个臣子终于有了明确的身份，他就是韩非。

哪怕并未总览全书，单从《初见秦》中也可以看到，这位臣子大量使用现实政治生活中的一些例证，来为自己的主张证明。他对天下形势的分析并不空洞，他对七国的形势有非常清晰的把握，明确知道秦国在七国中的地位。他谴责秦国此前的战争策略，主张新的战争策略，这就是以赵国作为突破口，逐步削弱六国，成就霸业。在这里，臣子在君王面前的忠诚标准似乎已经变化，不再是对君王个人的忠诚，而是对霸业的忠诚。另外，此时的霸业也不同于此前的霸业。因为此时的霸业已不是诸侯争霸，而是超越这种争霸，建立普遍的帝国。

在这位臣子眼中，秦国之所以重要，是因为它有统一六国的最好形势，可惜缺了合格的谋臣。现在这位臣子来到秦国，如果我们将这个臣子视为韩非的话,他这样做就纯粹是为了统一的政治理想,而不是为了韩国的利益,甚至也不是为了秦国的利益。他之所以来到秦国,提出对秦国有利的策略,而不是跑到另一个国家,提出合纵抗秦的主张,是因为在他看来,秦国可以实现他的统一的政治理想,他所谓的成就霸业,背后是对政治一统的追求。另外,我们也可以看到,统一并不是事实,甚至秦国本身也尚未意识到这个问题,秦国的谋臣每到决胜关键的时机,就引军而退、寻求和解,这是此前战争的一种典型特征。

如此一来,韩非的问题意识就可见一斑,他并非为了任何特定国家的利益前来,他身为韩国的公子,为秦国的一统来献策,这只能给他带来不名誉,无助于他本人的利益。因此,他是为政治上的统一前来。他对于政治上的统一有深刻见解,或者说,他认为这种统一是他所处时代的政治生活的使命和关键,在他所处的时代,这种统一并未被人所接受,是新的思想,因此他必须论证这种统一的必要性。为此,他不惜自身的名誉,离开韩国,来到秦国,他甘愿做能够践行这一思想的谋臣。考虑到此前的谋臣没有人能系统言说这样的思想,因此他才对此前战争行动中的谋臣不无指责。如此,《初见秦》一篇尽管对于作者是否为韩非迄今仍然有所争执,但其问题意识,无疑可以作为《韩非子》的第一篇。

二、读《存韩》

按照前面所论,《初见秦》中的思想,是先秦政治的统一。如果我们能确证在《初见秦》中出现的臣子就是韩非,那么韩非之所以进入秦国,就是为了实现统一的政治理想。他身为韩国的臣子,却跑到秦国的国君面前来言说这种统一的思想。他是如此急迫,足见在他看来,统一是如此必要,以至于他敢于冒着极大的不名誉的风险而来。这个极大的不名誉就是，他如何面对自己的国家？在他勾画的大一统格局中，韩国究竟处于怎样的地位呢？我们不妨回过头看看《初见秦》中有关韩国的论述，在那里，韩国是六国合纵体系中的一员，多次参与六国合纵抗击秦国的行动。在那里，他建议先攻打赵国，“赵举则韩亡”，在《初见秦》的末尾，他也再度说到“举赵，亡韩”等。一位韩国的公子，在强敌面前，如何可以说出“亡韩”之语？他该如何面对自己的祖国？这是一个非常现实的问题。由此也可见，他将自己的名誉置之度外，显然不是为私人的利益而来。他的这一举动必将为众人所不解，他也必将遇到一个非常尴尬的问题，他在君王之前的如此恢宏大论，是不是有着某种不可告人的秘密和动机？带着这个问题，我们进入到了对于第二篇《存韩》的阅读。

《存韩》一上来仍然是以臣子的身份在讲话，这位臣子似乎就是《初见秦》中的那位。这里讲述的内容是韩国与秦国的关系：

> 韩事秦三十余年，出则为扞蔽，入则为席荐，秦特出锐师取韩地而随之，怨悬于天下，功归于强秦。且夫韩人贡职，与郡县无异也。

由此看来，韩国不过是秦国的附庸，是对秦国负有纳贡义务的国家，并且韩国总是跟随秦国，得罪了其他国家。《存韩》开端的这几句含有深意。可见，韩国与秦国的关系，是服从与被服从的关系。或者说，韩国是秦国的盟友，这是《存韩》的背景。既然韩国是秦国的盟友，那么接下来秦国谋臣们的计谋就显得奇怪了，他们向秦王建议攻打韩国。

面对秦国谋臣们提出的伐韩建议，这位臣子提出了针锋相对的观点，这就是，目前秦国最大的敌人不是韩国，而是赵国。按照他的说法，赵国作为合纵联盟的中心，一直以来希望通过联合六国的力量，削弱秦国。这也是《存韩》的核心思想。实际上，主张秦国在对外战争中首先应该进攻赵国的思想，已经在《初见秦》中得到了明确的主张，这里不过是重申这一主张。也因此，《存韩》并不只是主张存韩，还主张攻赵。

接下来看看这位向秦王献策的臣子如何陈述自己的理由。他说，首先韩国虽是小国，但这个国家上下君臣共患难，并且修筑有良好的防御工事。在这种情形下，想要一举攻克韩国非常艰难。其次，韩国一旦背叛秦国，就会引起其他国家的响应，尤其是赵国和齐国两个大国。这样，秦国就必然陷入两难，既无法进攻赵国，也无法夺取韩国。这样一来，结果就是“陛下虽以金石相弊，则兼天下之日未也”。

由此可见，《存韩》中之所谓存韩，并非仅仅是要为保全韩国提供证明。相反，是根据韩国和东方六国的具体政治形势证明，秦国如果要进攻韩国，必定会陷于失利。因此，这位臣子接下来献上了如下计谋：第一，派人出使楚国，收买执政的官员，讲清楚赵国欺骗秦国的手段；第二，与魏国交换人质，以使魏国放心；第三，率领韩国去攻打赵国。用一句话概括，瓦解合纵同盟，这样，仅仅是赵国和齐国的军队力量，不足以对秦国构成威慑。平定了赵国和齐国，韩国的问题只需发出一封书信就可以解决。不仅如此，赵国和齐国的问题解决了，楚国和魏国就会主动降服。总体说来，对东方六国而言，这位臣子的分析重心在于赵国，以及其后盾齐国，在他看来，韩国根本不构成对秦国的威胁，楚国和魏国力量薄弱，也不足以与秦国形成抗衡之势。因此，秦国统一东方六国的关键在于赵国。这种决策非常急迫，这位臣子说，“赵、秦强弱，在今年耳”。

秦王将韩国的说客有关存韩的意见下达给了李斯。有关李斯其人，《史记》中有非常具体的记录，在此不做讨论。这里仅需要提及，李斯也是一位说客，他并非秦国人。这群说客都以其政治才华赢得青睐，赢得自己的政治身份。李斯不赞同韩国说客的看法，在他看来，韩国是秦国的一块心病，“秦之有韩，若人之有腹心之病也。虚处则怢然，若居湿地，著而不去，以极走则发矣”。总之，在李斯看来，韩国不可信任，尽管它目前臣属秦国，但在紧急时刻，它还是会倒向其他国家，与其联合抗秦。更重要的是，秦国为了对付赵国和齐国，派出了荆苏出使齐国，促使齐国和赵国断交,以全力对付赵国,但荆苏迟迟没有消息,这就意味着,如果对付赵国,就要同时对付赵国和齐国。李斯强调,韩国不是真心臣服于秦国,而不过是屈服于秦国的强力而已。因此,如果秦国对付齐国和赵国,韩国这个心腹之病就会发作,它有可能和楚国相约进攻秦国,如此,秦国必然腹背受敌。为了使秦王明确这一点,李斯还举出之前函谷关兵败的例子。这是李斯针对存韩的反对意见,他对目前形势的分析不同于韩国来的这个说客,因为在他的分析中,韩国尽管臣服于秦国,却不可信任,尽管他并不是不赞同进攻赵国为重要任务,但在解决赵国的问题之前,他认为应该先解决韩国这一心腹之病。

在李斯和韩国来的那位说客之间,究竟谁说出的是历史实情,这个问题如今已经只能由历史学家和战略学家去推测。但是,仅仅从两者提出的分析而言,来自韩国的说客的分析似乎更胜一筹,因为当初他建议由秦国带领韩国一起去攻打赵国,并且对秦国和赵国、齐国的势力进行过评估,可以说,他已经预料到了韩国的问题。他之所以要带领韩国攻打赵国和齐国,实际上是为了消除韩国想要反叛的想法,实际上是为了裹挟韩国,使之与赵国和齐国为敌,这样也就瓦解了同盟的可能性。

回头看李斯对于这一方案的反驳,反驳的核心其实只有两点:第一,韩国不可信任;第二,秦国攻打赵国和齐国存在困难。李斯的建议中忽视了韩国和秦国的关系,因此,《存韩》以韩国与秦国的特殊关系为开端就不再是随便说说。对照李斯和韩国来的说客的方案,仅仅从战略的角度出发就可以看到,来自韩国的说客非常善于利用对战争有利的因素,按照他的方案,不仅赵国可以被攻克,而且与韩国的战争完全没有必要。正是在那里,他提出了有关战争的独特观点。他说:“故曰:‘兵者,凶器也。’不可不审用也。”由此可见,应该审慎使用战争的方案。应该尽量避免不必要的战争。在他看来,对于韩国,原本可以“移书定也”,没有必要发动战争。

李斯的反驳意见因此并没有针对性,显得是自说自话,无法构成对于韩国来的说客的有效反驳。但是,应该注意的是,李斯的回应其实分两个部分,真正强有力的反驳是在接下来的部分。这个部分说了一些什么呢?

非之来也,未必不以其能存也为重于韩也。……

这是《韩非子》全书第一次提及韩非的身份,至此,来自韩国的说客的身份水落石出。而在此之前这个身份都是隐藏的,《初见秦》篇只说“臣”,《存韩》的前面部分只说是“韩客”,为什么到这里才第一次挑明这位来自韩国的说客的身份?此前,从这位臣子的言辞之中,我们充其量只能猜测出这是一位来自他乡的说客。《初见秦》中甚至并未说出这是一位他乡来客,但从那里,我们可以猜测出,那位和秦王说话的臣子,不可能是秦国的老臣,因为他否定了秦国谋臣们的种种做法,他提出了一种据说可以使秦国成就霸王之业的全新看法。在《存韩》前面的部分中我们看到,这是一位来自韩国的说客。这其实没有什么问题,因为在先秦时代,来自他乡的说客比比皆是。现在,李斯却把这位说客的身份挑明,他说,此人就是韩非。韩非此次前来,不是为了秦国的利益,而是为了韩国的利益,并且最终是为了他个人的利益,如果他能够保存韩国,那么他回去之后就会为韩国所重用。

李斯在此时说出韩非的身份,显然是为了反驳他有关举赵存韩的主张。他并非仅仅从谋略本身去反驳,而是在此反驳之外,质疑了韩非的动机。他认为,既然他是韩国的公子,必然是为了韩国的利益,他并非忠诚于秦国,而是忠诚于韩国,因此,他的意见最好不要采纳。这种质疑本身不见得有多么高明,因为这是普通人也可以提出的反驳。韩非的存韩主张容易被理解为是韩非在替自己的国家寻找出路,人们自然认为,存韩不过是他的保全自己国家的计谋。因此,质疑韩非并非真正想要为秦国一统提供建议,符合人之常情。韩非既然是韩国的公子,那么韩国的存亡同他就有着非常密切的关系。因此,与其说韩非是为了保全韩国,不如说他是为了保全自己的家族,是为自己的利益着想。

但是，结合《初见秦》中提出的主张，那里的主张和《存韩》中的主张基本一致，我们就完全可以认为，韩非就是《初见秦》中的那位臣子。在那里，没有一字提及韩非的身份，在那里，体现出来的是这位臣子对天下一统的关切。回过头看，身为韩国公子的韩非，甚至做出了灭韩的建议。在那里，韩非超出了个人的利益，而提出了一种此前并不为人所知的政治理想。

尽管秦王对于韩非的建议非常重视，但他不能完全确定，这是不是一个可行的或者说充分的计划。再者，进攻韩国本是贵臣之计，是他平时倚重的谋臣们的建议，考虑到这一点，他也不能轻而易举地采信眼下这个外来说客的计谋。于是，我们就看到，他"诏以韩客之所上书，书言韩之未可举，下臣斯……"①。但是，即便在这个时候，《存韩》也还没有透露出有关韩非的信息。这里仅仅使用了"韩客"，仍然没有提及韩非。仅仅从字面上看，我们只能知道，这是韩国的一个游士，一个说客，而这在说客遍地的先秦时代，并不稀罕。

韩非的身份首次通过李斯之口透露出来，意味深长。相比韩客，韩非有一个更特定的身份，他是韩国的公子，是皇亲国戚，韩国的存亡与他的贵族身份直接相关。这就不能不使人怀疑他的存韩论主张。这就引出了一个问题：韩非此前一定是在隐藏自己的身份，他仅仅说自己是来自韩国的说客，就是想要在秦王面前实现自己的抱负。这种隐藏是必要的，因为如果秦王知晓他是韩国的公子，他的建议自然就要大打折扣。

果然，在揭露出韩非的身份之后，李斯说：

> 辩说属辞，饰非诈谋，以钓利于秦，而以韩利窥陛下。夫秦、韩之交亲，则非重矣，此自便之计也。

在李斯看来，韩非能言善辩，他为韩国的利益而来。如果韩秦两国

---

① 这是《韩非子》第一次透露在此向秦王献言的人的信息。

交好,韩非就可以从中得利。如果这一切属实,那么韩非此前的计谋,都是为了私人利益。李斯质疑韩非对秦国的忠诚。

李斯为什么要这么做?他为何要利用这一普通人都能够想到的理由来提出质疑?他完全可以提出不同理由,或者根本不从对动机的质疑入手进行反驳。很显然,他没有这样做,这就不能不使人对他的动机产生质疑。只要看一看《初见秦》中主张举赵亡韩,直至统一天下的那个臣子,只要我们更具体地看一看他在《存韩》中的分析,就可以知道,这里所谓的存韩其实并非存韩,而是亡韩。即便在《存韩》中,也没有一处在表达要存韩,韩非在根本上主张由秦国完成天下一统,这才是他存韩论的关键。如果要对此存韩论有质疑,也不过是质疑哪一种方式能够更好地实现秦国的一统。

面对韩非的主张,李斯完全可以只从战略与形势方面进行分析,他完全没有必要说出韩非的身份。他之所以这样做,要么是因为他对韩非的天下一统的政治理想毫不了解,要么是因为他对韩非有嫉妒之心,要么两者皆有。在这个问题上,我们通常根据《史记》中的记载,认为他是出于对韩非才华的嫉妒而故意构陷。《存韩》中也记录了他所说的话:

> 臣视非之言,文其淫说,靡辩才甚。臣恐陛下淫非之辩而听其盗心,因不详察事情。

他不分析韩非的建议是否充分和可行,而将焦点放到了韩非的说辞上,他指责韩非使用了"迷惑人心的说辞"。

李斯究竟是否真正理解韩非存韩论的实质,是一个有意思的问题。如果他真正理解,他就会佩服不已,这位韩国的公子显然不是为自己的利益而来。但他没有说出这一点,这究竟是有意还是无意?我们不妨更具体地看看李斯提出的政治方案,看看他的政治方案具有何种品质。李斯提出了有关灭韩的更具体的方案:

> 今以臣愚议:秦发兵而未名所伐,则韩之用事者以事秦为计

矣。臣斯请往见韩王,使来入见;大王见,因内其身而勿遗,稍召其社稷之臣,以与韩人为市,则韩可深割也。因令象武发东郡之卒,窥兵于境上而未名所之,则齐人惧而从苏之计,是我兵未出而劲韩以威擒,强齐以义从矣。闻于诸侯也,赵氏破胆,荆人狐疑,必有忠计。荆人不动,魏不足患也,则诸侯可蚕食而尽,赵氏可得与敌矣。愿陛下幸察愚臣之计,无忽。

这个方案显然不再是之前的举兵发韩的方案。仔细分析这段话,可以注意到,这个方案最终落脚于赵国,这似乎表明李斯认同赵国是秦国的劲敌,可见他吸收了韩非的意见。

实际上,李斯的确更改了此前的方案。在新的方案中,他不再强调伐韩,而是变成威慑的方案。这里不再是直接的征伐,而仅仅是"发兵而未名所伐",这样就使韩国执政者打定主意侍奉秦国,不敢轻举妄动。首先,想办法扣留韩王,把韩王与韩国人做交换,从而割取韩国的土地。这是新的方案中有关韩国的部分。其次,"窥兵于境上而未名所之"。发兵于边境之地,不说明将发兵至何处,以此威慑齐国同赵国绝交。在李斯看来,这两项措施可以对各国形成巨大的威慑,从而使之分个瓦解。

在此不妨将这个对待韩国的新方案和前述韩非的方案进行比较:

首先,在韩非的方案中,韩国和秦国一道出兵攻打赵国,此举不仅可以牵制韩国,还可以增加兵力。此外,在取胜之后,秦国只需发送给韩国一封书信,韩国就可以俯首称臣。在这个方案中,韩国始终作为秦国的附属出现,也就是说,是在现有的秦国和韩国关系的基础上进行的,并且可以进一步巩固这种关系。而在李斯的新方案中,韩国受到了强大威慑,不敢轻举妄动,但扣留韩国的君主并以此谋求韩国的土地,会导致韩国对秦国的不满。这就破坏了现有的秦国和韩国之间的关系。新方案在对待韩国的问题上,显然不及旧方案。

其次,在韩非的方案中,采取了多重手段,除了有要求韩国一道伐赵外,还有出使楚国,贿赂用事之臣,使其不参与同赵国的战争,以及与魏国交换人质,增加彼此之间的信赖,同时还考虑到了齐国、楚国等势力。总之,不只是采取威慑的办法,同时还有现实的战争考量。可以说,相比李斯仅仅着重于威慑的办法,韩非设计的办法要丰富得多。

再次,李斯的方案中渗透着欺骗要素。比如,发兵而不说明即将攻打哪一国家;又如,采取欺骗的方式将韩国国君扣留,获取韩国的土地。这种要素是否可以取得成功,令人怀疑。相对而言,韩非的方案似乎更光明磊落一些,充满了现实主义的政治观念。在他的方案中,尽管也有不名誉的手段,比如贿赂出国的大臣、使用交换人质的办法,但他并不放弃战争,这就意味着,他的方案似乎更具可行性。

最后,也是最根本性的,在李斯的新方案中,大一统的理想似乎不见了。在他设计的方案中,仍然以割地为重心。从举兵伐韩到采取欺骗的手段获得韩国的土地,再到蚕食诸侯的目标设定,这些似乎都意味着,他并未懂得韩非天下一统的政治理想。这一理想的最终目的,并非仅仅是攻城略地,而是获得最大的政治统一。

然而,李斯针对韩非的建议做出的反驳,以及他提出的新方案显然发挥了作用。秦王听取了他的建议,出使韩国,将韩国国君骗到秦国,从而将其扣留。这一点正说明了大一统的理想要得到现实政治家的接受是多么困难。李斯在这里的形象,仍然是《初见秦》中那位臣子描述的旧式谋臣的形象。这群谋臣在对外关系中,尚未着眼于天下一统,而是着眼于获得土地。我们可以通过分析李斯给韩王的上书来证实这一点。

李斯来到韩国,韩王不见他,于是他上书韩王。《存韩》接下来的内容,说的正是他的上书内容。这个部分看起来特别奇怪。本来根据李斯的方案,他此次来韩,是为了使韩王见秦王,并趁机将其扣留,但没有想到,韩王竟然不见他。这就意味着,李斯的新方案并不具有可行性。那么,李斯是怎样做的呢?他这道上书的意图是什么呢?

在给韩王的上书中,李斯先是回顾了过往。回顾分两个部分:第一个部分是讲韩国的安危系于秦国,强调“韩居中国,地不能满千里,而所以得与诸侯班位于天下,君臣相保者,以世世相教事秦之力也”。第二个部分则是讲韩国联合其他诸侯国背叛秦国,最终遭受损失的故事。这里讲的是秦国当年伐楚,楚国令尹怪罪韩国,最终导致韩国上地十城遭割让。这段回顾历史的语气十分强硬,李斯强调的是韩国的安危系于秦国,一旦反叛,将导致韩国利益受损,言下之意是韩国不得背叛秦国。

接下来李斯回到了现实。他说,如今赵国突然向秦国进攻,派人来韩国借路,其趋势必然是先打韩国而后进攻秦国。这个趋势其实仅仅是李斯的揣度,是否真实并不确定,因此,接下来李斯再度强调了韩秦两国的关系,著名的“唇亡齿寒”这一成语就出现在这里。他强调秦国和韩国有共同的忧患,然后讲述了当年秦国对韩国的帮助,说是有一年魏国想要进攻韩国,秦国将魏国派出去联络的使者交给了韩国。李斯在这里一再言说的秦国与韩国之间的密切关系,其实是韩非强调的道理。可见,他不过是在重复韩非的观察。但是,李斯没有如韩非那样,主张同韩国的合作,而是采取威胁的方法,其余的上书内容几乎是威胁的言辞。李斯在上书中说,如今秦王派遣使臣来韩国,韩王不见,将使秦国和韩国的交往断绝,如今秦国军队已经开动,如此一来一定会攻打韩国,将使韩国有失去土地的危险。等到秦国的部队打到边境上时,就为时已晚。在威胁言辞的末尾,李斯说,“秦王饮食不甘,游观不乐,意专在赵,使臣斯来言,愿得身见,因急于陛下有计也”。在这里他明确了此行的意图,也就是邀请韩王和秦王见面。

李斯的目的是希望韩国拒绝和赵国的联盟,不借道给赵国,和秦国结成同盟。其实,按照秦韩两国的关系,他本可以不采取这一套威胁的言语,亦可以达成击退赵国的目的。可见,击退赵国并非目的,是否和韩国结盟也并不重要,重要的是,韩王能够亲自和秦王见面,因为按照他在此前的计谋,如果两人见面,秦王将扣留韩王,如此可以获得韩国的割地。

很显然,上书的意图是欺骗性的。李斯威逼利诱,他想到的是这样做的结果,即获得韩国的割地。同韩非的计谋相比,李斯的计谋仅仅着眼于获取韩国的土地,而根本没有看到韩非提议背后的天下一统这一真正意图。

结　语

如果要对《存韩》做一系统概括的话,我们会看到,《存韩》之所谓存韩,其实并非存韩,而是韩非设想的大一统战略。《存韩》承《初见秦》而来,在这里韩非坚持以伐赵为核心的大一统的现实操作方案,只是他韩国公子的身份必然让这一方案遭到质疑。在《存韩》中,李斯从韩非的私人身份出发质疑他的大一统政治理想,或者更准确的说法是,李斯根本就没有看清楚韩非的大一统政治理想。同为说客甚至是同学的李斯并不懂韩非,他仅对韩非的文辞记忆深刻,"臣视非之言,文其淫说靡辩,才甚",看不出韩非说辞背后的真正的政治理想。相对于韩非,李斯更多地具有现实政治生活中的才干,他极善于运用欺骗、威胁等手法,尽管历来认为李斯也是法家的代表人物之一,但李斯之为法家和韩非之为法家有着重大的差异,至少这是《存韩》揭示给我们的一个形象。

不仅如此,《存韩》也展示给我们另外的形象。韩非身为韩国的公子,却跑到秦国言说他的大一统政治方案,这不仅背弃了他的祖国和他的家族,也招来了李斯的质疑,聪明如韩非者,对此并非不自觉。那么,他为何不跑到合纵阵营施展政治抱负?更重要的是,为何他要隐藏身份?这是因为,他言说的政治理想,只能在秦国才可能为人理解。他不认为合纵是大势所趋,时代的变革应该是七国统一,在他看来,秦国是最适合担当实现统一使命的国家。与此同时,他深知自己韩国公子的身份会降低自己言说的可信度,因此他隐姓埋名来到秦国,以普通说客的身份面见秦王。由此可见,他对普通人的心理娴熟于心。此外,一位韩国的公子自觉地来到与之对立的国家,强调举赵灭韩的重要价值,这显然不是为了他的个人利益,因为即便他因此而成名,他的家族也必将遭受韩国国君的惩罚,他本人也会因此而获得不好的名声。由此看来,为了统一的政治理想,他将私人利益置之度外。但是,他的言说遭到了李斯的质疑,他的政治理想并不能够为人所理解,他的此次进言当然以失败告终。

《初见秦》和《存韩》是一个整体,它揭示了在那个时代,一种新的政治思想出场面临的一个关键性难题,这就是如何让全新的思想为人接受,尤其是为当时的君主接受。同时,韩非也面临着一个由此产生的附带性难题,这就是他要面临着同时代的其他思想家的竞争,言辞的力量太弱,想要通过言辞传播一种新思想,实际上无比困难。然而,韩非并未因为这种困难而退却,他将直面困难,深入困难之中,为新思想的出场寻找机会。

战争与国家

——评《东周战争与儒法国家的诞生》及其他

引　言

在社会学研究领域，众多学者已经注意到中国春秋战国时期和欧洲中世纪在社会演变上的许多相似之处。但是，他们也发现，相似的社会演变在欧洲导致了工业资本主义、民族国家和代议制政府，在中国却逐步形成了政治权力与意识形态权力的合二为一、军事权力为政治权力驾驭、经济权力在社会政治生活中被边缘化的儒法国家。[1] 这种表面上的差异，通常被引向了文化观念上的决定主义，甚至引向了文化论上的种族主义。近代以来，中国知识人一直坚持中西方"文明差异论"，甚至是"文明等级论"的观念，如今，这些观点依然盛行。然而，这种观点缺乏真正的历史感。抱有这种观念的人们不清楚在根本社会变革和发展方面，各文明之间究竟有何种差异。

赵鼎新的《东周战争与儒法国家的诞生》(夏江旗译，华东师范大学出版社2006版)和伯克的《文明的冲突：战争与欧洲国家体制的形成》(王晋新译，上海三联书店2006版)，对这两个相似的历史阶段分别给

① 参见赵鼎新：《东周战争与儒法国家的诞生》，夏江旗译，华东师范大学出版社2006年版，第7页。

了充分的、有立场的历史社会学解释。赵鼎新试图从战争角度解释儒法国家的诞生。鉴于儒法国家的问题在春秋战国时期初露端倪，因此他主要集中于分析春秋战国的历史演变。他发现，这一时期的封建制度导致了各诸侯国间频繁而又输赢不定的局部战争，促成了所谓效率导向性的"工具理性文化"。在他看来，这一文化能对中国传统政治结构的形成原因提供解释。相较而言，伯克集中于对西欧国家的工业资本主义、民族国家和议会制度的形成原因进行分析，主要侧重于解释八世纪的日耳曼结构是如何在十七世纪发展成为一种占统治地位的政治结构的。与赵鼎新对于战争作为推动历史发展要素的关注基本相同，伯克从所谓的"文明冲突理论"出发，重构了八世纪到十七世纪以来欧洲的政制史。

两书的作者提供了几乎相同的处理"战争"与国家法秩序之间关系的方法，他们认为，战争可以带来一种工具理性的效果。具体而言，赵鼎新确信，**反复发生的非毁灭性战争将迫使参战各方采取富有效率的行动以赢得战争**。这种确信使他找到了在研究战争与国家法秩序形成过程中的一个关键的或者说根本性的机制，即"战争驱动性的理性化"。[①] 几乎在相同的社会学前提下，伯克也提出，文明斗争冲突模式可以对八世纪到十七世纪在欧洲发展起来的现代国家体制的起源做出解释，他认为，**各种文明之间的冲突，是一台驱动西方现代国家体制兴起的发动机**。在此观念的支持下，他对斗争冲突如何导致了欧洲国家的建设和国家的变迁转型进行了探究。[②] 本文试图对于这一战争的历史社会学研究进行反思。

---

① 参见赵鼎新：《东周战争与儒法国家的诞生》，夏江旗译，华东师范大学出版社 2006 年版，第 19 页。

② 参见〔美〕维克多・李・伯克：《文明的冲突：战争与欧洲国家体制的形成》，王晋新译，上海三联书店 2006 年版，第 160—161 页。

一、关于社会变迁的战争解释

赵鼎新认为，在工业资本主义和民族国家出现之前，传统经济对社会生活的影响很少能够超出一个较小范围，并且所有的传统政府一旦稳固下来便会表现出守成特征。在这些传统社会中，战争可能是推动国家追求效率的唯一重要动力。考虑到没有哪一个国家可以经受住一而再再而三的战败，为了赢得战争，一个国家不得不扩充军队，改良武器和军事后勤能力，提高税收能力，增加社会财富。在对春秋战国时代社会发展的分析中，赵鼎新发现：

> 只有战争才是主要的动力因素，国家的发展、各种意识形态之间的冲突和市场化行为的兴起都是作为战争的产物而出现的。

更重要的是，他发现：

> 这种类型的战争对于工具理性文化的发端以及累积型社会变迁有着特殊的促进作用。①

在战争驱动型工具理性的模型下，赵鼎新将先秦政制史分为三个阶段。公元前 770 年到前 546 年为“霸主期”，这一阶段以西周王朝的崩溃和诸侯国力量的上升为开局。在这一时期，各诸侯国并不以建立一个统一天下的帝国作为目标，而“在于成为一个能够支配其他国家的霸主”。在赵鼎新看来，这个霸主体系在某种意义上是西周封建制度的延续。公元前 546 年晋楚商丘会盟，缔结休战协议，从此过渡到“转型期”，直到公元前 419 年魏国入侵秦国，这一时期才结束。“转型期”外患相对较少，斗争的焦点进入各诸侯国家内部，“没有了霸主国家的遏

① 赵鼎新：《东周战争与儒法国家的诞生》，夏江旗译，华东师范大学出版社 2006 年版，第 23—28 页。

制，那些小国的贵族便得以公然扩充自己的势力以挤压国君的权威”。在这一时期，少数杰出的政治家们开始积蓄力量，随着西周以来官学体系的解体，“他们中的一些人，即后来所说的法家和纵横家，将在这一时期的政治舞台上扮演十分重要的角色”。他们带来了一股新的政治思潮，并在这些新思潮的统领下大胆革新，他们的目标“并不在于对个别的社会结构和政策进行调整，而是想创建一个能够最大限度地增加国家财政税收和军事力量的全权国家，以使得国家在赢家通吃的战争局面中立足”。公元前 419 年，法家思想滥觞的魏国开启了全民战争的大门，从此先秦史进入到了“全民战争期”。

如果说效率导向型的社会变迁是从特殊类型的冲突或竞争状态的形成过程中获得动力，那么在伯克的书中，就可以看到导致战争冲突状态的基本类型。伯克从文明斗争冲突论的角度，详尽分析了导致战争的原因，他认为：

> 欧洲国家的起源是诸多伟大文明之间各种冲突碰撞的产物，这些冲突的影响向下施加作用并塑造出了各类的政治结构。

他试图动态地思考历史社会问题，寻觅社会权力在军事、政治、经济、观念诸方面的源泉，他发现，正是在这种层面上的诸种斗争：

> 改变着各种社会结构、心理构成、文化产品、地理方位、语言特征以及相关诸种文明之间的交往，同样还有这些文明中的国家兴起。①

在伯克笔下，欧洲文明的发展分为四个阶段，第一个阶段是日耳曼文明的崛起，这铺就了西欧文明的最初基石。在北方零散的日耳曼群落中，加洛林帝国最终赢得了统治权。不仅如此，罗马教廷同法兰克国家的联盟，“为一直持续到中世纪鼎盛时代和文艺复兴时代的王权—教

---

① 〔美〕维克多·李·伯克：《文明的冲突：战争与欧洲国家体制的形成》，王晋新译，上海三联书店 2006 年版，第 17 页。

权关系确定了一种文化模式”,对后世的发展产生了重要影响。第二阶段产生了一种日后对欧洲社会产生巨大影响的封建主义模式。在与维京人的冲突中,法兰克帝国变得不堪一击,实力弱小的中央集权根本无力提供有效抵御,在此情形下,一种分权化的政治军事结构迅速发展,这一政治军事制度的设计意味着新兴国家不能彻底改变日耳曼森林酿造的散漫做派,正是这一政治形式导致了拉丁基督教世界中地方分权的封建体系。王室内部对王位的篡夺构成了这一时期最引人注目的事件,尽管如此,王权的正当性并未消失,罗马教廷充当了“文化保护伞”。城市逐渐从单纯的军事防御据点和庇护场所转变为重要的商业贸易地,最终成就了与统一的王权相抗衡的城市国家,并在此基础上,发展出了即将危及封建世袭制度基础的独立的商人阶层。第三阶段的发展以连续不断的十字军东征为特征,王权在这一大规模的运动中获得了发展空间,贵族们被派往战场,势力大大缩减,而在十字军带来的苦难中,人们越来越反感教皇对世俗生活的干预,不仅如此,发展壮大的王权同教皇之间展开了紧张斗争。蒙古与奥斯曼帝国的向西发展使西欧社会饱尝战争之苦,而更重要的意义是这两大帝国成功地阻挡了西欧国家东行的关口。所有这一切导致了西欧社会的一种伯克所谓的“内聚性爆裂”,第四个阶段的发展毋宁说正是这个内聚性爆裂的产物,在这一时期,现代欧洲国家体制得以形成。

细读两书不难发现,伯克保持一种外在的分析立场,他将战争看作外在的驱动机制,在此机制下,每个文明体或文明体内的小群体,为了保全自身,或者是赢得发展,必须积极应对外来的冲击或者阻碍。正是这种倾向使他过分强调历史发展过程中的文明冲突决定论。而赵鼎新试图从一种“内在视角”考察战争对于国家法秩序形成的影响。遗憾的是,他本人并未自觉到这一分析思路具有的重要意义,反而再度回到了伯克的立场。

二、战争的结构与竞争的人性

尽管伯克提到,将国家与战争置于社会变革的中心位置,这种探讨方式是令人崇敬的古老传统,但他在叙述过程中表露出的,不是古典战争史透露出来的神秘的异教风味和对精英人物的崇拜。他从文明冲突论角度出发的评论,是一种典型的地缘政治学手法。具体来说,文明斗争模式的核心理念强调,欧洲国家体制的起源是不同文明之间冲突碰撞的产物。根据他对“文明斗争冲突模式”的基本说明①,他所谓的关于战争与国家法秩序构建的“四层次”模式,或者他所谓的“因果关系层次”,是文明冲突的地域性与结构性冲突的基本模型,是地缘政治学的基本分析方法。在对政制结构的基本考察中,地缘政治学的考察尤其重视社会权力在军事、政治、经济和观念等方面的源泉。② 因此,从地缘政治学角度提出的冲突或“战争”概念,表达的是社会结构网络中的“互动”。具体来说,因果关系四层次说的第一层次是地域性最广的“普世层次”,它描述的是文明之间的冲突。而作为它的较低层次,即第二层次“超宏观层次”,描述的则是民族国家、城邦、部落、氏族等之间的社会冲突。

相较因果关系四层次说的最后两个层次即“宏观层次”和“微观层次”而言,伯克对“普世层次”和“超宏观层次”有一种偏爱。具体来说,在他的笔下,欧洲文明的形成更多是一种受到外力推动下的文化发展模式。伯克的评论给予我们印象最深的正是这种从外部塑造的文明模

---

① 参见〔美〕维克多·李·伯克:《文明的冲突:战争与欧洲国家体制的形成》,王晋新译,上海三联书店2006年版,第15—23页。

② 同上书,第17页。

式。在他看来，韦伯和马克思都是在宏观角度探究社会内部动力问题，[①]而他认为：

> 将注意力集中在普世性和超宏观的结构上，把特定宏观结构的阶级的、意识形态的和宗教的种种变迁转型置于超宏观和普世性上来加以重新考察，就可以使马克思、韦伯二人原来进行的工作所具有的意义得以进一步地加强。

在他看来：

> 通过这种重新定位的方式，马克思和韦伯早期的那些以欧洲为重心的内部阶级冲突和宗教改革的观点，以及那些似乎毫不相关的历史现象就与一个基本的历史过程发生了联系。

正是在此意义上，他认为韦伯仅仅将资本主义的发展视为对新教主义文化信仰体系兴起的种种依附性反映，"而对那些导致新教改革发生的各种事件，尤其是初始的经济积累和后来的十字军战争惨败"，并未给予足够关注。因此，在伯克看来，"与韦伯早期那些极富洞察力的精辟分析相反，恰恰是资本主义的基础先于宗教改革运动的发生"。[②]

对伯克来说，有两项基础性的工作必须解决：首先，有必要弄清楚特定社会的政治发展轨迹；其次，判断这种政治发展的原发点是位于自身的文明体系之内，还是位于其他的文明体系之内。伯克的分析方法的核心在于，要求我们在对战争与国家法秩序形成的考察过程中：

> 放弃那种只局限在某种特定的政治体系之内去观察某个社会的方法，而代之以另一种方法，即将这个社会置于一个各种不同的

---

① 关于马克思和韦伯是在宏观角度对社会内部的动力问题进行讨论的论断，参见〔美〕维克多·李·伯克：《文明的冲突：战争与欧洲国家体制的形成》，王晋新译，上海三联书店2006年版，第16页。伯克还进一步叙述了两者在同一分析层面上的差异，具体来说，前者关注阶级斗争，后者关注观念形态、文化模式、官僚阶层等。

② 参见〔美〕维克多·李·伯克：《文明的冲突：战争与欧洲国家体制的形成》，王晋新译，上海三联书店2006年版，第164页。

> 文明相互竞争的场景中进行观察，或者我们会从中观察到一个文明体系内对某总个社会构成阻碍的其他部分内容。[①]

实际上，在这本著作的开端，他就已经提醒我们：在一个特定的社会中，追溯其政治的发展，并判定这些发展的原起点是在该社会内部还是源自其他的世界体系，是十分重要的。换言之，仅仅局限于一种特定的政治体系，无法对一个社会做出解释。在一个各种文明相互竞争、对抗的境况下，其他的世界体系可能会阻断某个社会的发展。重要的是在一个社会之中追寻各种发展，并在文明层面乃至文明与文明的普世层面上考察对这些发展的回应。[②]

在普世层面上，"战争"作为一种外在的动力机制被提出，于是出现了一幕幕令人奇怪的景象：看似壮丽雄伟的查理大帝的宫廷实际上是处于一种相当贫穷窘迫的状态之中，这在相当大的程度上归因于它只处于繁荣强盛的拜占庭文明的边缘地位的缘故。这一幕奇怪的图景同样可以在伯克对封建主义的分析中看到，正是维京人的入侵，使得军事防御抵抗被地方所控制，这大大削弱了加洛林王朝中央集权统治体制的权威：

> 随着地方贵族对由城镇、桥梁、修道院和城堡构成的军事要塞的控制程度的加强，一种分权化的政治军事结构开始迅速发展起来。这些遍布于西欧大地上的城堡要塞，成为封建主义的政治、经济和军事的基础结构，从而在欧洲各地创建起一种松散的分权的政治邦联体制。

实际上，正是在这一机制上诞生了骑士机制、庄园机制，并且考虑到这种松散的分权机制不可避免地同王权的集中管理机制产生冲突，

---

① 〔美〕维克多・李・伯克：《文明的冲突：战争与欧洲国家体制的形成》，王晋新译，上海三联书店 2006 年版，第 171 页。

② 同上书，第 21 页。

可以说普通法的发展也与之相关。更重要的是，正是在此基础上，现代代议制国家的基本形式逐渐建立了起来。因此，总体上讲，西欧国家体制的形成在伯克笔下始终展现为一种防御性机制。

同伯克相似，赵鼎新也从"战争"角度解释了先秦政制结构的基本变化。但是，他并非仅仅强调"战争"因素，他声称自己：

> 决不是在推崇或宣扬一种战争决定论式的社会学理论——这种理论认定人类社会的历史在根本上是由战争推动的，而且国家的存在理由就是为了打仗。

为了避免这种误解，他先是探究了人类社会发展的一般机制。在他看来，虽然人类活动导致的许多非目的性后果在很大程度上塑造了社会关系，并为社会行动提供了特殊舞台，但将世界文明带入方向性的、累积性的和不断加速的发展之中去的首要动力，是人类在组织和个体水平上的冲突或竞争。在是否还需要一个以人类竞争为基础的社会学模型问题上，他认为，人类的巨大适应力和灵活性会带来重重危险：

> 它怂恿人类掠夺自然资源乃至强行改变自然运行的规律以满足种种眼前利益；它使社会变化的速度一再加快几乎如脱缰之马一路狂奔；它使某些社会群体把对自然的征服标榜为荣耀的举动，或夸赞为进步的标志；它使人类对自身理性和行为的正当性充满了可怕的自信。

尽管他自称对那些试图在遗传基因与文化之间建立起某种联系机制的理论毫无好感，但他依然认同思想家们在将生物进化与社会变迁机制连成一体的努力过程中提出的竞争和冲突理论。①

正是在此意义上，他认为人类的制度化自身必然包含着"二律背反"。一方面，制度化意味着社会政治经济生活的稳定性；另一方面，制

① 参见赵鼎新：《东周战争与儒法国家的诞生》，夏江旗译，华东师范大学出版社 2006 年版，第 28—31 页。

度化也带来了“不充分竞争”：

两个难以分离的过程构成了制度化必不可少的组成内容：一个是功能性的，另一个是冲突性的。一方面，我们的确需要借助法律和规则以使冲突或竞争更少破坏性，而更具建设性；另一方面，法律和规则总会被某些社会群体用以维持他们的既得利益，因而冲突不可避免。当然，无论从哪种角度看，制度化均会导致不充分竞争，尽管对一个国家来说，制度化是社会和政治生活中不可或缺的一环。①

战争本身仍然是一种制度形式，具有特定的制度结构，或者说：

这种冲突的制度化形式和走向及其最终形态却是由当时存在的、具有一定内生性质的结构性条件——政治权力、军事权力、意识形态权力与经济权力之间的关系——所决定的。

实际上，战争本身的制度内涵或结构正是赵鼎新的分析起点，他之所以从对西周体制及其衰落的分析开始，是因为他已经自觉到：

春秋—战国的时代的政治是在西周封建体制的土壤上生长起来的。西周时期所形成的结构性和文化性的条件对春秋—战国的历史演变产生了直接的影响。②

作为社会结构的“战争”概念，表明的是社会结构的“非常状态”，“战争”概念指向的社会结构有“自身分裂”的危险。但是，战争不一定意味着制度的现实“分裂”，而意味着制度发生更动的可能性。只有导致社会制度和结构发生变动的战争才是真正的“战争”。在此，既有社会结构已经开始自我分裂，发展到新层次。战争是社会结构变化的“指南”，它指示着一种新的社会结构的产生。在这种真正的战争类型之

① 赵鼎新：《东周战争与儒法国家的诞生》，夏江旗译，华东师范大学出版社 2006 年版，第 29 页。

② 同上书，“第五章”。

外，发生在稳定的政治结构中的战争只是社会结构的内部活动，其存在不能指示新的社会结构的产生。正因如此，此种战争不具有“标志性”意义，即便它可以对同一社会结构产生间接影响。

因此，务必要将战争置于制度性的土壤中考察。只要我们认可战争自身是一种制度性行为，是制度自身的运作，就必须对战争进行“内在视角”的考察。这种考察方式将战争视为特定的社会生活状态自身的变动带来的结果。因此，战争是社会结构的内在变化，它必须通过社会结构本身来做出解释。这一对“战争”概念的理解，即将“战争”理解为一种社会生活方式，是根据赵鼎新所谓的制度化的“二律背反”做出的必然解释。尽管他注意到，战争作为冲突的制度化形式和走向，以及最终形态，是由当时存在的、具有一定“内生性质”的结构性条件——政治权力、军事权力、意识形态权力与经济权力之间的关系——决定的，并且他也注意到战争同社会结构自身之间的关联，但是他并不认可上述的结构性条件对战争的全部意义，而主张上述结构性条件“只具有部分的内生性质”。① 具体来说，他认为：

> 虽然一系列独特的结构性条件在战争驱动型发展出现之前就已经存在，但战争驱动型冲突/竞争同时会导致这些结构性条件的变化，而这些变化了的结构性条件反过来又会对战争的性质及其他相关方面的发展施加更为变动不定的影响。因此，这些结构性条件不仅是战争驱动性冲突/竞争的中介，而且确定了冲突/竞争的规则。②

这表明，在赵鼎新看来，战争不是完全制度化的。要想理解战争，必须走出制度之外，从制度化的外部寻找战争的原因，他显然不认为受战争影响之后的结构性条件同原来的结构性条件之间存在关联。在他

---

① 参见赵鼎新：《东周战争与儒法国家的诞生》，夏江旗译，华东师范大学出版社 2006 年版，第 29 页。

② 同上。

看来,对于战争概念自身来说,或者作为制度化的战争概念来说,至少有一部分是难以通过制度说明的,而他将这一部分交给了人性中存在的竞争倾向。

两书的作者都认为,对战争内在结构的解释必须具有两个前提:其一是战争前的社会结构,正是它确定了战争的基本规则;其二是战争爆发的动力,这是政治结构形成的原点。而如何找到这个原点,是他们共同面临的困难。① 在他们眼中,"原点"是引发"理性化"的冲突中心。理性化的可能性越大,说明原点自身的作用力越大。因此,勿庸置疑,他们强调所谓的"文明的核心部分"或者"强制性普及"。比如,伯克指出,判识一种文明是原发性的核心文明还是边缘性文明,是极为重要的。从某种文明自身的核心部分或其他文明的核心部分发展起来的各种经济体系,对宏观层面的社会发展水平可能会产生强有力的影响,如果通过战争的方式,这种影响会更大。而在赵鼎新那里,"强制性普及"或者说同质性的生活方式和文化的普及,是帝国精神的真正表现。②

三、战争概念与历史哲学

推动两位作者的政制史研究的,是一种霍布斯式的人性论立场。正是在此立场上,伯克将公元八世纪以来的西欧政治社会发展的原点置于普世性文明体系之间的冲突基础上,而赵鼎新将关注点集中在因西周基本政治模式的衰败而引发的争霸斗争上。两位作者都毫不迟疑地将战争的动力,或者说政治结构的变化,诉诸人类的竞争倾向。伯克在更广阔的空间中强调这一竞争倾向,这就是他所谓的普世层面的文

① 参见〔美〕维克多·李·伯克:《文明的冲突:战争与欧洲国家体制的形成》,王晋新译,上海三联书店2006年版,第170页。

② 参见赵鼎新:《东周战争与儒法国家的诞生》,夏江旗译,华东师范大学出版社2006年版,第8页。

化竞争，赵鼎新则将这种竞争倾向扩展到了西周政权衰退之后的诸侯国政权之中。在我们看来，两位历史社会学的研究者都自觉或不自觉地接受了与现代战略学研究者的相同主题。具体来说，他们的研究在很大程度上是在地缘政治学视角下做出的探究。实际上，地缘政治学是在现代战争背景下应运而生的产物，它的研究视角已经逐渐过渡到对于主权国家和政治地理的研究中。

研究现代战争的军事思想家们从对历史和现实世界的考察中获得了如下启示：

> 人类的本性决不是像和平主义者所想象的那样。它是千万代野蛮、残忍的前辈遗留下来的产物，几乎成了人类的一种本能。恐惧是一种最普遍的心理因素，野蛮人与文明人在这一点上是毫无区别的。

他们甚至声称：

> 民主的原动力，不是对他人的爱，而是恨。恨所有一切不属于自己的部落、宗派、党派或者民族。这种“全体意志”就意味着总体性的战争，它正是刺激人们投身战争的有力因素。①

从思想史上来看，宣称恨是历史之动力的不过是霍布斯传统的延续，是十七世纪民族国家兴起的思想产物，它为现代代议制民主提供了直接前提。这一传统认为，正是人与人之间的战争状态促成了人类政治体的建立；人类政治体的建立是人为了逃避战争状态中的恶而形成的理性统一体；理性建构是国家形成乃至文明形成的关键，甚至是唯一的动机和理由。实际上，只要稍加注意就可以发现，正是这一理性建构论支配了两位作者的历史解释。尽管赵鼎新声称自己并非为效率驱动性文化大唱颂歌，但他对竞争性文化的解释力量心向往之，甚至说“作为学者，我们不应该简单地否认竞争机制的重要性，关键是要去理解生

① 〔英〕J. F. C. 富勒：《战争指导》，绽旭译，解放军出版社2006年版，第30—35页。

物进化与社会冲突/竞争之间的不同”。很显然,他并未注意到这一传统背后隐藏的深刻的社会根源和思想史背景。

在某种意义上,无论是赵鼎新还是伯克,都将这一霍布斯传统大大提前了。赵鼎新用它来说明公元前八世纪到公元前二世纪的中国先秦时代,而伯克则将它作为对公元八世纪到公元十六世纪的西欧政制史进行分析的基本方法论依据。他们都没有考虑到这一人类竞争机制的解释背后隐藏的精神和文化,以及现实的社会状态。实际上,伯克研究工作的目的就在于对这样一个思想的形成给予说明,但有趣的是,这个需要加以说明的对象却成为分析的基本理论前提。如此一来,在他整个分析的背后就不可避免地存在内在矛盾。在伯克指出的两项基础性工作之间存在断裂,因为对于特定社会的政治发展轨迹的探究是具体的,它表达了这个社会的基本行为规则和精神动力,所以就不存在原发点是否位于自身的文明体系之内的问题。而在赵鼎新笔下,战争概念本身就已经意味着特定结构的存在,战争本身不过是这种社会结构自身的变动。但是,在对战争驱动性的理性化过程的描述中,他没有意识到战争表达了社会结构自身的自否定属性。他们都将关注点置于社会结构之外,以此寻找文明生长和国家法秩序的动因,或关注于对战争的结果而非过程的描述。也正因此,他们忽视了历史发展的内在动力,而将历史的发展归功于某种外在的偶然驱动。

十八世纪到二十世纪,再次出现了各个社会的剧烈碰撞和冲突。在这一次冲突中,欧洲吸收、吞没了许多其他文明。在伯克看来:

> 这些伟大的文明由于自身的内部爆裂而堕落为一种依附属性的文明,这简直是一个令人难以置信的神话传说。

他进一步说:

> 当一个人穿越时空,回首眺望以往时,欧洲国家体制的不断隆升似乎是异常明显的事实。当然,它的未来命运如何则超出了本

人的研究范畴。

作为一位社会学的研究者，伯克的研究旨在揭示出社会发展的基本动力，以此为我们提供对历史发展的必然性解释。究其实，他对于冲突理论的选择已然决定了他无法谈及未来，因为冲突理论在某种意义上只是现代战略理论的变种。他的视角常常局限于眼前的事物，他能够解释一切发生了的事件，甚至可以对眼下的历史从战略意义上提出一些洞见，借此给出有关时局的判断。换言之，他更关心的是效用，因此他更多是片面而非全面地对时代做出解释。

两位作者都将政治制度视为理性建构的必然产物。这看起来符合历史事实，也通过历史事实材料做出了解释，但实际上，他们对于历史发展的解释"精挑细选"，为了说明这种政制的确是在连续不断的战争或文明冲突的影响下建构起来的，他们不惜在各个判断之间来回跳跃，而导致这种跳跃的是他们对解释的需要。正是这种解释立场，使两位作者在历史观念上不可避免地持有一种历史的突变论，或者说，有意义的历史是偶然出场的。具体来说，他们或者认为：

> 人类获得经验教训的学习过程并不是必然地发生在某种统一的、不可变异的阶段之中；只是认为在人类历史进程中，这种学习过程是以各种不同的片断的多种多样的方式显现出来的。

或者认为：一种累积性的历史发展并不具有"正面意义的线形的、进步主义的历史观"。①

他们之所以拒绝进步的、线形的历史发展观，是因为他们是从外在的方面寻找历史前进的动力，将历史的发展诉诸外来事件的影响。这

① 参见赵鼎新：《东周战争与儒法国家的诞生》，夏江旗译，华东师范大学出版社 2006 年版，第 31—33 页；〔美〕维克多·李·伯克：《文明的冲突：战争与欧洲国家体制的形成》，王晋新译，上海三联书店 2006 年版，第 1 页。

种对于历史发展"片断式"的或者"累积性"①的描述，依赖的正是所谓文明之间存在的冲突（伯克）以及战争驱动性的"工具理性"（赵鼎新）。究其根源，为他们的理论提供终极根据的正是作为现代战争指导学说之基础的人性论观点。竞争性的人性观只有在竞争性的环境中才能发挥作用。如此，解释的有效性就必须等待未来的新的竞争性环境的出现，借此表达新的历史观念。

对于两位作者来说，这种存在于人类之间的彼此竞争的倾向是解释人类文明进步的钥匙，换句话说，他们不认为是文明自身的发展推动了政治结构的变化。作为例证，赵鼎新注意到，"在秦统一中国之后，封建战争便失去了推动历史演变的作用"，于是，在对中国历史模式的分析中，他开始强调"政治权力与意识形态之间的关系"，在他看来：

> 在各类世界宗教中，儒教似乎是唯一的专门为国家统治而设计的一套意识形态体系。儒家学说的这一特征使政治权力（国家）与意识形态权力（儒教）之间结成了相互依存的共生关系。

因此，他声称：

> 没有其他的意识体系能够比儒教更好地为国家统治提供合法性基础，只要儒士阶层在中国仍然存在，新的统治者就仍然需要将帝国儒教尊奉为统治意识形态，并不得不继续依赖儒士阶层来进行统治。

然而，通观全书，他并未说明为什么唯有这种结构才是稳定的。

不仅如此，在赵鼎新看来：

> 秦国在统一中国之后所建立的帝国将其自身的统治基础几乎

---

① 累积性的历史发展指的是一个社会中的社会力量在量上乃至在质上的快速扩张，其表现可以是一个社会的组织能力的提高、概念表达能力的增强以及对自然的开发和掠夺能力的提高。参见赵鼎新：《东周战争与儒法国家的诞生》，夏江旗译，华东师范大学出版社2006年版，第22页。

> 完全奠定在以往军事冲突/竞争过程中所发展出来的一套严酷的治理技术之上，而国家与社会之间则缺乏契约性的关系，两者进行合作的基础并不存在。[①]

因此，“秦帝国从未建立起一套能够成为至少是国家与社会精英群体合作基础的统治性意识形态”[②]。可见，秦王朝的灭亡就是因为工具理性自身的缺陷，它不是诉诸一种契约文化，而是将统治的基础奠定在国家对社会的彻底控制之上。[③] 秦帝国二世而亡，之后不久确立了儒法国家的基本政制模式。从这一番论述来看，儒法国家的形成似乎与秦王朝没有什么关系。在赵鼎新看来，儒法国家形成的主要原因在于，汉初缺乏秦帝国在统一之前那般优良的条件，刘邦不得不依靠与其他军事首领的联合而获得在与项羽争霸战争中的胜利。也正因此，他无法建立起一个彻底的科层制模式，而不得不部分采纳周朝的封建传统，这一系列原因导致最终在汉朝确立了儒法国家的基本统治模式。[④]

在赵鼎新有关儒法国家形成的解释中，并未在西汉王朝的统治模式同先前的历史阶段之间建立确定的关联，所有关联都是依靠他的学识和联想建立起来的。在他看来，秦王朝是在单纯的工具理性的立场上建立的，后者则来源于他有关先秦时代三个不同战争阶段的解释。但就是在此过程中，他对于西周政制形式的解释过于模糊，无法揭示几个关键性的社会结构特征。他注意到了“天命观”在中国政治思想中扮演的重要角色，却未能说明这种天命观在出现之初有着何种具体的宣传性质，也就是说，他不能回答天命观念的内在结构问题，而恰恰是这一结构涉及对西周社会结构的根本性认识。[⑤] 在他笔下，西周时期的封

---

① 赵鼎新:《东周战争与儒法国家的诞生》，夏江旗译，华东师范大学出版社 2006 年版，第 148 页。

② 同上书，第 149 页。

③ 同上书，第 150 页。

④ 同上书，第 154—161 页。

⑤ 同上书，第 35 页。

建制度在很大程度上是政治设计的产物,[①]这同样使他的西周史论述有一种过于浓厚的工具理性色彩。毋宁说,他一开始就从战争指导的角度思考问题,比如将宗法制度仅仅解释为一种控制诸侯国的措施,一整套复杂的礼仪体系也只是用来规范王公贵族在不同社会场合的举止行动。[②] 不仅如此,他还将儒家思想家描述为"从宗法制度的理想中寻找灵感以便将其关于大同社会的思想加以理论化",而并未考虑到儒家学说与先秦社会结构之间可能具有的一种知识社会学立场。[③]

赵鼎新不能回答这些问题,这些问题要求用一种内在的历史观念来回答。这种内在的历史观念要求将中国历史的发展视为社会结构和文明结构自身不断的自否定过程。正是依靠这个自否定过程,才可能在西周和西汉的社会政治结构之间建立起某种关联。借助外在的推动作用,无论是伯克强调的经济对一种文明之形成提供的驱动力量,还是赵鼎新关注的战争的驱动作用,都不能描述这个文明的转型和再创生过程。即便赵鼎新不认为战争是完全外在的,但他终究并未承认战争必须遵守的规则和战争的动力都属于同一个社会结构。

类似的倾向在伯克的著作中时有发现,他对韦伯的评判就是一个例子。他将新教改革发生的原因归结为初始的经济积累和后来的十字军战争的惨败,这个在他看来是对韦伯论题的进一步发展的关键判断,但他忽视了韦伯论著传达的精神性含义。在《新教伦理与资本主义精神》一书中,韦伯并未宣称新教伦理是资本主义精神产生的前提或动因。他通过对新教伦理的阐述,发现了一个新时代的到来,这个时代以对世俗生活的正当性的承认为表现形式。严格来讲,与其说韦伯是在探究资本主义发展的原因,试图通过描述一种根本原则的变化来对这个主题加以说明,毋宁说他是在提供一种关于资本主义精神的解释。

---

① 参见赵鼎新:《东周战争与儒法国家的诞生》,夏江旗译,华东师范大学出版社 2006 年版,第 39 页。

② 同上书,第 40 页。

③ 同上书,第 41 页。

韦伯的这种处理方法是历史哲学的方法。

在伯克的分析中看不到这种历史哲学的分析方法，而且伯克对韦伯理论的发展缺乏韦伯著作中传达出来的精神倾向。实际上，现代的韦伯研究者更倾向于将韦伯视为一位对现代性问题有着深刻洞见的思想家。这就意味着，韦伯并不仅仅是用一种工具理性的态度来对待历史，而后者恰恰是伯克心仪的研究立场。正是在此意义上，当伯克说资本主义的基础先于宗教改革的时候，他关心的是如何为宗教改革做出说明，更多关注事件的发展及其结果，而忽视了在这个因果关系链条中可能发生的断裂。因此，他们不能建构一种普遍的历史观念。他们的观念有过于简单化的嫌疑，更为具体地说，他们几乎完全无视一种能动的历史观念。他们静态地研究历史，先是将历史肢解为单个事件，然后用一种理论模型将这些单个事件联系起来，由此来解释国家和文明秩序的转型。

结　语

在某种意义上，两位作者都过分突出了现代人的战争概念。也因此，他们关注一种竞争性的人性。他们将战争视为在竞争过程中取胜的工具。但是，也正因为如此，他们无法了解战争的内在结构。他们基于战争概念的历史解释缺乏历史感，他们建构的历史进程充满了偶然性。不加限定地使用以人性的竞争论为基础的现代战争概念作为基本的方法论工具，是他们的解释不能令人满意的根本原因。尽管赵鼎新对于战争之制度性的分析原本可以将战争概念自身的范畴揭示出来，但他过于看重战争结果，忽视了战争自身包含的社会秩序属性。

两位作者的战争概念与其说是一种历史社会学的概念，不如说是从现代“战争指导”的立场上做出的解释。真正的社会学研究者必须对整体社会形态做出基本说明,必须动态地看待历史,还原动态的历史发展过程。他们必须找到恰当的原点,由此出发寻找社会结构自身的动力,他们必须牢记一条原则:任何社会结构的变化必须通过这个社会的内部结构发生。

尽管如此,赵鼎新有关战争结构的分析,还是为我们提供了某种启发。具体说来,战争自身意味着特定社会秩序的解体,或者更准确地说,战争自身就是特定社会秩序遭遇的"非常状态"。新的秩序必须经由这个"非常状态"得以生成。它是连接一个社会和另一个社会的结合点,在这个结合点上的战争因此具有伟大意义。这一点早在希罗多德和修昔底德那里昭然若揭——唯有这样的战争才能承担维护或革新国家法秩序这一伟大而神圣的使命与责任,这也是克劳塞维茨"政治即战争的继续"这一著名格言传达的深刻内涵。

下编

地方性知识观的法哲学批判

——评苏力《送法下乡》

2005年,在"本土资源论"的讲法似乎快要淡出学术舞台之际,邓正来对中国法学的方向性问题进行了考察。在《中国法学向何处去》这本书中,他指出,改革开放以来的法学学术研究的基本思路和方法在建构法学的理想图景方面,最终都以失败告终。他从具体事件出发,逐个清理,其中就有苏力的"本土资源论"。在邓正来看来,"本土资源论"是一种试图以"有效"或"可行"取代善和正当的理论模式,在根本上是一种否定或者拒绝任何有关理想图景的思考。①

尽管"本土资源论"在二十世纪九十年代后期的中国法学界成为一种最时髦的理论,但苏力并未提出他有关"本土资源论"的法学的概念性看法。他仅仅提到这是一种地方性的知识观,这种知识观如何能在现代法学中运用,运用的限度如何,这些宏大的理论问题并不为他所关注,他甚至反对法理学研究方面的抽象的理论思考。因此,从某种意义上讲,本土资源或地方性知识观支配下的法学理论,不过是一种含糊的理论感觉。② 本文想要论证和分析这种感觉,揭示这种感觉的由来,并

---

① 参见邓正来:《中国法学向何处去(下)——对苏力"本土资源论"的批判》,载《政法论坛》2005年第3期;邓正来:《中国法学向何处去——建构"中国法律理想图景"时代的论纲》,商务印书馆2006年版,第253—258页;苏力:《法治及其本土资源》,中国政法大学出版社1996年版。

② 苏力相信"学术是一种高度个人化的实践",并且认为"学术传统并不能够使得人的智慧突然增加,相反,真正的智慧是可以创造和改变学术传统的",他希望"力求原创性工作"。

与之保持距离。

一、本土资源与法律的理想图景

较之《法治及其本土资源》,《送法下乡》中的理论立场似乎更加鲜明。在该书第四编,苏力试图认真对待方法问题,提出了一个所谓"相对完整的、有学术新意且具有一般理论含义的反思"[①](页23—24)。实际上,读者们也能从该书"引论"中体会到一种宽广的胸怀(在苏力笔下,这是通过"开放"一词表达的),其中不再有对中西方根本差异的强调,也并非是一种抽象理论的教条口吻,而是一种基于现实生活的判断。它表明,基于一种实用主义的立场,中西的沟通、法律的现代化等重大问题才能够真正解决,才有实践意义。比如,苏力讲述的"本土资源论",是在经济体制变革的前提下,迈向现代法治过程中的一个直观问题,是活生生的社会生活的产物。

"本土资源论"[②]实质是在一种普遍性视角下理解的"特殊"。在苏力看来,结论(或者原则)的普遍性和有用性值得怀疑,[③]但更重要的是观察产生结论(或原则)的过程。[④] 他所谓的地方性知识因此是对过程的分析。正是在此视角下,他既不认为自己是在倡导一种文化的地方性,也不认为自己是在反对全球化的法律模式。这种视角依靠的是活生生的现实——在今天,在任何一个国家的法律模式的选择以及法律原则的形成过程中,都不可避免地会有本土的或者全球化的各种因素。也许正是这种"实用主义的倾向在推动一切"[⑤]的主张,导致了邓正来

① 苏力:《送法下乡:中国基层司法制度研究》,中国政法大学出版社2000年版。本文评论所引用文字均依据此版本标注页码。

② 在本文中,笔者在几乎完全一致的意义上使用本土资源、基层司法、地方性知识等概念。

③ 见"导论:研究中国基层司法"之"一、为什么司法?"部分。

④ 如在"世纪末日的交待(自序)"中对于"文化差异"问题的分析。

⑤ 见"世纪末日的交待(自序)"中的第三部分。

的判断。在他看来，苏力试图以“有效”或“可行”取代“善”和“正当”，而从根本上放弃了法学的理想图景。

法治无疑是当代中国乃至世界法学人的“理想图景”。然而，在苏力看来，人们已经长久地、不知厌倦地沉浸在这些理想中，太擅长于一种大词化叙述。① 考虑到司法“是从书本上的法到实际生活中的法之桥梁，是从原则转化为实际规范的中介”（页4），是法治建设的重要环节，因此，他就不是从法治的理想图景入手，而是从对于具体司法过程的观察入手，更具体地说，他想要从基层司法入手，在他看来，这是中国法治的本土资源或者地方性知识。

苏力一直关注的、为人们贴上了标签的本土资源，集中在对于基层司法的分析上。之所以如此，是因为要理解中国的法治发展，理解法治原则在中国的内涵，必须关注法治原则在中国的现实命运。中国的历史和现状无疑需要我们特别关注基层司法的运作。苏力从作为理想图景的法治转向具体司法，从具体司法转向基层司法，这个过程蕴含了他太多雄心，他说：

> 法律是实践的，是要解决问题的，是要解决我们的问题的，是要解决我们当下的问题的。而且不论中国法治的未来将如何，我们要解决的是当代的中国的问题。（页12）

从理想图景过渡到基层司法，是要在中国实现建构法治理想的事业。苏力提醒了我们眼下的中国要建设法治必须认真面对的难题，以及追溯难题的根源。他将基层司法这一本土资源视为建构当代中国法治的命脉。不理解基层司法，就不可能理解中国社会，就无法在中国成功地建立起法治理念。如此说来，苏力当然有可能开掘出一条新的道路，他宣称：

> 只有中国学者（由于他/她的生存环境和文化修养上的比较优

① 见“导论：研究中国基层司法”之“四、法律学术的意义”部分。

势)才有可能敏感地察觉和提出的中国当代司法的问题,不仅要给予适当的描述,而且力求作出细致的理论分析,因此能给阅读者一种智识的挑战和愉悦。(页19)

在此意义上可以说,本土资源是中国法治建设的代名词,尽管苏力不愿意使用这个词。[①] 正是依靠这个词和它代表的现实含义,苏力成功地偏转了人们的视线,使二十世纪九十年代后期的当代中国法学人精神为之一振。

二、基层司法与现代法治

在苏力笔下,司法的能动性得到了最大强调,甚至具有了"立法意义"(页4—6),但就是在此过程中,司法的身份变得模糊。因此,对苏力来说,有一个根本问题需要回答,这就是,在国家法规范与国家法秩序(前者是法律规范的集合体,而后者是结果意义上的整体秩序)之间,为什么是司法而不是其他机构完成这个转换?

这个问题不容易回答,如果苏力将有关现代政治结构的一般性问题也当作一种地方性知识,如果他的司法不是现代司法,那么他引用的美国司法知识就是无效的。我们注意到,苏办在《送法下乡》中使用了来自大量来自现代法治的基本命题或范畴,比如说事实和规范的问题,比如说法官的专业化问题,此外还有所谓的初审法院和上诉法院的问题,这些被作为讨论对象的基本问题或命题都是来自他习得的现代西

① 尽管苏力明确说"谁要是争本土资源的精确含义,那就太没有意思了(也是对我的最大误解),一旦争论起来,这个本来仅仅用在一定语境中表达一个观点的语词就有可能实体化了,变成了一个独立在语境之外的什么东西了",但在该部分结尾,他宣称,《送法下乡》是他"比较系统地开掘'本土资源'后的一个产品",并且"它又不是对中国现象的罗列或列举,它有理论追求","它是原创的,是不可替代的"。这些句子表明,尽管本土资源本身不可定义,但却可以通过理论来进行描述或说明。否则,如此大胆地使用一个不可说明的概念,还能够称为理论吗?

方的（尤其是美国的）法学知识或理念。一方面，他希望尽量减少可能出现的习惯与国家法秩序之间的冲突，尽量减少法律人在司法过程中可能出现的尴尬（页51—53）。另一方面，他的确不认为自己抱有一种对法治观念的确信，他强调了西方的现代性同中国的现代性之间可能存在差异，他似乎认为中国有自己特有的现代性，具体讲来，这种现代性是通过"一整套现代的政治实践和政治制度框架"赋予的，并且与"世界的现代性"相关联。对此，他写道：

> 革命战争年代的战略和技术是如何在当下中国以其他方式和名称并为不同的人的实践所延续和转换着。这种对当代中国法律的知识和技术谱系之开掘，也是不深入的，但它可能从另一方面展示了中国当代法律自身的现代性。（页56—58）

如果苏力想象的司法不是现代司法，他就必须对自己的司法概念进行界定，但很明显，如果司法也需要重新定义的话，他的分析就会即刻陷入他不信任的大词中去。他没有这么做，而是试图绕过这个问题，转而试图从"基层司法"出发，展示当代中国司法的特殊性。这就无异于用一个特殊的概念（基层司法）替代了一个普遍性的概念（司法）。很显然，基层司法的概念仍然决定于司法这个更为一般性的概念。

苏力强调，有关基层司法的研究不会使我们获得的知识失去普遍意义，他认为，"从地方性到普遍性之间从来没有而且永远不会有一个截然的界限"（页13）。如此看来，他所谓的本土资源具有一种本体论含义，也就是说，不同于一般意义上的具体的乃至于可以描述的地方性知识，他在这里所要描述的地方性知识具有普遍性特征。因此，无论苏力怎么提醒他的读者们不要揪住这个词语不放，也摆脱不了要对本土资源的内在结构作出回答这个任务。既然他否认自己是在采用西方的原则将其视为一种地方性知识，我们就不能认为他还是在现代法治的框架内分析和解答问题。实际上，对于现代法治究竟是否只是一种地方性知识，对于它的内在结构，至今仍然存有争议。好在苏力已经强调了基层司法的本体论含义,因此我们或许可以搞清这个本体论的含义,然后反过来理解他对于司法的基本观念。

苏力认为毛泽东对于中国问题的判断并未过时,仅仅发生了如下变化:在毛泽东时代,权力的运作方式是从下到上,而现在权力的运作恰好颠倒过来。然而,他没有解释这个颠倒是否在本质上产生了差异,或者具体一点说,产生了何种差异。更关键的是,他没有解释这个颠倒是以怎样的方式发生的。在毛泽东时代,如果说权力是从下到上建构起来的,那么实际上就意味着有一种权力意识的生长过程,这个过程是从最广阔的中国大地上产生的,最终形成了中央人民政府以及根据政治协商会议纲领而形成的国家组织建构。这种权力意识的生长不会莫名其妙地消失,因此,苏力所谓的从上到下的权力机制的判断即便不是错误的,也显得过于突然。而他钟情的基层就生长在所谓的从上到下的权力机制中,但同样是由从下到上的权力机制发展而来。

有关基层的问题将引发无穷无尽的争执。很明显,苏力是从事实的层面对待基层问题,但基层是共产党人通过制度自觉主动地建构起来的。他所谓的村干部,也早已是国家法秩序的构建部分。在国家法秩序中,在中国广袤的土地上,没有一丝领土被遗忘,根本不存在一个为国家法秩序遗弃的地方。至少从事实层面讲,在当代中国,国家法秩序和乡土秩序之间不存在交易。考虑到国家法秩序的尊严部分,绝对不能允许村干部"脚踩两只船",深入基层的官僚们也没有任何正当理由用国家法秩序的尊严进行利益博弈。考虑到这一点,他所谈及的本土资源就不能破坏国家法秩序的尊严。

很显然,在苏力那里,基层司法就是他的法治的本土资源,是他借以表达自己理想图景的东西。考虑到基层是活生生的生活方式,基层司法就是规范和生活现实的结合点。具体一点说,基层司法是关于这个结合点的一切。正是在这个意义上,通过基层司法可以建构起一个社会生活形态,并且这种社会生活形态肯定是规则参与的,但同时又是非教条的，生活在此展现出最丰富的画页。换言之，司法就是法律秩序自身，既体现了国家的尊严，又维护了现实生活的存在。根据这个逻辑，对于基层司法的分析实际上是揭示国家秩序之形成的关键要素。也就是说，基层司法问题是事关理想图景建构的本质问题，较之立法，它具有尤其重要的意义。在这个意义上，我们甚至不妨说，基层司法是某种新的司法概念的源泉，因而也就是某种新的国家概念的源泉，在这个新的国家概念中，仅仅依靠司法就足以建构起法秩序。

苏力强调基层司法，将基层司法视为现代中国法治秩序塑造的关键，这就是他的基层司法的本体论预设的东西，这使基层司法具有了本质含义，使之承担起了政制秩序建构的重大使命。正是在这个问题上，苏力有一种孤立地看待司法问题的嫌疑。① 他注意到了基层的生活层面，但同时忽视了基层本身就是一种制度结构，不仅如此，他还忽视了立法等规则要素本身已经成为社会生活方式的一个部分。

苏力有必要说清楚基层司法的本体论含义究竟是什么，因为处在社会现实和国家生活的结合点上的并非只是基层司法，更直观的也许是行政。立法行动虽然相隔远了一些，但通过与司法和行政相关的一些立法行动，它间接地影响了活生生的社会生活秩序。各种国家因素都以自己不同的方式共同对这个社会发生影响，这是为了国家政制秩序的创建，为了使共同体生活成为一种有效率和有尊严的生活，从而满足人们在价值和利益方面的需求。

三、地方性知识与权力支配

有关基层司法的探究，建立在一种权力支配关系基础上。在《送法

① 比如他讨论的“法律规避”，规避行为自身并非单纯的事实描述，在整个过程中已有国家政制秩序的参与。

下乡》第四编“法律社会学调查中的权力资源”的部分中，苏力提出，为了求知，建立一种权力支配性关系是必要的：

> 权力以及在此基础上形成的求知者对于求知对象的支配性关系是获得知识的一个重要条件，如果没有这一关系，至少在这一点上，知的关系就无法存在，最多只有一种求知的意愿，而无法成为行动的知。

他又说：

> 正是在这样一种支配性关系形成的过程中，你求知的对象得以逐渐呈现，泄漏其信息，你获得一种称之为知识的东西。知识的获得在这里实际上是一个对求知对象的支配性权力形成和发展的过程，是一种征服的过程，是一个突破障碍和开拓进路的过程。（页427）

很显然，正是在这个基础上，苏力提出了一种有限的知识观。这种有限的知识观是基层司法这一地方性知识的基础。实际上，在具体分析的章节中，苏力再三强调这种建立在有限知识观基础上的地方性。由于知识是地方性的，因此在村干部同下乡的国家干部之间必然存在利益的博弈，在这个过程中，除了利益之外，似乎并不存在其他产生沟通的可能（尽管苏力本人不否认这种可能）。这是因为，基层是一个远离民族国家的秩序体系。基层中的人们有自己的行为规则，而这些行为规则同国家的行为规范之间存在隔膜，必须要通过一个中介才能沟通，从而化解可能的冲突。正是在这个意义上，苏力对基层司法的分析，无疑是在寻找这些中介，而这些中介，无疑是塑造民族国家的根本要素。有限知识的观念无疑是这些中介的正当性基础。在有限的知识观念下，作为一种法治之本土资源的基层司法不仅是地方性知识，而且这种地方性知识还是真理，具有普适性。

这就是苏力的地方性知识观的基础，如此理解的地方性知识当然摆脱了西化的嫌疑,更重要的是,它具有自我建构民族政制秩序的力量和价值。但是,根据苏力的基本方法,这个有限知识的观念同样也要得到描述,也就是说,这种有限知识观本身也仍然是一种“地方性知识”,因此我们不仅要根据这个理论来构建本土资源,还要意识到这个地方性知识观本身也是被构建的。出于这个原因,就需要对苏力描述的地方性知识观(有限知识观)做一番描述,看一看这种观念究竟是什么样子。

知识受制于权力支配关系,但这种权力支配关系究竟是什么呢?苏力写道,“它是一种双方参加的游戏,是一场合谋”,是一种“进入场域和研究对象的实践过程”,正是在这个过程中,知识就产生了(页441)。他又提醒我们,这里所谓的支配性关系不能等同于人与人之间的支配性关系,也并非通过个人的努力可以完成,但这种关系是在人的生活世界中形成的(页436)。具体来说,在他看来,我们遭遇到的知识局限并非来源于个人努力程度、个人聪明和敏感程度的限制,也不是来源于我们经常谈论的文化差异、语言差异、性别差异或个体差异的限制。那么,究竟是什么限制了我们?在这场双方参加的游戏中,在这场神秘的合谋中,谁对我们的知识局限性承担责任?还是根本没有谁能够承担责任,这是一条自然法则,一种先天的事实?

在“法律社会学调查中的权力资源”这一部分的开端,苏力讲述了一个公安局长考核自己队伍的故事。在这个故事中,公安局长在考察下级工作能力中获得的知识“也是我们(以苏力为代表的学者们——笔者注)所希望获得的”(页426)。但是,由于我们不具有公安局长对他要认识的对象的支配关系,具体来说,如果身为学者的苏力故意举报虚假的案件,就有可能遭到法律追究,但这种危险在公安局长那里不存在,所以苏力也就不指望能获得如同公安局长获得的那样的知识。于是,苏力得出结论:

我们的社会生活经历、地位和我们经历的关于如何进行学术

研究的教育塑造了我们的习性，塑造了、同时也剥夺了社会调查中我们的想象力。（页426—427）

如此看来，是我们的想象力制约了我们的知识，因此可以说，支配性权力关系的本质是通过对我们的想象力的制约而决定我们的知识对象。知识既然产生于支配性关系过程中，而支配的实质是对想象力的剥夺，那么很显然，有限知识观的前提或者基础就是被制约了的想象力。

发现这一点就为我们的分析提供了基础。实际上，如果认同苏力所谓的有限知识观，就必须承认一种非自由的想象力。这个问题实际上涉及一种知识论的立场，尽管苏力试图摆脱这个立场，但他无法摆脱知识论本身，换句话说，他只有选择自己偏爱的知识观的自由，但无法拒绝知识观本身。苏力主张的知识观，建立在非自由的想象力的基础上，具体来说，在他笔下，想象力成了规定性的想象力。这就意味着，这个想象力本身还没有自身的法则，在这个想象力之外，还存在更根本的东西，正是这个东西制约了想象力。这些东西在苏力笔下就是公安局长的身份，是在异地考察中语言上的优势，是村干部的对本村生活习俗和地理状态的认识，如此等等。所有这些东西都无疑是具体的，都必须建立在经验基础上。

要言之，苏力的知识观本质上是理论理性的实践，这就意味着任何一种知识客观性必须建立在经验的领地上。离开了这个领地，或者说离开了“本土”（locality），所有知识就是虚假或者是臆想出来的，都只是“幻相”。实际上，他的确曾经教导我们“我的研究不关注文本和制度创立者的设计意图”，并且“不相信一个意图就能决定这一制度在出生之后的运作以及运作中实际获得的制度性功能”，他因此“更加注意这一制度在今天是如此运作的，其实际的制度功能是什么”（页94—95）。

在苏力看来,“真理总是相对于解决问题而言的”(页192)[①],因此他宣称自己只是“通过个案分析来理解中国国情,而并未试图从中简单地得出一个价值判断或推导出某个政策判断”(页53)。我们注意到,苏力所谓的本土资源,指的就是一种与空间相关的具体知识(页45“脚注32”),“本土”是权力支配关系产生的场域,是一种人文空间或者自然空间(页40)。在他的分析中我们进一步发现,自然空间是地理位置决定的,而人文空间则是指乡土中国的熟人社会。就是在这些因素中,苏力强烈地感受到了空间组织对于政治生活的影响(页314)。

在理论理性的知识观意义上考察基层司法,并试图使之具有一种普遍性含义,这种做法显然自相矛盾,它背离了自己最初的基础,这种理论理性的知识观始终是具体的,而上升不到普遍性的层次。也许,面对这一逻辑上必然的诘问,苏力可能会宣称,政治生活是具体的,因此他所谓的普遍性其实是一种相对的普遍。这种具体的政治生活秩序恰好对应于一种具体的受到了制约的想象力,这才是他所谓的逻辑和历史相一致的真正含义。但是,这个反驳是自相矛盾的,理由十分明显:现实政治生活究竟是否是普遍的问题已经伴随着全球化时代的到来,从一个单纯理论意义上的叙述下降到一种活生生的社会实践,否定现时代政治生活的普遍性无疑是故步自封,但按照他在“交待”中透露出来的那种开放胸怀,他坚持的本土资源根本就不曾有什么本土味,尽管它们的确是处在特定时间和空间中,它们恰好是在一种全球化的秩序中提出来的。

既然如此,我们就可以否定整个第四编透露出来的理论倾向,这种理论倾向同他在前面部分的叙述自相矛盾。但是,苏力必须坚持自己的立场,认为有一种地方性知识存在,认为有一种权力支配关系制约着我们,并且他显然认为,这种支配是无法摆脱的,因此地方性知识是必

① 此外,第92页中说,能使我们知识增长的唯一道路,就是“要在实际中关注,甚或是努力发现与某个普遍命题或与自己已有的识见相反的例子”。

然的。他必须要如此主张,否则他所谓的本土资源就不过是猎奇者的夸夸其谈而已。

四、地方性知识与历史浪漫主义

如果苏力坚持认为这种权力支配性知识是客观的,是无处不在的,那么除非他穷尽一切的经验,做完这个世界能够做的一切调查,否则他就不可能找到这个权力支配性的全部内涵。正是出于这一原因,我们可以将此权力支配性的全部内涵视为一个整体或者实体。或者说,它是一种外在于人们想象力的空间结构,这一种外在于想象力的东西因其具体而显得神秘。在这里,我们能够体会到具体和抽象之间的等价关系,也就是说,苏力所谓的地方性知识因其具体反而变得更抽象。他的叙述给我们以这样的感受:那种制约知识的东西,或者说隐藏在空间结构背后的东西,显得太过于神秘,以至于不可捉摸;它是一无法言传的实体或者精神。而这似乎就是他的"基层司法"的全部含义。在苏力这里,基层的含义太过含糊,它的外延过于宽广,因此势必"引诱"后来的年青学者们对此充满无穷无尽的兴趣。

苏力对空间的理解是他的一切理论的最基础部分。空间与想象力之间有一种密切关系,想象力的发挥总是要借助一种具体的空间景象,但问题在于这种具体的时空景象不是作为原因而是作为结果,这种结果取决于人们的想象力的自由运用。自由的想象力可以使我们在信息极其匮乏的环境中尽可能多地获得对外部世界的认识,尤其是在人事生活方面。一个获得了所谓的真实材料的调查者不比一个获得了虚假材料的调查者得出的结论更为真实,个中缘由在于被调查者不一定清楚自己的生存处境,因此从他们那里得来的东西未必就是真正的真实材料,也未必就是真正的虚假材料,人们对自身状况的理性决断有时候仅仅是一种盲目的自信,比如说那个公安局长,他获得的信息不一定能真实反映出他的团队在应对紧急状态时的精神水平和实战水平。

然而,这并不表明要忽视经验材料,没有人能凭空想象和构思一个对象,每一个概念总要表达一些东西,如果它缺乏对象,那么它将以自己为对象。① 尽管苏力强调的知识的有限性是存在的,但如果要对此做一个理论总结,将知识的有限性作为一个主张提出,这种做法则是成问题的。关于知识是否有限这个问题,我们只能抽象地进行探究。具体的探究总是针对着具体目的,比如说那位公安局长,他显然是一位容易自满自足的公安局长,他的领导能力值得怀疑,因为他从一两次成功的考验中就自信地认为自己的队伍是"过硬"的,而一个锐利的观察者很容易看到这只队伍已经被金钱、官位腐蚀败坏得差不多了。试想一下,在战争状态中,在情形无比复杂的情形下,军队的统帅在面对着数不尽的、真假难辨的情报时,又该做出何种作战命令呢?他有时候会干脆不管情报部门的报告,照样出击,获得胜利。这些道理都为军事家们洞察到了,并且将这种决断能力作为军队统帅应该具有的智慧,这种智慧决不是鲁莽的胆识,而是建立在对于自己队伍特色的高度洞察的基础上。②

也许这种对于自由的想象力的否定并非苏力的初衷,因为他是在进行具体的分析,而在具体的个案分析中,人的想象力很可能是不自由的。这仿佛是一个极具说服力的辩护理由,对此应该如何评判呢?尽管苏力拒绝理论教训,但我们在这里还是有必要提出一连串的理论上的教训:例如,空间和时间概念是属于作为理性动物的人类的,而并非由外部赋予,正是在这个意义上,任何具体的时间和空间景象中都包含有作为一个认识主体的人的能动性;又如,想象力同样是属于人的一种

---

① 这种自己构造对象的能力在伦理学领域是屡见不爽的,比如上帝、自由、不朽等概念,它所表明的是一个能动之主体的自律能力,因此是一个完全属于实践理性领域的概念。

② 参见〔德〕克劳塞维茨:《战争论》(第一卷),中国人民解放军军事科学院译,商务印书馆1978年版,第202页。

能力,这种能力能将具体的空间和时间片断联系起来,做到与对象的符合,这种意义上的想象力具有自身的法则,它不被规定,反而是自身立法,尽管我们不能在现实生活中做到这种联结的自由,但在我们现实的联结活动(比如说归纳)中,我们发现自己的抽象能力愈来愈好了,能够从尽量少的信息中给出判断了,并且这时候给出的判断较之拥有大量信息者给出的判断没有实质性差异,甚至更好一些。[①] 此外,在人们看来,天才人物常常能准确地对事物的发展状况作出判断,尽管他们似乎并未做大量的调查,并未进行艰辛的田野工作。因此,任何具体的时间和空间都不能构成对于人类想象力的制约,想象力是自由的,这种自由从我们的归纳活动中得到培养,对于法律人来说,在对大量案例的分析和总结活动中,将获得一种快速把握信息的能力。[②]

因此,在现代法治的问题上保持开放的心态,其基础应该是一种自由的想象力,而不单单是一种利益上的需要。利益不会导致我们承认一个外在于我们的东西,而只有想象力的自由才使我们知道外国不仅是一个地方性的概念,也是属于人类的概念,具有普遍性。苏力将空间概念简约为一种具体的,因此是地方性的概念,将空间概念从一个主体性的层面下降到一个外在于主体的层次,于是就人为地取消了想象力的自由性,这样的结果当然意味着知识的无穷个别化,这种立场恰恰是一种现代性的"祛魅"。对于乡土秩序来说,这一种做法不是捍卫而是彻底的摧毁,因为如此我们根本无法期待能够在乡土秩序和国家秩序之间建立起沟通的关系,在这种知识观下,也就当然意味着乡土秩序的"碎片化"。

在苏力的地方性知识观的背后有着一种浓烈的历史主义情怀,其

---

① 康德将想象力分为两种类型,一种是规定性的想象力,这种想象力在《纯粹理性批判》得到了最大限度的发挥;另一种是自由的想象力,它同知性进行自由的游戏,从而成为一个为自然规律的统一性和合目的性奠基的关键概念。参见〔德〕康德:《判断力批判》,邓晓芒译,人民出版社 2002 年版,第 10—15 页。

② "实例乃是判断力的学步车,它是在判断力上缺乏天赋才能的人所须臾不可缺少的。"参见〔德〕康德:《纯粹理性批判》,邓晓芒译,人民出版社 2004 年版,第 136 页。

本质是一种浪漫主义的态度。正是因为这种浪漫主义的精神态度，使苏力无法坚持一贯，一方面他还在强调权力支配性结构在知识生产中的意义，另一方面他已经不认为权力支配性关系是全部，因此他说“权力支配性关系的建立还要有一定的可信性基础”，并说“人际关系的构建是双方在日常关系中构建的，而不是一方精心策划所能够获得的”（页436）。这无疑为我们前面的判断提供了证据，它表明，在苏力笔下，制约人的想象力的是一个实体，这样的实体独立于具体的时间和空间，它相信在一切具体的时间和空间之中都有一种独立的问题意识和知识。正是这种理论态度或理论感觉，支撑着苏力论说的正确性和正当性；也正是这种态度，使他敢于大胆地赋予具体个案的分析以一种普遍性。这种态度表面上看是理性的，实际却是非理性的，它建立在一种表面上的实证主义主张上，本质是一种非批判的浪漫情怀。

这种浪漫主义的立场，在言说时有强烈的感染力。从表面上看，它是一种理性的对待事情的态度，主张一种开放的心态，它还主张具体地解决问题，主张关注中国，并且呼吁中国学者的学术良心和品格，所有这些东西都唤起了人们的共鸣，推动了人们对于中国问题加以思考，对于本土资源加以重视和讨论。

在我们看来，站在苏力理论背后的是他的“美国导师”波斯纳，他在《送法下乡》的字里行间布满了波斯纳式的口吻甚至是术语。在《法律理论的前沿》一书中，波斯纳指出他的法律理论涉及的是法律的实践问题，而有别于法哲学。如此理解的一种法律理论，建立在十八世纪晚期和十九世纪早期边沁的功利主义和萨维尼的历史主义的概念之上，萨维尼影响了霍姆斯，再以后是霍姆斯开启了美国的现实主义传统。① 波斯纳甚至专列一章讨论了萨维尼、霍姆斯和法律经济学之间的关系，他在文章中表露出了对于萨维尼这位知识祖先的尊重。他注意到了存在

---

① 参见〔美〕理查德·A. 波斯纳：《法律理论的前沿》，武欣、凌斌译，中国政法大学出版社2003年版，第2—3页。

于萨维尼和霍姆斯之间的差异，但在他看来这两个人在根本上是同一的。在波斯纳看来，霍姆斯对于“不同民族应该有不同的民族精神”这个萨维尼式的论断持有一种友好的态度。[①] 而波斯纳本人不过是将“霍姆斯所缺少的一种可以替代他所诋毁的德国理论中的内在法律理论的社会理论”表达了出来，这种可以产生替代作用的体系，是法律经济学。[②] 这就是法律经济学在其知识上的传承。准确地讲，这个传统是历史法学派，是一种历史主义的立场，它在民族精神的庇佑下赞美地方性知识和经验。我们在苏力这里看到的是同样的立场。尽管苏力未曾提出对此问题的任何论证，但通过波斯纳，他显然接受到了这种气息。

历史主义对经验事物的关注，使人很容易想起孟德斯鸠。在《论法的精神》一书中，对于经验事物的关注指向对于存在之物的高度尊重，这种尊重恰恰意味着一种所谓的理性或者根本理性的存在和指导。举例来说，孟德斯鸠所谓的三权分立学说根本就不是一种基于经验建立起来的结论，而是一种理性的设计。但是，在联邦党人看来并非如此，他们基于英国的政治现实理解孟德斯鸠，试图从中得到建国的启示。[③] 同联邦党人一样，苏力也拒绝将司法独立作为政治哲学的基本原则，试图结合中国的本土状况将其改造或者建构（页136—137）。

历史法学派的代表人物胡果曾经“效仿”孟德斯鸠对经验事物加以描述，并试图达到苏力想要达到的效果，建构罗马人的“本土资源”，这种做法深为大哲黑格尔所痛恶。在黑格尔看来，孟德斯鸠对经验之物的描述带有“真正的哲学立场”，在某种意义上可以与自己主张的“合理之物即现实之物”媲美，但胡果无疑忘掉了孟德斯鸠的精神，只是学得了皮毛。[④] 再以后，马克思将黑格尔对于胡果的批判进一步具体化，写

---

① 参见〔美〕理查德·A. 波斯纳：《法律理论的前沿》，武欣、凌斌译，中国政法大学出版社2003年版，第205—206页。

② 同上书，第214页。

③ 参见〔美〕汉密尔顿等：《联邦党人文集》，程逢如等译，商务印书馆1980年版，第246—247页。

④ 参见〔德〕黑格尔：《法哲学原理》，范扬、张企泰译，商务印书馆1961年版，第9页。

下了题为《历史法学派的哲学宣言》的文章，在这篇文章中，马克思认为胡果根本不想证明实证的事物是合乎理性的，相反地，他力图证明实证的事物是不合乎理性的。

胡果究竟犯了什么错？历史法学派的真实究竟在什么地方？为了能尽可能地将苏力的这些知识上的祖先们的特点加以准确描述，我们将在下面演示这个批判的过程及其要点。①

在马克思看来，历史法学派建立在对于他们的导师康德的误解上。他们认为，因为我们不能认识真实的事物（这一点上等同于苏力主张的知识有限论），所以逻辑上我们必须承认不真实的事物是某种确实存在的事物（这一点等同于苏力主张的本土资源论）。实际上，历史法学派试图用民族精神替代康德学说中的物自体，但他们忘记了，在康德那里，物自体只是理论理性的一个悬设，仅仅是一个调节性的概念，它是理性在认识过程中的完善性之表达，这个物自体的悬设意味着要将理论认识进行到底。这就是在理论理性中物自体的真实性。在这里，如果承认物自体的客观存在，必然产生否定理性的后果，因为这实际上否定了理性之自我调节、趋近于完善的能力。因此，在具体的法律实践和政治生活实践中，如果还承认存在某种自在之物的话（比如苏力所谓的本土资源），就会否定现实生活的理性秩序创建的可能性（也就是说，根据苏力的地方性知识恰恰不能建立一种普遍秩序）。马克思因此批判胡果说：

> 胡果甚至在权衡论据的力量时，也以绝对可靠的本能把各种制度中合乎理性和合乎道德的一切都看作对理性来说是一种可疑的东西。对胡果的理智来说，只有动物的本性才是一种不可疑的

① 参见马克思：《历史法学派的哲学宣言》，载《马克思恩格斯全集》第1卷，人民出版社1995年版。

东西。[1]

但是,我们也必须注意,这种在逻辑上的结果不是胡果本人想要的,他们的初衷显然是良好的(苏力也是如此),只是在逻辑上他们最终走上了理性的对立面。由于对此毫无自觉,他们就时而诉诸理性,时而诉诸不可言说的神秘感觉。这就导致他们有时的论述具有说服力,比如说要回到具体的语境中,在具体的生活状态中建构自己的理想;有时的论述却又含糊其辞,比如说他们始终只能坚持自己的民族精神和本土资源是有道理的,但是一旦问到这个道理究竟是什么,他们便三缄其口,默不作声。

早在《法治及其本土资源》中,苏力就表达过一个与此相似的立场,他说:

> 任何对于真实的再现(包括法律认定的事实)都是一种经思维创造了的真实;人不可能研究现实生活中真实发生过的一切事,必定要选择,要有描述和抽象,而任何选择、描述和抽象同时也就是对研究对象的物自体的构建。[2]

在苏力看来,这种对于物自体的构建就是知识。物自体是在构建中呈现出来的,离开构建活动,物自体的意义就隐而不显,因而在此前我们就不能认识,即无法获得知识,但我们又必须认为知识是存在的、确实的。这种立场同历史法学派的立场几乎完全一致。在本质上,他们都认为关于物自体的知识是可以获得的,只是必须要限定在经验的过程中(比如苏力在此所谓的选择、描述和抽象)。

不仅如此,在社会生活领域,他们试图用理论理性的知识替代实践理性的历史和社会观。他们在历史观念上持有一种突变论,因为他们不相信历史是精神的自我展开,不相信在不同的历史阶段之间有某种

---

① 马克思:《历史法学派的哲学宣言》,载《马克思恩格斯全集》第1卷,人民出版社1995年版。

② 苏力:《法治及其本土资源》(修订版),中国政法大学出版社2004年版,第40页。

必然的联系。历史只是物自体自身的显现,既然如此,在他们看来,一切都是偶在。即使他们有时认为文明的出现是需要理性参与的,但理性在这里变成了需要,而这种需要是临时性的,因此理性在他们看来也只是偶然才出现,文明的诞生也是基于一种需要的偶然。在苏力这里,这种逻辑上的结论表现得十分鲜明。在《送法下乡》一书出版几年后,在一篇名为《复仇与法律》的文章中,苏力写道:

> 尽管报复本身是野蛮的、是生物性的,但是,有了这种野蛮做支撑,人们才可能实现一种博弈论意义上的合作(互不侵犯),迫使人们通过增大蛋糕的方式而不是用不断分配蛋糕的方式来生活下去,这就迫使人类进入了"文明"。①

这种基于偶然的理性需要的文明观使我们根本不能从理性的角度把握文明,而是将文明植入到具体的历史阐释中去,理智偶然闯入,为的是满足那一刻的具体需要,文明仅仅存在于物自体开花结果的瞬间。因此,对于文明,就不能指望有丝毫的、持久的思想之物的光照。

由此看来,苏力的地方性知识观或者法治的本土资源论绝非一种严格意义上的理论,它们传达的只是一种历史主义的浪漫感觉。基于这种历史主义的浪漫,他证明了"剪裁事实"的合理性(页211—212)。基于这种历史主义的浪漫,他游移于一种实证的立场和逻辑的立场之间,匆忙地将"支配性关系",将一种有限的知识观运用到对于基层司法的分析中,并且认为基层人士(其中包括村干部、基层法律人、初审法院等)是这种知识的载体,他们是乡土中国向现代权力关系进发的过程中必不可少的中介。在此过程中,他将一种起源意义上的理论态度直接下降为一种实证的态度,他没有论证现代国家权力如何可以同乡土秩

---

① 苏力:《复仇与法律》,载苏力:《法律与文学:以中国传统戏剧为材料》,生活·新知·读书三联书店2006年版,第52页。

序之间产生一种对抗关系，而只是从人们的态度中发现了基层在现代司法过程中与众不同的特色和身分；他认为支配性关系只是发生在求知者和认识对象之中，尽管这个时候支配性关系的存在本身就已经意味着一种知识之形成的可能性；他始终没有能够说清楚这种支配性关系的内在结构，每当遇到这种疑难的时候，他就用无数经验的论证去“充数”。

结　语

真正的逻辑与历史相一致的精神是一种自由精神，它不仅仅要求我们关注于那些发生了的东西，也要求将这样的一种发生规定起来，为我们的理性所把握。它决不认为在“言说”之外还有什么“言外之意”，“一切可以说的都可以说清楚，而不可说的我们只能沉默”[①]，这种彻底的态度要求我们步入实际的语言生活或步入到人类的实践中去观察和理解，并且在这个过程中形成我们的文化。只要我们的行动不停止，言说就没有界限，为了能继续言说，我们就不得不寻求语言和逻辑的自觉，以使言说不至于偏离于现实生活太远。

正是在此意义上，法作为人类在生活中主动建立起来的语言秩序，才有意义。我们最终依靠的不是什么“本土资源”，唯一能依赖的是生活世界自身。这是一个既向内又向外的生活世界，它在使本土化概念成为可能的同时又在消解这种本土性。在此过程中，重要的是我们的自由想象力。面对着这片令我们如此爱恋的土地，甚至是远方的大海，我们必须有一种精神准备，这就是凭借人类具有的自由想象力，在这片大地或海洋上“诗意地栖居”。

---

① 〔奥〕维特根斯坦：《逻辑哲学论》，贺绍甲译，商务印书馆 1996 年版，第 105 页。

爱欲与法治

——读刘震云《我不是潘金莲》

引　言

与一般的上访故事相比,《我不是潘金莲》中的上访者李雪莲实现了一般上访者无法实现的成就,她在全国人民代表大会期间潜伏进了人民大会堂,惊动了中央领导,造就了"千古奇事"。[①] 这个不寻常的上访故事使人觉得,刘震云的小说不是为了单纯讲述李雪莲的上访故事,而是要将这段上访故事提升到中国古典时代的申冤故事这一层次。在古代的申冤故事中,彰显的是正义最终实现的道理,但奇怪的是,《我不是潘金莲》这部小说似乎与正义的实现没有关系。很明显,窦娥也好,小白菜也好,最终都是以沉冤得雪而告终,但在《我不是潘金莲》这部小说中,李雪莲最终并未沉冤得雪,甚至书中似乎看不到她的冤情。同古代那些著名的申冤故事相比,这里所讲述的就是一个离奇的上访故事,一个没有冤情的申冤故事。这是刘震云小说中真正令人吃惊的地方,作为一个申冤的故事,却自始至终没有冤情,那么,这个故事还是一个真正意义上的告状故事吗?

---

① 参见刘震云:《我不是潘金莲》,长江文艺出版社 2012 年版,第 97 页。本文所引用文字均依据此版本标注页码。

一、李雪莲离婚

说李雪莲的申冤故事自始至终没有冤情，要从她的离婚开始讲起。在国家对计划生育抓得很紧的时代，李雪莲和自己的丈夫秦玉河决定假离婚，这样就可以既生下腹中的孩子，又不影响时为化肥厂职工的秦玉河的工作，于是他们跑到镇政府办了离婚。李雪莲不知道，离婚的动机虽然是假的，但离婚证在法律上却是有效的。她更不知道，丈夫会在假离婚之后，马上找了另一个人结婚。小说中没有说她感到愤怒，而是说她“咽不下这口气”，因为当初离婚的主意，还是她自己想出来的，她感到“窝囊”，“一口气忍不下，就想要杀了秦玉河”。

对于伤害过自己的人，李雪莲最初的动机就是杀了他，杀人似乎是她能够想到的惩罚一个人的唯一方式。她不止一次地动过杀人的念头：在法院院长、县长和市长那里上访未果而被关进拘留所之后，她出来的第一件事情也是想杀人；当赵大头欺骗了她之后，她跑到一家肉摊前，抄起肉案上的一把牛耳尖刀就向赵大头胸口捅去。为了杀自己的忘恩负义的前夫，她做了准备，她凭借自己的色相找到一位姓胡的屠夫做帮手，但没有想到前夫出差了。在别人的点拨之下，她明白了一个道理，这就是，“惩罚一个人，有比杀了他更好的办法。把人杀了，事情还是稀里糊涂；闹他个天翻地覆，闹他个妻离子散，却能把颠倒的事情再颠倒过来。不是为了颠倒这件事，是为了颠倒事里被颠倒的理”。

究竟怎样一个闹法呢？李雪莲想到的是“告状”。小说中没有使用如今流行的“诉讼”一词，尽管在1991年的时候已经有了《中华人民共和国民事诉讼法》。在九十年代初期，小说中已经有了诉讼这样的词语，比如说著名的《万家诉讼》。小说家刘震云在这部小说中使用的告状一词，既包含我们平时所说的诉讼，也包含上访。告状是一个非常有古典味道的词语，在李雪莲的世界中，“告状”不是为了寻求正义、实现权利，她一开始就不是为了实现自己的权利而起诉，而是为了惩罚自己的前夫。对于李雪莲而言，告状就是一种“闹”，这是除了杀人之外惩罚一个人的好办法。这是一种古典时代的观念，在中国传统社会中，与告状相关的人物都有很强烈的贬义色彩，比如说“讼棍”。因此，在李雪莲看来，告状就是对秦玉河的惩罚。她还没有意识到，在现代社会，民事诉讼不包含惩罚的成分，诉讼也不是一种闹，而是维护自己被损害的民事权利，对她受到损害的权利给予救济。诉讼也的确是为了找到一个理，但是，诉讼能够支持她的理并不是要把颠倒的理再颠倒过来，她显然不懂得现代社会的权利所表达的道理，不懂得权利意味着意思自治，意味着人格之间的平等。诉讼当然不是为了惩罚，在婚姻家庭关系中，这类惩罚性的条款当然也有，但是要对方有明显的过错。因此，很显然，她所想要的那种理无法通过诉讼得到解决。

小说中一个地方甚至明确谈到了法制概念，这就是，法院院长王公道对李雪莲说，“秦玉河这个龟孙，如果放到清朝，我早把他枪毙了，无非现在讲个法制”（页 112）。在县长郑重建议采取强制的方式来处理李雪莲的时候，王公道说，“没有犯罪事实，因此不能抓人”（页 119—120）。由此看来，在对待李雪莲这件事情上，官方还是遵守了法律程序的，因此，告状是在当代法治社会背景下发生的。当然，对于现代法治的种种道理，李雪莲并不清楚，她想要通过起诉来判决自己的离婚是假离婚。在她看来这样就是对前夫的惩罚，就是把被颠倒的事中的颠倒的理再颠倒过来。很显然，她无法在这里达到她的目的，因为从法律上来说，她和秦玉河已经离婚了。在拐弯镇镇政府的民政助理老古面前，她声称自己和丈夫感情破裂，老古依法为他们办理了离婚手续，在那个时候，他们夫妻俩对此是没有异议的。因此，她的诉求显然得不到支持，对此，法官王公道不是没有提示她（页 19）。王公道告诉她，当年他们为了多生一个娃而假离婚，就已经违反了计划生育政策，如果一旦追究下来,“行政会介入,会罚款,会开除公职”(页21)。这就使她更坚定了尽管麻烦但的确值得的想法,她之所以诉讼,正是为了惩罚她忘恩负义的前夫。这样一来,不就达到闹的目的了吗?可见,其实她有关离婚的诉讼要求的根本就不是权利,她仅仅是心有不甘而已。她和秦玉河的感情已经破裂了,她诉诸法院不是为了挽回已经失去的感情,而是为了惩罚秦玉河。从这个意义上看,诉讼对李雪莲来说和对法学专家们来说有着不同的意义,诉讼对于她来说在于惩罚。

李雪莲不是对现代诉讼一无所知,按照诉讼程序,她提交了诉状,交了诉讼费,还参加了开庭,秦玉河没有到庭,因为他委托了律师。她甚至咨询了律师,她的起诉书是城北“老钱律师事务所”的老钱写的。不仅如此,她还懂得利用现代法律的规定,否则她就不会采取假离婚的办法(实际上,现实生活中也有一些夫妻,为了规避商品房限购政策而假离婚,以多购房产)。由此看来,她并非不知道离婚意味着什么。但是,她对于法律的理解,看来仅仅停留在从工具上使用一下而已。对于现代法治的原理和道理,她的理解并不全面。她的官司输了,她想重打官司。这是朴素的想法,但她不知道怎么做,当时还是法官的王公道也没有和她说清楚。用法言法语来说,她不懂得自己有上诉的权利,她找的贾庭长也没有告诉她。这个姓贾的庭长故意没有告诉她相关的诉讼程序,因为他“知道这是桩难缠的案子,比案子更难缠的,是告状的人,比人更难缠的是,一眼就能看出,这妇女不懂法律程序,而把一整套法律程序讲清楚,比断一件案子还难”(页36)。其实,告诉李雪莲如何上诉并不难,如果她知道,她也许还会再请姓钱的律师写上诉状。

二、前两次告状

没有人告诉李雪莲一审判决可以上诉,因此她没有诉诸上诉程序也就并不奇怪，她转而想要找到一个能推翻一审判决的人。但是，没有人告诉她该如何推翻一审判决，她就只能去找那些有可能推翻王公道判决书的人，于是有了她在小说中的第一次上访。为了推翻这个判决，她先后找了法院院长荀正义、县长史为民、市长蔡富邦，很自然地，在这些官员们看来，她的事不过是小事，是家事，因此并未给予积极处理。李雪莲在第一次上访过程中，采取的最为极端的行动是在市政府面前喊冤，结果恰好遇到市里搞“精神文明城市”创建活动，被以“扰乱社会秩序罪”关进了拘留所。

这是李雪莲为了推翻自己的判决书而进行的第一次上访，这次上访毫无所获，除了让自己因为上访得名之外，其他的收获就是被关了几天拘留所。从拘留所出来之后的李雪莲想明白了一件事，她本来想要折腾前夫秦玉河，但最终折腾的反而是自己，她想要放弃告状。她告状不是为了要和秦玉河复婚，而是想要把事情说清楚，明确当初离婚是假，是秦玉河欺骗了自己，但这个要求无法通过法律得到满足，既然法律不支持自己，她就想到了去找秦玉河，只要秦玉河亲口承认，她从此就偃旗息鼓。在李雪莲看来，搞清楚了事情的真假就是将已经颠倒的理颠倒过来。但是，没有想到这个秦玉河不仅否认有这件事，指责她胡搅蛮缠，而且说她早就跟人胡搞男女关系，新婚当晚就知道她已经不是处女。说到这里，秦玉河说了一句刺激李雪莲的话：“我咋觉得你是潘金莲呢？”这是小说中第一次提到“潘金莲”。

秦玉河说李雪莲是潘金莲是当着众人说的，李雪莲觉得这些人会将她是潘金莲这个说法传出去。在中国人的文化词汇中，潘金莲这个词等同于风流成性，说一个女人是潘金莲，无疑是说她的作风不检点，潘金莲这个名号会不胫而走，她的未来会因此完了，世上有谁会娶一个潘金莲呢？本来李雪莲是要放弃告状的，但眼下她又产生了告状的想法。如果说过去的告状是为了证明离婚的真假，是为了惩罚秦玉河，那么这次的告状就是为了证明自己不是潘金莲，是为了证明自身的清白。

在这里，小说的名称“我不是潘金莲”第一次出现。用法言法语来说，这是涉及了名誉权，但很明显，李雪莲并没有意识到这是对自己名誉权的侵犯，可以提起新的诉讼。她没有想过再次提起诉讼，而是决定继续折腾下去。她想起，从县里到市里，能够告状的地方都告遍了，她突然想到了要直接状告到北京，她觉得只有在那里才有明白人，在北京才能把真的东西当成真的，把假的当成是假的。

李雪莲为何要选择进京上访，小说中也没有提及，从古代的窦娥到现代的李雪莲，似乎都有一个共同的属性，就是上京城告状。在李雪莲看来，北京才能识别真假，才能为自己讨回公道；在李雪莲看来，北京是公正的符号，自己所在的县、市都不是。她自比窦娥，但她显然是搞错了，她不知道有关窦娥的具体故事，而仅仅是因为被人说成是潘金莲，觉得受到了极大的伤害。这次她的目的不是要搞清楚自己的离婚究竟是真是假，而是要澄清自己不是潘金莲。这个诉求当然就显得很奇怪，她清楚地知道自己的离婚是假的，自己也不是潘金莲。她的目的不是叫自己相信，而是要让别人相信。但是，她手中只有一张真的离婚证，还有一张判决书，这张离婚证决定了她的诉求无法实现。

李雪莲进京上访，正好赶上了全国人民代表大会在北京召开，她不知道什么是全国人民代表大会，但知道人民大会堂，知道全国人民代表大会一定在这里召开，她懂得如果趁着全国人民代表大会的召开到天安门广场上去静坐，就一定能够引起重视。她举目无亲，幸好得到了一位在省驻京办工作的老同学赵大头的支持。没有想到，一个偶然的机会，她乘着驻京办代表们的专车来到了人民大会堂，在这个国家最高权力机关的所在地，举起了诉状喊冤。最终这件事惊动了中央领导，也激怒了省长储清廉，结果从法院院长荀正义、专委董宪法到县长史为民、市长蔡富邦，全部被撤销职务。

实际上，李雪莲的进京上访、大闹人民大会堂是一个偶然，如果赵大头不在驻京办工作，如果她没有机会在驻京办借宿，她就进不了人民大会堂,她的事也就不会惊动中央领导,审理她案件的法官到市长也就不会被撤职。因此,她的这次上访纯粹是运气所致,小说中没有讲述到任何上访的机构,小说中讲述的故事太具有传奇色彩。李雪莲的进京告状似乎是古典中国社会告御状的延伸,为什么到了北京才有真假?为什么在下面的机构就无法获得真假?李雪莲没有选择上诉,也没有去咨询律师,而是选择了找一个能够推翻判决的人。李雪莲因此就是生活在现代法治之外的一个小妇人,她不懂得现代法治的种种知识,她只看到在自己身上,假的成了真的,理被颠倒了,她想要的是惩罚她忘恩负义的前夫秦玉河,而惩罚最好的办法就是告状。告状成功就是对前夫秦玉河的惩罚,告状失败就表明那些当官的人和秦玉河是一伙的。小说中除了对于一审的描述中出现了诉状、去银行交诉讼费这样的字眼之外,没有任何现代法治的味道。

在李雪莲还没有进京告状之前,或者说在那些官员并没有被撤销职务之前,尽管她的告状已经有名了,但没有人真正在乎她的告状。那些官员中没有人主动地走到她的身边来询问她的案件,颠倒来自中央领导对这个案件的关注,这个关注是偶然的,这个关注使一个简单案件变成了具有政治意义的事件。省长储清廉的政治前途因这件事受到了影响,法官、专委、法院院长、县长和市长,凡是与这个案件接触过的官员,都被撤了职。李雪莲因此出了名。但是,她的诉求显然没有得到解决,她的目的不是要这些官员都得到处理,她一开始的诉求就是要惩罚秦玉河,但秦玉河仍"逍遥法外"。因此,她还要继续告状。

三、后两次告状

小说中记录的李雪莲的第三次告状是喜剧性的。在第二次告状后接下来的十九个年头中,每年的人大会议期间她都要去告状。实际上,在这第三次告状之前她已经告了二十次，除了第二次，其他都没有成功。她的算术本上记录了这二十年来告状的细节，但她不明白的是，尽管她再也没有成功过，但为何从省里到市里再到县里的各级政府，都对她的告状"草木皆兵"。今年她不准备告状了，她不告状的原因在于一个她幻想的可信任的人，虽然其实不是一个人，而是一头牛，这头牛曾经见证了她和前夫秦玉河假离婚的真相。她神经质地和牛进行了两次幻想中的对话，在谈话中，牛相信她的话，并且暗示她不要继续告状了，相对于人来说，她似乎更相信牛。现在牛死了，从此见识真相的人也就没有了。牛的死去，使她在告状这件事情上陷入了绝望。从表面上看这里说的是她和牛之间的谈话，但其实说的是幻想的信任。

比幻想的信任更重要的当然是现实的信任。她之所以放弃告状，本质上不是因为牛的话，而是因为中学同学赵大头对她表达的爱意。这个赵大头曾经对她表达过爱意，也是促使前一次她进京告状成功的人。当初如果不是赵大头收留，她就进不了驻京办，就没有机会进入人民大会堂，也就不可能有各级官员的被撤职。牛死的第二天，赵大头来找她，她问赵大头的第一件事仍然是相信不相信牛的话，是关于信任的话，这表达了她心中对于信任的期待。赵大头劝她不要去告状，而是和自己一起过日子。

李雪莲决定不去告状了，但官员们着急了。第二章一上来的叙事和第一章的叙事恰好颠倒过来。在第一章中，是李雪莲走了三十多里路，半夜去敲法官王公道的门；在第二章一上来，则是已成法院院长的王公道半夜去敲李雪莲家的门。之前是李雪莲要王公道帮忙处理自己假离婚的事情，眼下则是王公道请李雪莲不要再去告状的事情。李雪莲的告状成了当地官员的心病，因为她的告状曾经导致市长、县长、法院院长一干人被撤职。新来的县长郑重不理解为什么当地的官员这么怕李雪莲告状，对于郑重来说，处理这件事情不难，他曾经成功地解决了他之前任职所在县的一个土地拆迁补偿的上访事件。在那里，他采取了强制镇压的办法，甚至动用了警力和枪支，开枪之后流弹还伤了人。由于平息了事件，他得到了市长马文彬的重视。在郑重看来，所有的告状都可以采取类似方法解决。他本来也想用类似方法来解决李雪莲的告状，但没有法律上的理由。但是，根据郑重处理类似事情的习惯，他是不会惧怕这个爱告状的妇人的。

如果没有市长马文彬的电话，郑重不会把李雪莲当回事。市长马文彬在电话里其实也没有多说什么，不过是说了一句“我去北京参加人代会，李雪莲就不要去了”。今年的人代会比往年更为特别，因为今年是换届年。于是，郑重就和王公道去见了李雪莲。李雪莲仍然表达了自己放弃告状的想法，郑重要求她在保证书上签名，但遭到了拒绝。因为在李雪莲看来，签了这个保证书，就意味着自己二十年来的告状都错了。她知道这个保证书的意义，“现在是个形式，将来一出事，你们拿着这张纸，就能把我抓起来”（页123）。既然保证书不签，接下来郑重就想到了协议。这表明，他还是像处理土地拆迁时的做法一样，先谈判签协议，“当年的纠纷就在于政府与农民达不成协议”（页116）。没有想到，这一下激怒了李雪莲，“本来我今年不想告状了，你们要这么逼我，那我告诉你们，我改主意了，今年我还得去告状”。事关重大，市长马文彬批评了郑重，并亲自出马来劝说李雪莲，但说来说去，就说到了李雪莲听了牛的话决定不再告状的事情，这是一件奇怪的事，马文彬想要知道其中的究竟。官员们想不清楚李雪莲听牛的话是因为她希望得到信任，他们把李雪莲宁肯听牛的话也不愿意听政府的话，理解成了李雪莲认为各级领导连畜生都不如（页141）。在李雪莲看来，这些官员们口口声声觉得她冤，但平时不来帮忙解决事情，一到开人大会，就接二连三地来，为的是糊弄她。马文彬的劝说最终以失败告终。后来，在马文彬的暗示之下，官员们将李雪莲监视看管起来，阻止她进京告状。

李雪莲的这次告状，不是因为秦玉河，而恰恰是因为县长郑重和市长马文彬的劝说以及对于她的监视和阻止。在李雪莲看来，这是一群贪官污吏，理由是他们把自己当坏人监管起来，而他们之所以过来劝说自己，是因为怕丢了乌纱帽。李雪莲充分地意识到了告状的意义何在。这次激发她告状的，不是她和秦玉河之间的事情，“原来不告状是为了自个儿，现在不告状就成了窝囊废……原来告状是为了告秦玉河，现在告状是为了告这些贪官污吏。既然他们把我当成了坏人，我不能让他们消停”（页161）。于是，她决定从监管中逃出来，进京告状。

但是，凭她一人之力，无法逃脱公安部门的监管，她需要找一个帮手，这个帮手就是赵大头。在赵大头的帮助下，李雪莲最终跑了出来。不仅如此，赵大头还说陪她进京告状。李雪莲非常感动，她答应这回告状回来，就和赵大头结婚。

当初她产生放弃告状的想法，除了那头牛之外，也有赵大头的原因。赵大头当面表达了对她的爱意，尽管她觉得很突然，但她感激赵大头的勇气，因为当别人说她是潘金莲的时候，他却敢面对面地说要娶她。“李雪莲真动了心思”（页152），这是这么多年来，她第一次开始摆脱过去，面对未来。在二十年前，她也动过一回心思，想要了结过去、开辟未来（页63），但那个时候，前夫秦玉河的一句“我咋觉得你是潘金莲呢”激怒了她，使她决意继续告状。在这二十年的告状生涯中，赵大头是唯一让她温暖的一个男人，在当初第一次进京告状的时候，她已经看到了赵大头的老实。现在这个老实人愿意娶她，并且愿意陪她一同告状，她心中十分感激和温暖，乃至产生了放弃告状的想法。

真正说来，李雪莲的这次告状不能算是心意已决。尽管郑重和马文彬的话激怒了她，但用她自己的话来说，这次告状完全是被逼的。因此，她的这一次告状就没有过去那么有力量。她感激赵大头，因而接受了和赵大头的温存，赵大头劝她放弃告状：“你已经折腾了二十年；为了一口气，再折腾二十年，咱都七老八十了。跟他们制气没啥，不是白白耽误了咱们自个儿的好事？”（页176）李雪莲不是不知道这一点，当赵大头问她究竟是愿意跟亲人在一起，还是愿意跟仇人在一起时，她毫不犹豫地选择了和亲人在一起,这就表明她愿意结束这种毫无意义的告状生涯。她最终同意了赵大头的提议,放弃告状,但是要折腾这些当官的一回。

如果事情到此为止的话,那么《我不是潘金莲》这部小说就要到此为止了。赵大头设想了如果到此为止会出现的情况,这就是,“咱们没去北京,他们在北京哪里找得着? 越找不着,他们越着急”。这原本是一个非常具有喜剧性的结局,如果小说在这里停止的话,那么我们可以设想一个有意思的图画:一方面,在北京,一群人正在四处寻找李雪莲;另一方面,在某个地方,李雪莲和赵大头过上了舒服和自由的生活。这将是非常具有讽刺意义的一幕,它同样会使我们对于目前的信访现象产生深入的思考,但是小说并没有在此停笔,小说家刘震云的叙事策略让我们看到了人性中更为深入的东西。

赵大头建议和李雪莲去一趟泰山,看日出风景。这是一个好提议,于是两人一同前往泰山。在那里两个人心情愉悦,开始回忆人生,回忆起两个人交往的一幕幕,也想起了目前的处境。在这里我们第一次看到了李雪莲敞开内心,她谈到了儿女,谈到了儿子尽管多年不在身边,但还是在人群中认出了她,还给了她两百块钱,谈到这里,李雪莲第一次落泪。小说中在这里描述了李雪莲细腻的情感,她想要给赵大头买一件毛衣:清早出门时,李雪莲看到赵大头打了个冷战,接着不住地打喷嚏,于是想着给他买件毛衣。小说叙事中的这一件不经意的小事,其实表明了李雪莲想要过正常人之幸福生活的强烈意愿。对李雪莲来说,这是新生活的开始,从此她是不是潘金莲不重要了。

然而,没有想到这是噩梦的开始。李雪莲给赵大头买完毛衣回饭馆时,在房门外听到了赵大头正在和人打电话,听完赵大头对电话那头的人说的话后,她的脑袋“轰”的一声炸了。原来,这个赵大头是在拿自己的告状和政府进行交易:如果自己不告状,那么他儿子的工作就可以得到解决。赵大头欺骗了她。

尽管赵大头喜欢她，但欺骗了她。其实赵大头当面向她表示要娶她的时候，并不是完全受对她的喜欢驱使的，“我现在犯愁的，主要还不是没老婆，而是儿子整天跟我闹”（页191）。回到县城当厨子的赵大头有一个卖生姜的好友老贾，老贾的儿子贾聪明在县法院审判委员会当专委，已经有三年了。半年前，法院的一个副院长退休了，空出了位置，贾聪明想要填补这个空缺，但是专委无职无权，况且家里也没有多大的经济能力。于是，他卖生姜的父亲提出了一个策略，这就是，“照我卖假酒的经验，如想让别人给你办事，除了让他得利，如他有啥难事和急事，你帮他解决了，他接着给你办事，比给他送钱还管用”（页188）。贾聪明从自己的父亲那里得知赵大头对于李雪莲的好感以及两人之间的交往，并且从赵大头那里得知赵大头的儿子在畜牧局当临时工，一心想要转正，但一直转不了。贾聪明从这里看出了可以进行交易的空间：如果赵大头和李雪莲结婚，那么李雪莲也就闹不起来了，“而把李雪莲搞定，不让她告状，除了劝解和盯梢，让她跟别人结婚，不也是个法子吗？她闹的是跟前夫离婚的事，到底是真离婚还是假离婚，如她跟另一个人结了婚，过去的案底不都不成立了吗？她闹的是前夫说她是潘金莲，潘金莲另嫁他人，不也等于妓女从良了吗？潘金莲也不是潘金莲了”（页189）。如果搞定了李雪莲，不就是搞定了让县长郑重头疼的事情？这样一来，自己竞选法院副院长的事情也就有了指望了，不仅如此，赵大头的工作也解决了。这是一个非常精明的方案，参与其中的每一方都可以得到各自的利益。赵大头不仅可以解决儿子工作的事情，而且可以得到一个老婆，不仅如此，这个贾聪明还给了赵大头一个承诺：“如果我当上了法院的副院长……从今往后，法院不等于是咱爷俩儿开的吗”？

这正是一桩没有人有损失的生意，是净赚不赔的生意。其实，贾聪明当时就是这么一说，他没有太把这件事放在心上，但没有想到，赵大头非常积极。说了这话的第二天晚上，赵大头就过来了，说要办这件事,因为他的儿子听说这可以让自己的工作转正,就逼着他来办。很明显,赵大头将同李雪莲的结婚看成了一桩生意,这桩生意是稳赚不赔的,"办成,咱们一步登天;办不成,咱身上也掉不下一块肉"(页193)。很显然,在这里赵大头并不在意李雪莲的情感,并没有意识到这样做给李雪莲带来的沉重的心理伤害。他反而越来越急切地想要促成这件事,没有想到,他竟然办成了。贾聪明一见两人成了,急切地想要邀功请赏,他于是绕过法院院长王公道,而直接将这件事汇报给了县长郑重,并故意夸大,说为了这事,自己花了两年的功夫。这明显是他的夸大,目的是凸显自己在这件事情上的功劳,从而为自己当上法院副院长增加筹码。但是,他忘记了自己对赵大头的承诺,这就是给赵大头的儿子解决工作的事情。赵大头那边急了,便直接打来电话质问,但没有想到这个电话被给自己买毛衣的李雪莲听到了。

受到欺骗的李雪莲出离愤怒了,她本来以为赵大头是真心和她结婚,但没有想到赵大头和官员一起联合起来骗自己,而且这回是骗了自己的身子,这就再一次地将李雪莲置于之前的处境中。当初李雪莲之所以要进京告状,是因为秦玉河欺骗了她、辜负了她、背叛了她,如今当她想要将自己托付给赵大头的时候,她再一次地受到了欺骗。和当时对秦玉河一样,她首先想到的是杀了赵大头,"她走到一个肉摊前面,抄起一把尖刀就向赵大头的胸口捅去"(页201),但杀人未果,她于是宣告要将告状进行到底。这是《我不是潘金莲》这部小说中所记录的最后一次告状。

因为赵大头的欺骗,李雪莲准备再一次告状。她和赵大头一分手,她的行踪就没有人可以掌握了,一时间,县里的官员们乱了方寸。他们开始部署,如何赶在人民代表大会开始之前抓住李雪莲,如果她闯入会场,又不知要有多少官员被撤职。县里派了法院和公安两支队伍,分别进北京围堵李雪莲,干部们紧张到了极点,甚至到了精神恍惚的境地。其实,李雪莲没有能够及时赶到北京,因为她病了,她的生病不完全是劳累的原因,更是因为她让赵大头气着了。她本来已经想好和赵大头过平静的日子,不再折腾告状这件事情了。但是,赵大头和政府官员们联合起来欺骗她,使她感到受了极大的侮辱。“她二十年告状的原因之一,就是秦玉河说她是潘金莲;过去二十年不是潘金莲,如果让赵大头上了身,倒成了潘金莲了。”(页 230)但是,李雪莲这次告状不是告赵大头,而是要告那些官员,这次的告状她不为自己的名誉,因为倘若如此,她应该是告赵大头。在她看来,如果没有这些官员们,就不会有赵大头对她的欺骗,她就不至于变成真正的潘金莲,正是这些官员们一步步将她逼到了这个境地。身体的劳累加上气愤,李雪莲生病了。在一家乡镇的卫生院里,她昏迷了四天,等她醒来的时候,她意识到再有四天人大会议就闭幕了,于是她急着出院。由于身上没有带足够的钱,她只好去找在北京工作的姨表弟乐小义,没有想到在那里,被县里来的人抓住了。李雪莲这次看到了自己的儿子秦有才,并且从儿子那里得知,秦玉河已经遇车祸逝世。而此时,人大会议结束了。

秦玉河遇车祸逝世,也就意味着李雪莲的告状没有了由头(页 249)。其实最后的这一次告状与秦玉河并没有太大关系,如果没有赵大头对她的欺骗,她就不会来告状。李雪莲的告状看起来如同一出闹剧,她每一次告状的理由也不同:第一次是为了推翻法官的一审判决,第二次是因为秦玉河的一番话激怒了她,第三次是因为县长和市长逼了她,最后一次则是因为赵大头对于她的欺骗。对于县里的官员们来说,他们终于可以歇一口气,回去喝个庆功酒了,

四、欲望与法治

李雪莲究竟是一个怎样的人?她将一件小事最终闹成了一件惊动中央领导的大事。除了有运气之外,她也是一个非常聪明的人。从表

面上看,她的脾气倔强,甚至胡搅蛮缠,一直穷追不舍,但实际上,她的聪明是一开始就显示出来的。在《万家诉讼》中,秋菊要的仅仅是说法,因此当警察们将村主任带走的时候,她是一脸的困惑。由此就引出了苏力教授有关“秋菊打官司”的思考,认为在秋菊那里,出现了一种不同于现代法治的期待,并且主张我们应该尊重这种期待,并由此开辟了一个法治的本土资源的解释空间。在李雪莲这里却不同,李雪莲生活在镇上,是一个卖酱油的小摊贩(页 21),在告状这件事情上,她并不在乎旁人的说法。甚至,她告状这件事还得到了闺蜜孟兰芝的支持,孟兰芝说她是一个“遇事不怕事”的人(页 26)。她唯一的心结就是从小在自己身边长大的女儿也不理解她,早早就出嫁了,并且很少来看她(页 181)。

和秋菊不同,李雪莲是一个懂得生活和算计的小妇人。在起诉秦玉河之前,她准备了七件事,小说意味深长地将这七件事单列一节。这七件事尽管琐碎,但从中能看出一个城镇小妇人的精明。第一件事情是洗澡。为什么要洗澡呢?小说中说李雪莲自生下孩子,只顾惦着杀秦玉河,两个月没有洗澡,身上都馊了,但洗澡绝非为了清洁,她对搓澡的那个大嫂说,自己之所以要搓澡,是因为要办一件大事(所谓的大事就是和秦玉河打官司,与他重新结婚,然后再离婚)。很显然,洗澡不是为了清除污秽,而是有利于办事。出了澡堂子来到镇上,她遇到了卖肉的老胡,洗澡的魅力就散发出来了,“老胡盯住李雪莲看。李雪莲刚洗过澡,脸蛋红扑扑的,一头浓密的头发,绾起来顶在头顶,正往下滴水,生完孩子不久,奶是涨的;浑身上下,散发着体香和奶香”(页 24)。李雪莲浑身散发的性的气息对老胡是极大的诱惑,但李雪莲这时并不求老胡,反而是老胡一个劲儿地想要帮她做打人和杀人的事情。第二件事是改发型,剪掉马尾松,改为短发。为什么要改发型呢?是为了方便和秦玉河打架,“长发易被人抓住,短发易于摆脱;摆脱后,转身一脚,踢住他的下档”(页 25)。第三件事是买一身新衣裳。“与人打官司,就要常常见人，不能显得太邋遢；太邋遢，人不成个样子，更像被人甩了，去年的假离婚更说不清了。”第四件事是花四十五块钱买了一双运动鞋，“高帮，双排十六个气眼”。买鞋是因为她觉得，“与秦玉河折腾起来，免不了多走路”。第五件事是卖猪。卖猪是因为打官司需要钱，而且也没有人照看它们。她故意没有把猪卖给老胡，而是卖给了另一个镇上的老邓。第六件事是托付孩子。她的孩子才两个月大，她选择托付给自己的中学同学孟兰芝，因为她觉得孟兰芝是生死之交，值得托付，加上孟兰芝也刚生下一个孩子，胸中有奶。最后一件事情是拜菩萨。拜菩萨是因为她想到，自己之前只顾准备人与人之间的事情，忘了世界上还有神这回事。她于是来到菩萨面前，求菩萨让秦玉河家破人亡、不得好死。

这七件事都表现了她的精明和懂得算计的性格，实际上，这样的性格在一开始就呈现给了我们。她在晚上去找法官王公道，提着老母鸡和一袋芝麻，对于董宪法，她也做了同样的事情。她懂得进京告状就会得到她想要的真理，甚至懂得应该去市政府门口、去人民大会堂静坐。她知道想要求人办事就得有付出，她的身体和色相是她的筹码，她懂得利用卖猪肉的老胡、驻京办厨子赵大头。她甚至像记账本一样记录了她的告状经历，在她家的墙头有一个小学生的算术本，这个算术本上记录了她二十年来的告状经历，记录了她告状去过的所有地方、见过的所有人，桩桩件件，都记录得十分清楚。由此可见，她把生意中的种种思维都运用到了自己的上访过程中。

李雪莲其实不信神，她更相信自己，小说的最后秦玉河因为车祸而死，可以说她在神面前的许愿最终应验了。按照中国社会的习俗，许的愿实现了是要向神还愿的。李雪莲听说前夫秦玉河车祸死亡的消息之后，没有想到去还愿，而是脑袋“轰的一声炸了”。这是为什么？因为她想到了，没有了秦玉河，她的告状就没有了缘由（页248）。相对于神的护佑，她更看重自己告状的结果。

由此可见,李雪莲是一个极其具有现代品质的城镇小妇人,她的目的非常明确,就是惩罚秦玉河。她之所以上访,是因为她的诉讼输了,是因为她始终觉得理站在自己一边,认为判决她输了官司的法官就是贪赃枉法。她不是没有现代法治中的一些常识,比如,她当初想要通过假离婚来规避计划生育政策,已经表明了她其实懂得现代法律的一些规定;又如,对阻止她进京的小警察,她威胁他说自己要上吊,并在遗书上记下他的警号,说自己的死是他逼的。但她的确缺乏对现代法治的全面理解,她不懂可以通过上诉推翻判决书,尽管她也曾经咨询过钱律师,请人写过诉状,去银行缴纳过诉讼费。

在李雪莲的生活中,有严重的信任危机,以她的精明和能干,原本可以过上幸福的生活。导致李雪莲告状的原因,或者小说中所说的颠倒的事中颠倒的理,是当年她和前夫的假离婚最终变成了真离婚。假离婚变成真离婚,症结在于秦玉河的背叛,夫妻两人的信任不在了,秦玉河转而找了新的女人。试想一下,如果两个人之间有信任的话,他们会成功地规避计划生育政策,就像镇上的兽医赵火车一样。因此,这个颠倒的事中的颠倒的理,其实就是信任与背叛。承认当初的离婚是假离婚,也就明确了秦玉河的背叛。对于背叛的人要有惩罚,这是李雪莲想要寻回的理。

李雪莲认为这个理要到法院去讲,要到行政机关去讲,她对于法院和行政机关有一种强烈的依赖。但她不知道,现代的法院和行政机关无法帮助她确认背叛者,更不用说帮助她惩罚这个背叛者,因此她无法通过法院和行政机构找到这种失去的信任。

看起来李雪莲的精神世界是混乱的,她没有能够坚持自己的诉求,原本她是要惩罚秦玉河,在同行政机构的人员打交道之后,她却转过来,产生了告行政机构的想法(页249),但其实她的情感是一致的。她告官员的想法其实很早就有了,这就是,她觉得一审判决并没有给她应有的理。一审判决无法确认她的离婚就是假离婚,无法对于她和前夫秦玉河之间的信任问题作出裁判。在现代法治系统下,无法对于人与人之间的信任问题作出判断。

也许有人认为,如果当初法院满足了她的要求,如果各级行政机构对她的要求给出了满意的解决方案,就不会有她后面的一而再再而三的告状。但回头来看,这不是她告状的最初动因,她告状的最初动因是惩罚前夫秦玉河,惩罚秦玉河是因为他打破了最初的信任关系,因此,惩罚就应当是对于秦玉河的背信弃义进行惩罚。但是,现代法治无法提供这种惩罚,且不说当初她和前夫之间的假离婚是为了达到一个非法的目的。她要告的法院和行政机关在秦玉河应该受到惩罚的问题上并没有任何偏袒,对于小说中李雪莲接触过的那些法院和行政机关官员来说,我们充其量只能说他们不够热情,他们不止一次地说李雪莲是"刁民",认为她是一个难缠的人,在他们看来,纠缠于芝麻大的小事不放,就是"刁民"。但是,出于现有的考核机制的原因,他们又拿她没有办法,不能把她一抓了事,实际上,如果行政机构采取了这种办法,也就不会有后面的故事。因此,小说家刘震云并非单纯为了揭示我们的法院和行政机构未能正确处理好同民众诉求之间的关系,比如说,在对于李雪莲的案件中,少了一份热情。实际上,那些官员之前之所以拒绝她,不是有意要针对和排斥她,官员系统的不了了之,在小说讲述史为民的章节中表达得很清楚,是因为他们觉得离婚的事情不应该和政府闹,是她和前夫两个人之间的事情。换言之,是家事,而自古以来就有"清官难断家务事"的说法。这次的上访最终以李雪莲被抓进拘留所告终。其实,抓李雪莲进拘留所也并非蔡富邦市长的本意,不过是因为三天之后市里就要进行"精神文明城市"验收,李雪莲在市政府门口静坐,会对验收产生不利影响。

官员们在此之前都是消极地面对李雪莲,因为在他们看来,这是芝麻大的小事,直到李雪莲进京告状,惊动中央领导,事情才颠倒过来,变成了大事。但是,在现代法治的框架之下,李雪莲的诉求又无法得到解决,因为不能在法律之外对秦玉河进行惩罚。实际上,在李雪莲的上访故事中,秦玉河始终是缺场的。在整个上访过程中,没有人真正关心李雪莲究竟为什么上访,他们在乎的是李雪莲上访本身,她的上访成了一个符号。她最初因为市里要进行精神文明城市验收而被抓进拘留所,其实已经透露出了这一点,这个时候的上访,会具有政治上的影响。

她的成功上访给各级官员们造成了恐慌,如果她再成功地进一次人民大会堂,那么又会有从上到下的官员被一撸到底。于是我们就看到了一个奇怪的现象,官员们主动接近李雪莲,实际上不是出于李雪莲的诉求本身;官员们接近李雪莲,是出于他们的恐慌。

官员们的恐慌不是从李雪莲告状的一开始就有的,而是她进了人民大会堂,一干人的职务被撤了之后才产生的。法官王公道就是曾经被撤职的人,但二十年之后,他还是当上了当地法院的院长。二十年之后,李雪莲本来已经放弃了告状的想法,但王公道对于她的想法表示怀疑,认为不过是一种缓兵之计,她根本就不可能放弃告状。王公道对于李雪莲的不信任来自一种恐慌,这种恐慌可以从他和新来的县长郑重之间的谈话中看出来。"领导的心思,也像李雪莲的心思一样,咱也猜不透,您以为撤干部领导会心疼呢?中国什么都缺,就是不缺干部;撤一批,人家正好换上一批自己的人。"(页 118)

令官员们恐慌的因此就是组织措施,也就是撤销干部。而与采取组织措施相关的就是政治观念。这个政治观念最初是通过中央领导人之口说出来的,后来在马文彬对郑重的训话中再度出现。这个政治观念的内涵无非是两点:第一,不信任人民,站到了人民的对立面;第二,政治影响,尤其是在全国人大会议期间。在互联网和微博时代,这样的影响就会更大。不过,这一次官员们的恐慌还有更重大的理由,这就是,今年是换届年。换届意味着李雪莲的告状会影响到某些人的政治前途,就像她在二十年前的告状影响过某些人的政治前途一样。因此,说到底,官员们的恐慌出于对自身职务的关切。被撤职意味着政治生命的终结，采取组织措施，成为官场上的一个杀手锏。这一杀手锏对于县长郑重来说特别有效，市长马文彬善于用这个杀手锏，他在干部任用方面的讲话非常有技巧（页127）。在李雪莲逃出公安人员的监控之后，郑重接到了市长马文彬的电话，听到电话中马文彬说了对他“有些失望”后，他出了一身冷汗，接下来马文彬强调自己在北京开人大会议期间，不希望在那里看到李雪莲。挂完电话后，郑重发现，“自己的衬衣衬裤，从里到外都湿透了”。不仅市长马文彬善于运用组织措施，县法院院长王公道也善于运用。

在某种意义上，正是这种恐惧在推动着李雪莲的上访。其实在二十年后，她本来已经决定过自己的平静日子，不再上访，但在这种恐惧的笼罩下，官员们并不相信她不再上访的选择，二十年前从市长到基层法官被一撸到底的往事仍然萦绕在他们的心头。在这种恐惧的支配下，他们开始主动接近李雪莲，这令李雪莲反感。这种恐惧阻碍了他们和李雪莲之间的信任。

李雪莲是一个漂亮的妇人，至少在她告状的一开始是，那时她才29岁。她也是一个非常有生活情趣的人，即便她常年告状在外，家里仍然收拾得干干净净，她甚至还贴着墙院种了两趟花，让人感觉不到是一个告状的人家。然而，这个精明的、懂得生活的妇人，为何一定要坚持对于前夫的惩罚呢？为何不选择去过一种更好的生活呢？在李雪莲的生活中，很少有得到心理安慰的地方。在打官司这件事情上，只有孟兰芝支持过她，孟兰芝也是一个家庭生活不太幸福的女人，经常遭到家庭暴力。在她长达二十年的告状生涯中，只有家中的牛给她过心理安慰，因为当初她和前夫秦玉河在商量假离婚时，牛是唯一的见证者，她同牛有过两次幻想的谈话，她相信牛给她的暗示，她决定放弃告状了。但是，没有人相信这一点，没有人感受到牛对于她的意义，对于发生在二十年前的那次和前夫的谈话，除非前夫承认，或者除非有一个见证人，否则她无法证明那是假离婚。在同牛谈话这件事情上，体现了李雪莲身上的信任危机。“让李雪莲生气的是,全世界这么多人,怎么就没人信李雪莲一回呢? 或者,怎么都不如一头牛呢?”(页147)其实,有关牛的谈话,赵大头是听懂了的,因此李雪莲在赵大头身上感到了一种信任,感受到了一种人与人之间的温暖。在泰山脚下,他们两人有过一场推心置腹的交谈,并且甚至可以说她将自己的后面的生活托付给了赵大头,她对赵大头的体贴,有如一个妻子对于丈夫的体贴,但赵大头只是为了拿这种感情做交易。这是导致她决意告状到底的原因。

因此,导致李雪莲坚持告状的,不是行政官员的贪赃枉法,而是她的生活中缺乏信任,她试图通过诉诸法律、诉诸行政机构获得的正是这种信任,她要惩罚的是秦玉河的背叛信任的行为。她之所以要告那些官员们,是因为这些官员们只是担心自己的职位,而根本不关心她的案件,以及在她的案件中失去的那种信任,甚至这些官员和她之间也缺乏信任,不仅如此,这些官员们还利用了她对于赵大头的信任。从这个意义上讲,李雪莲的上访,在性质上就不同于窦娥的申冤和小白菜的申冤。她的告状是为了通过法律,通过行政机构,寻找到失去的信任。然而,现代的法治无法给她提供这种信任,在一套由证据法和程序法建构的现代法制中,并不能够提供给公民这种信任。不仅如此,当她不想继续告状、放弃告状的时候,还没有人相信她。

李雪莲之所以要上访,不是为了实现自己的权利,而是为了找回已经失去的信任,惩罚破坏这种信任的人。具体来说,她的告状是因为她前夫的背叛,是因为假离婚变成了真离婚,是因为她的前夫秦玉河对她的一句侮辱性的话,她的告状不是为了名誉权,她不懂得有名誉权这回事,她一直追求事情的真相,一直想证明当初是假离婚而不是真离婚,正是为了惩罚背信弃义者,一旦确定了这个真相,她的前夫就成了背信弃义者。然而,没有人相信她的话,她转而告那些政府官员,正是因为他们就和她的前夫一样,在这里也没有人给她信任。他们不仅是没有给她信任,而且还对她不信任,真正使她下定决心告官员的,是这些官员们因为恐慌而加剧了对她的不信任，让她觉得这些官员和秦玉河、赵大头都是一类人。

李雪莲上访的开始就是她产生不信任的开始，她不信任法官王公道的判决，她去找董宪法。在董宪法那里受阻碍之后，她去找的都是带长的官员——法院院长、县长、市长。为什么要找这些人？因为这些人官大，是管事的，仿佛只有在这些人这里才有信任存在。很显然，她不认为法院是说理的地方，也就是说，法院不如那些带长的官员可信，因此接下来她就将法院抛弃在一边，找法院院长，然后是县长和市长。甚至后来，她觉得县长和市长都不可以信任，只有北京才能信任，去北京才是上访，她的算术本里面记录的上访都是去北京的上访。在她看来，只有在北京才能发现什么是真，什么是假，仿佛只有在北京才有信任存在。对于基层政府的不信任，也是可以在《我不是潘金莲》这部小说中所能够找到的一条线索。

因此，从这个角度来看，《我不是潘金莲》讲述的就是一个信任的故事，讲述的是人与人之间的信任，讲述的是公民与政府之间的信任。上访的开端是没有信任，推动上访的是缺乏信任。开启这个故事的，是李雪莲前夫的背叛，李雪莲想要惩罚背叛她的前夫，她所寻求的是信任。然而，她不能通过法律体系获得这种信任，或者说，现代的法律体系无法给她这种信任。于是，她的告状甚至在很大程度上不是通过法律秩序来解决。小说自始至终没有说到制度，这里没有制度，这里仅仅有的是一群人，一群热衷于利益算计和追逐的人。在利益算计和追逐的背后，缺乏人与人之间的彼此信任。

这种算计始终弥漫在整个小说中，当李雪莲为了推翻自己的判决而去法院寻找帮助时，她的案子首先被一个姓贾的庭长推给了一个不喜欢法院工作的，并且人缘不那么好的专委董宪法。为什么要推给这个董宪法呢？那个贾庭长之所以要将她的案子推给董宪法，“并不是他跟董宪法过不去，而是他不敢推给别的上级，如几个副院长；更不敢推给院长；何况他平日就爱跟董宪法斗嘴；两人见面，不骂嘴不打招呼，昨天晚上，老贾又在酒桌上和董宪法斗过酒；便想将这气继续斗下去”。这种人与人之间的算计基本上可以在这部小说的每一页中找到，可以说是市场时代人们生活方式的一个缩影。

有关买卖的场景在这本小说中也多次出现。李雪莲其实就是一个生意人，在整个上访过程中，她的精明和算计更多是生意人的思维，比如说她和胡屠户的交易，她想要拿自己的色相换胡屠户来帮她杀人。而专委董宪法最喜欢的其实也就是去市场做生意。王公道被李雪莲几番折腾后，萌生的想法也是去做生意。最终，史为民真正地做成了生意，成了真正的生意人。镇长赖小毛、县长郑重、市长马文彬和蔡富邦、省长储清廉这些人，都是在算计，都是为了避免李雪莲的告状给自己的政治前途带来影响。而最终导致李雪莲最后一次进京的，则是赵大头和贾聪明之间的交易。看清楚这一点，就会知道《我不是潘金莲》其实描述的就是市场时代的交易。这个交易体现在政治生活中，李雪莲的告状最终成了交易的由头。李雪莲其实是人生生意场上的失意者，一个孤独者，在小说所描述的她的情感世界中，没有让她感觉温馨的地方，她的确想过和赵大头过一辈子，但没有想到这是一个圈套。如果赵大头和她的结婚是没有条件的，不是拿这个去为自己的儿子找工作做交易，这个上访案也就彻底结束了。

因此，李雪莲整个上访过程就是被这种各方的利益算计推动向前的。整个的上访成了利益的竞技场，从而缺少了温情脉脉，变得有些戏谑，也缺乏了上访的严肃性。本来上访是为了维护被他人恣意剥夺的权利，是为了监督政府权力的滥用，但是在这部小说中，上访成了一群人满足自身利益的工具。整个上访过程结束于秦玉河的死亡，因为一旦秦玉河死亡，告状就没有了由头。结束上访的就是一个偶然事件，是秦玉河遭遇的偶然车祸。

整个上访过程的戏谑性没有因李雪莲的上访失败而告终，如果仅仅停留在这个失败上面，这个结局多少是悲剧性的。李雪莲最终决定自杀，她不知不觉地走到了一块采摘园，在成功自杀的关头被采摘园的老板救下，老板指责她不应该在自己的园子里自杀，因为死了人就没有人来这里了。采摘园的老板建议她去对面自己竞争者的采摘园自杀，反正她想死，“换一棵树”耽误不了多大工夫，这样也算帮自己做了一件好事。有关李雪莲告状的结束仍然是算计，没有人与人之间的信任与温情，上访者的死亡不过是他者的工具。但是，这个结尾似乎也传递了另一重意思：不要在一棵树上吊死，其实人原本还可以有许多选择，原本还可以有希望。李雪莲所想要获得的信任其实在其他地方就有，她的姨表弟乐小义就是一个仁义之人，他在李雪莲最困难的时候，拿出自己的钱给她交了医药费，并且收留她在身边一起生活。

结　语

刘震云在构想李雪莲上访故事的时候，很显然知道很多当代中国的上访故事。我们可以将李雪莲的告状视为是对当前信访制度的大胆批评，在这部小说中，各级官员的言行举止鲜活地呈现出了一幕幕官场现形记。我们也可以认为这部小说反映了当下信访者自身的问题，现实中的确有一部分上访者是胡搅蛮缠，将芝麻大的小事变成大事，唯恐天下不乱。但是，无论是从哪一方面讲，似乎都不能穷尽他这部小说想要传达给我们的真实意图。作为小说家的刘震云将上述印象都整合到了这部小说中，让人各取所需，也让人一时间摸不着头脑。在这部讲述信访故事的小说中，法制似乎是缺场的。这里所讲述的不是制度，而是人的欲望，法制被人的欲望所吞噬，对于正义的寻求结果成了各方的交易。

令人奇怪的是，李雪莲的上访失败不是《我不是潘金莲》这部小说的结尾，这部作品有一个奇怪的结构，李雪莲的告状其实是前两章的内容，但这两章的标题是“序言”。同时，这部小说没有结尾，全书只有三章，第三章才是正文，题为“正文：玩呢”，相对于作为序言的前两章来说，作为正文的第三章篇幅极其简短。这的确是值得我们思考的事。我们通常的写作习惯是将重要的事情、实质性的内容放在正文中说，这个太过简短的正文，是不是在暗示着其实没有任何重要的事情和实质性的内容？

在作为正文的第三章中，上访成了主角史为民从北京回到他所居住的小城的手段。史为民恰恰是在李雪莲的上访过程中被处理的官员，在他担任县长时，因为没有妥善解决李雪莲的事，最后被撤职。但是，这位曾经的史县长并没有像李雪莲一样四处申冤，而是过起了自己滋润和悠闲的饭铺老板的生活。

有关史为民借助截访者在春运期间回乡的故事其实并不稀奇，我们早就听说过不少在春节期间因为买票无法回家而利用截访者最终顺利回乡的事。但是，刘震云的叙事的巧妙就在于：第一，正文部分中将上访作为手段或者工具，将上访当儿戏来加以利用的上访者，其实也不是一个真正的“上访者”，这就和前面的序言中讲述的上访故事一样，其实没有真正的“上访者”，整个上访制度完全是凭借着官员们的恐惧而被启动的。第二，同样是上访，同样是作为工具，但是为何在史为民这里，上访成了一件儿戏，而在李雪莲那里，却如此悲怆呢？史为民在被撤职之后，也曾经大呼冤枉，并且大骂也要告状去。他终究是告了一回状，但目的是在春运车票紧张的时候，及时赶回家中打一场麻将。与史为民相类似的还有一个人，这就是专委董宪法，董宪法其实对法院的工作毫无兴趣，相对于法律工作来说，“董宪法觉得，牲口市上的牲口牙子，与人在袖子里捏手、撮合双方买卖，都比法院的工作强”（页 33）。这是一个巨大的反讽。董宪法被去职时高高兴兴，唯一不闹不哭的人就是他，“他听完了文件传达，转身就走出来，边走边说，去求，早不想跟你们玩了,我到集上当牲口牙子去”(页103)。

小说中讲述的史为民的上访故事完全变成了玩笑,没有任何的严肃性。这种玩笑或者严肃性的缺乏也体现在刘震云有意设计的人名上面,如王公道(枉公道)、贾聪明(假聪明)等,这些与上访联系起来的人名有着讽刺和戏谑的风格。上访在《我不是潘金莲》这本书中成了各方可以利用的工具,其实,上访对李雪莲来说也是游戏,她不过是借此表达她对一个缺乏信任的世界的愤怒而已。

走向共同体的权利观

——近代以来法理学发展的一种考察

近代法理学之基本思想主题从提出到完成,忽焉已逾百年。中国共产党成功地领导新民主主义革命,推翻国民党政府,成立了中华人民共和国,废除了国民党的"六法全书",并于1954年颁布实施《中华人民共和国宪法》,开创社会主义法制的新时代。此后至今,当代法理学已进入反思基本政治法律制度的阶段,呈现出丰富的发展形态。①

本文以自然权利观的萌芽、形成、发展和完成为主要的逻辑线索,综述晚清以来中国法理学的发展。自然权利学说尽管源自西方,但并非纯粹的舶来品,早在宋明理学时期,它就已经开始在中国思想家的学说中萌芽与生长。作为一种尊重人性、积极回应人的现实需求的学说,自然权利观有极其重要的现实意义,它必将冲破传统律学思想的重重束缚,塑造适合于自身的政治形式,并在这一政治形式创建完成之后,仍然发挥着反思性和批判性的效应。从某种意义上来讲,百年以来的中国法理学,其核心仍然是权利法理学;百年以来的中国法理学的发展,展示了权利观念的一个运动的、不断深化和丰富的内在结构。

---

① 本文有关"近代法理学"和"当代法理学"的称法,在时间上以1949年中华人民共和国的建立为分界点,在此之前,称之为近代法理学阶段;在此之后,尤其是1978年之后,则称之为当代法理学阶段。值得注意的是,本文有关近代法理学阶段的叙事和分析(前三节),有别于程波在《中国近代法理学(1895—1949)》中以晚清至民国种种《法学通论》教科书及其凸显出来的法理学知识结构和话语体系为核心的三阶段划分法。参见程波:《中国近代法理学(1895—1949)》,商务印书馆2012年版。

一、近代权利观的兴起

近代中国法理学从古代律学发展而来。古代律学无论是在法典内容方面，还是在实际司法活动中，都受儒家伦理思想支配。[①] 宋明时期，律学的核心思想即儒家的宗法伦理发生了巨大变化。一方面，以朱熹为代表的程朱理学继承孔孟"道统"，进一步将"天理"提升到本体论地位；另一方面，王阳明提出"致良知"学说，主张让人的欲望和情感得以正当宣泄，遂使程朱理学确立的理欲世界观向重视人的现实存在的自然欲望和感情的方向变化和发展，透露了"天理"个人化即"私"化的端倪。从古代"律学"中脱胎而来的"理欲"世界观的转换，成为反思和批判传统政治制度的工具。晚明时期，王夫之和黄宗羲等人树起了对现实律学制度加以猛烈批判的大旗，反对根据"道统""天理"建立的一整套现实政治系统，这股批判思潮，极大地推动了中国近代法理学的产生。

思想史的变迁呼唤着迥异于"律学"的全新的"法学"世界观的产生。清代中叶大学者戴震明确提出"人伦日用，圣人以通天下之情，遂天下之欲，权之而分理不爽，是谓理"的思想，全面肯定人欲在理欲世界观中的地位。迄至晚清时期，对于人欲加以肯定的思想已趋于成熟，但尚未形成基本话语。在传统政治结构背景下，成熟的思想形式缺乏现实化的动力。此种情形因十九世纪末二十世纪初中国社会所面临的困境得以改观。在这一时期，法理学获得了其独特的形式，这就是"改旧律创新法"的近代法理学阶段。

近代中国法理学的兴起面临着复杂的背景，一方面它受到了西方思想的影响，吸收了西方思想家的理论营养，另一方面它又并未脱离自身深厚的文化土壤。中国传统思想演进本身发生的思想基调的转向，

---

① 参见瞿同祖：《瞿同祖法学论著集》，中国政法大学出版社 1998 年版，第 361—381 页。

为近代自然权利观的生长提供了坚实的意义支撑。中国传统文化内在的发展要求,是近代思想家们开拓新的思想天地的根本动力和源泉。新的价值根基的培育,以及在此基础上的新的政治法律结构的培育,始终是晚清以来到"五四"时期人们面临的重大问题。康有为、梁启超、严复等近代中国思想家们,为了真正解决中国当时的实际问题,在向西方寻求真理的同时,继承了晚明以来思想史发展的主题,即对人之自然权利的高度肯定,又在此基础上,吸取西方的思想、学说和制度设计,以为现实政治体制的改革服务。

"权利"是近现代政治法律文化的核心概念,其基本含义和精神在于承认个人之自主性的正当地位。近代"权利"概念的出现,根本原因在于中国传统思想内在的东西发生了实质性变化。近世意义上的"新人"的发现,在思想史上随着人欲的价值偏转而诞生。如前所述,自宋明理学以来,发生了"天理—人欲"结构向新型的"人欲—天理"结构的转换,这一变化在康有为、梁启超、严复等近代中国思想家们的笔下更为彻底。他们走出了传统儒学所倡导和捍卫的人伦道德的世界,而重视人的现实欲望和情感的变化,人的主体性精神得到了前所未有的张扬和发展,从而发展出了一套与传统理学家所强调的天理世界观相对立的公理世界观。

正是在此意义上,近代中国对于自然权利的接纳并非完全受到西方现代文明强迫的结果。如果说在近代西方,人们根据自然法而推演出不可剥夺的自然权利,那么在近代中国,思想家们则根据公理世界观而接受了源于西方的正当性意义上的"权利"观念,"权利"同样成了判断现实政治法律制度之合理性、正当性的价值尺度。①

近代中国自然权利观的出现为近代法理学的形成奠定了思想史基础,在此基础上,中国法理学的发展旗帜鲜明地摆脱了传统律学的藩篱,而进入到全球化视野中。在这一思想史背景下,法理学的发展呈现

---

① 参见赵明:《近代中国的自然权利观》,山东人民出版社2003年版,第103—133页。

出了两个面相：一方面，自然权利观作为一种内在精神需要，要求建立平等自由的政治观和法律观；另一方面，正是这种内在的精神需要，使得近代法理学得以从律学的藩篱中彻底摆脱出来，从而形成一套独立于律学传统的法理学话语。

早在戊戌变法之时，康有为就曾请开法律局和制度局，开启了中国法制现代化的历程。法律改革以及修律运动的真正启动大致始于二十世纪之初。1902 年，张之洞、刘坤一和袁世凯上奏清廷，称"律例者，治法之统纪，而举国上下胥奉为准绳者。我朝律例，邃密精深，本可无议。但风云即屡有迁嬗，则法制不能无变更。方今五洲开通，华洋杂处，将欲恢宏治道，举他族而纳于本同，其必自修改律例始"[①]。这一时期法学发展中的主要人物包括沈家本、伍廷芳、薛允升等人，他们先后草拟《大清新刑律》《大清商律草案》《大清民律草案》《民事诉讼法》《刑事诉讼法》等贯注新精神的法典，标志着传统的律法体系的瓦解。

大规模的修律活动反映了清王朝与西方社会接触之时不得已而为之的策略，但也有极其深刻的思想史和观念史背景。近代思想家对于自然权利观的提倡和在此基础上的西方新型政治理念的传播，使清王朝的统治者不得不顺应时代发展的大趋势。在此背景下，晚清立法中出现了各种争论，其中尤以围绕《刑事民事诉讼法》和《大清新刑律》进行的名为"礼法之争"的论争最为激烈。其实质是礼教和法理两种不同的法律思想之间的论证，前者以维护宗法家族制度，进而实现维护整个封建制度为目的，后者则代表了西方近代政治法律观念。必须注意的是，礼法双方都不绝对地主张礼教或法理。[②]

---

① 程燎原：《清末法政人的世界》，法律出版社 2003 年版，第 184 页。

② 礼教派的代表是张之洞和劳乃宣，法理派的代表是沈家本，此外，个别封建士大夫和在华外国人也参与了论争。围绕《大清律例》有关礼教规范，诸如干名犯义、犯罪存留养亲、亲属相奸、亲属相盗、亲属相殴、故杀子孙、杀有服卑幼、妻殴夫夫殴妻、发冢、犯奸、子孙违反教令等条文，就其是否全部列入新刑律以及如何列入的问题展开了争论，在此过程中，尤以"无夫奸"和"子孙违反教令"两条争论最大。参见李贵连：《沈家本传》，法律出版社 2000 年版，第 297—298 页。

二、近代权利观的法理学表达

在自然权利观和大规模修律活动的影响下，近代法理学逐步走向自觉阶段。一方面，大量的法律与法学著作的翻译逐步形成了近代法理学所使用的特有话语；另一方面，近代法理学寻找到了其初步的研究对象——“中华法系”。近代法理学意识到了中西法律文化之间存在的差异，并致力于对于此种差异做详细讨论，以在这两者之间寻找妥协的出路。

近代法学家注意到，中国法律存在着两个基本问题：一是，采自西方的现行法律是以个人观念为基础的，因而与中国传统观念之间发生了矛盾；二是，采自西方的现行法律，在其以逻辑体系为运用的方法上，与中国传统观念之间发生了矛盾。他们还注意到，西方国家的法律是内生的，是所谓的“观俗立法”，而清末新法的创制是受了当时社会情况的逼迫，而这种逼迫主要是来自国际环境方面。在法律思想上，中国传统只有具体道德规范的实践领会，缺少抽象法律原则的逻辑推演，而西方国家在历史上已经过数次严格法的训练。①

近代法理学试图调和两种不同的法律文化，以使近代中国社会更易接受西方政治法律文化，从而使新型政治法律文化的建构，既能不否定传统律学精神的合理性，又能获得新的要素。究其本质，近代法理学在本质上仍然是“政治的”，而非“纯粹法律的”，对现实民族政治生活的关切是近代法学家最根本的问题意识，也是近代法理学发展的基本动力。这一时期，大批优秀的法学家先后从海外归国，投身于民族政治生活的洪流中。不仅如此，一大批外国学者和专家也开始对中国特有的法律文化加以讨论和关注，并参与到近代中国的法制建设中来，其代

---

① 参见王伯琦：《近代法律思潮与中国固有文化》，清华大学出版社 2005 年版，第 399—407 页。

表有美国著名法学家庞德。[①]

中国近代是翻译的盛世。对人文社会科学的书籍的翻译，早在鸦片战争前后即已开始，此后，京师同文馆、江南制造局下设的译书局以及外国传教士在中国建立的广学会等机构，均组织过译书活动。近代法律及法学著作的翻译，直接为法理学研究提供了材料，形成了一批特有的具有民族风味的法学话语。十九世纪六十年代洋务运动开始以后，出于适应洋务外交的需要，形成了一股以翻译国际法为主的小高潮。但是，由于缺少现代法律词汇，翻译者大多为外国人，因此中译外国法律法学著作，一般中国人无法读懂。这一现象直接反映出在中西法律文化之间存在差异。为了克服这一文化沟通上的不便，近代的法政人费劲良苦用心，创造了一大批新的“法言法语”。

1864 年，美国传教士丁韪良（W. A. P. Martin）和他的同僚们翻译自亨利·惠顿（Henry Wheaton）《国际法原理》（Elements of International Law）的《万国公法》出版，这是首次用中文翻译西方法学著作。他们遇到的最大难题是如何在两种截然不同的文化中找到对应的语言，最后他们把眼光停留在“权利”这一在古汉语中含有贬义的词语上，并成功说服了当时的清政府采纳这一表达。仅仅在《万国公法》出版四十余年之后，1912 年颁布的《中华民国临时约法》就为现代公民权利中的绝大部分列出了规范的表述。自此，无论建立在何种政治权威或意识形态之上，几乎每一种宪法都在内容上包括了一部公民政治权利的典章。这些权利典章涉及政治、经济、宗教和教育。它们使用了民主、平等和自由的术语，并且说到了政治参与权、财产权、言论和出版自由权、示威和集会权、婚姻自主权、劳动权和休息权等。[②] 据考证，除“权利”一词

① 参见王健编：《西法东渐——外国人与中国法的近代变革》，中国政法大学出版社 2001 年版。

② 参见夏勇：《中国民权哲学》，生活·读书·新知三联书店 2004 年版，第 91—92 页。关于“权利”一词被引入近代法理学的具体情况，参见赵明：《近代中国的自然权利观》，山东人民出版社 2003 年版，第 122—133 页。至于更为详尽的考证，参见俞江：《近代中国民法学中的私权理论》，北京大学出版社 2003 年版，第 83—98 页。

外,诸如民主、自由这些词,都是来源于中国,而非从日本开始。①

1909 年,著名的翻译家严复翻译出版了孟德斯鸠的《法意》,他忠实于原著,严格地把握原著意图,在译文中还时时交织着一些极有见地的"按语"。《法意》一书的翻译是近代法理学中的重要事件。在"按语"中,严复表达了民主政治是人类社会发展至高点的观点,坚信人类朝着民主政治的进化是分阶段的,肯定文明的利己,反对"自我克制",拥护与整个儒家传统相对立的非人格的"法治",而反对任何形式的"圣贤之治"。② "法意"一词准确地表达了对于藏匿于法律制度背后的精神世界的追求,被作为法理学之根本精神最为恰当的高度概括之语而沿用至今。

十九世纪八九十年代,黄遵宪撰写了《日本国志》,其中的《刑法志》系翻译注解日本明治维新时期颁布的《刑法》和《治罪法》。日本这两部法律成为中国法律改革前影响最大的外国法。借助于日本语言和文化,中国近代法政人创造和吸收了许多法律用语和习惯。二十世纪初期,在清政府开始修律的谕旨中,既有令出使大臣查取各国法律咨送国内之语,又有参酌各国法律,务期中外通行之令。在修订新律的过程中,修订法律馆始终将翻译各国法律作为最重要的一项任务。这一时期,在西方法学思想以及部门法学著作的译介方面,不但数量上大大超前,质量上也为前期翻译所无法比拟。

近代跨中西文化之间的翻译,是不同价值体系之间的"文化翻译",如何实现两者之间的有机转换,达到既定的翻译目标,是译者面临的一大难题。到二十世纪上半期,这些困难逐渐被克服,产生了民法学、刑法学、国际法学这些重要的法律门类,相应地,"公法""私法""人格"

① 参见夏勇:《朝夕问道——政治法律学札》,上海三联书店 2004 年版,第 164 页。

② 参见〔美〕本杰明·史华兹:《寻求富强:严复与西方》,叶凤美译,江苏人民出版社 1996 年版,第 159 页。

“私权”等法学中的重要概念得以引入和生成。[①] 究其原因，一是日本新创法律名词大量引入，法律概念得以更新；二是外文原本多为清朝驻外使节通过外交途径收集购买，版本比较准确完整；三是翻译人员的外语和专业素质较之以往大大提高。而在所有原因中，最为根本的乃是自然权利观念的盛行，大大加深了人们对西方近现代法的理解能力。[②]

翻译能力的提高意味着不同法律文化之间沟通能力的加强。在此基础上，近代法理学得以进一步展开对于西方法律史的研究，如李谊琛对古日耳曼法的研究以及黄右昌、丘汉平、陈朝璧、周枏等人对罗马法的研究，都达到了较高水平。不仅如此，在西方法律思想方面，分析实证法学派、自然法学派、社会法学派、哲理法学派、概念法学派等各家各派的著作都得到了译介，一大批近代法政人远涉重洋，师从西方法理学和法哲学大家，极大地扩大了近代法理学的视野，提升了近代法理学的言说能力。到二十世纪二十年代，近代法理学达到了它的黄金时代，出现了许多兼通中西文化的法理学大家，其中著名者有张君劢、吴经熊、萧公权、徐道邻等人。

近代法理学究竟以什么为其研究对象，是值得深思的问题。由于近代中国政治局势动荡不安，主权遭到破坏，法理学还不能完全以主权者的命令为其研究对象。实际上，近代以来的法学家多是深入到中国古代法律世界中，探究中国古代法的精神和原理，并出版了大量探究中国古代法律文化的重要论著。沈家本、程树德、杨鸿烈等人便是这一时期法学家的代表，他们主张新型政治法律文化的正当性，又不完全否定传统法律文化中那些值得保留的方面，他们试图从传统中开新，促使了近代法理学的独特研究对象的产生，此即“中华法系”。

根据学者们对“中华法系”的界定，“中华法系”具有三个特征：其

① 关于“民法”被引入近代法理学视野中的具体情形的讨论，参见俞江：《近代中国民法学中的私权理论》，北京大学出版社2003年版。

② 参见李贵连：《沈家本传》，法律出版社2000年版，第211页。

一，私法规定少而公法规定多；其二，法典所规定者，非必行法；其三，中国法多含道德的分子。二十世纪上半期曾经有过一场关于“中华法系”之论题的大讨论。[①] 杨鸿烈的《中国法律对东亚诸国之影响》一书，在这场讨论中被誉为“中华法系研究进程中具有里程碑性质的著作”，他将“中华法系”定义为，“盖指数千年来支配全人类最大多数、与道德相混自成一独立系统且其影响于其他东亚诸国者，亦如其在本部之法律制度之谓也”[②]。陈顾远先生的《中国固有法系与中国文化》《中国固有法系之简要造像》诸文，则对于“中华法系”诸问题进行了集中的讨论。[③] 在这一涉及“中华法系”的讨论中，瞿同祖所著的《中国法律与中国社会》一书将法律与社会发展以及政治结构变迁相结合，探究“中华法系”的基本精神及其主要特征。他指出，“中国古代法律的主要特征表现在家族主义和阶级概念上。二者是儒家意识形态的核心，和中国社会的基础，也是中国法律所着重维护的制度和社会秩序……研究任何制度或任何法律，都不可忽略其结构背后的概念，否则是无法了解那些制度或法律的，至多只知其然而不知其所以然。从这些概念中，我们才能明白法律的精神，体会为什么有这样的法律”[④]。《中国法律与中国社会》将从汉代到清代二千余年的法律视为整体，旨在探究中国古代法在此期间有无大的变化。这种关于法律史的研究方法，开启了一代新风，大大深化了人们对于“中华法系”的理解。

“中华法系”之所以能成为近代法理学的研究对象，与近代中国的时代背景有密切关联，由于民族的政治法律生活遭到“治外法权”损害，近代法理学难以在现实生活中找到可供反思和批判的对象。这就使近代法理学转而以建构研究对象为其任务所在。“中华法系”概念的出

① 概括性的讨论参见俞荣根、龙大轩：《中华法系学述论》，载中南财经政法大学法律史研究所编：《中西法律传统》（第五卷），中国政法大学出版社 2006 年版，第 119—138 页。

② 杨鸿烈：《中国法律对东亚诸国之影响》，中国政法大学出版社 1999 年版，第 11 页。

③ 参见范忠信等编校：《中国文化与中国法系——陈顾远法律史论集》，中国政法大学出版社 2006 年版。

④ 瞿同祖：《中国法律与中国社会》，商务印书馆 2010 年版，“导论”第 xii 页。

现,正是此番努力的结果。在近代法学家看来,传统法律体系“有其历劫不磨之真价值存在”,他们希望,“我东亚法家均能回顾数千年来我祖宗心血造诣之宝贵财产,不惟不至纷失,且更进一步力采欧、美之所长,斟酌损益,以创造崭新宏伟之‘东洋法系’”①。然而,由此所导致的问题是,“中华法系”这样一个被理论家们构建出来的法理学的对象,在根本上并未回应前述晚清以来中国社会已经开始形成和发展的权利观念。

三、自然权利与政治国家

清末法政人的生长及其价值的凸显,具有与从前中国古代律学家、律博士和刑名幕友不同的背景、生长机制和认知前提,传统的法律教育,包括清代的“讲读律法”和刑名幕友的学徒式培训,难以适应清末新政和筹备立宪时代的政治法律之变。不论是官吏的自修、历练,还是师徒培训模式,都不足以培植大规模的法政人才。加上新政和筹备立宪所急需的人才,绝非仅仅熟谙刑名讼案之辈,而是精习现代政治、法律原理与知识的新进之士。②

在上述背景下,近代法理学应运而生,它必须对新型社会结构和政治变革进行深入思考,寻找建构新的法律文化的出路。在这个动荡的世界里,近代法学家没有放弃法律理想,有着鲜明的问题意识,“在清末,特别是晚清最后十余年,不少思想家、朝廷大员以及新潮学生或初生的媒体,表达了唯有变法、新政、立宪才能解救危亡之国家、危亡之朝廷的思想,唯其如此,法政的地位才充分地得以凸现,而政法人也就被

① 杨鸿烈:《中国法律对东亚诸国之影响》,中国政法大学出版社1999年版,“全书提要”第7页。

② 参见程燎原:《清末法政人的世界》,法律出版社2003年版,第6页。

认定为救时济世之才”①。

尽管近代法理学的发展有极深刻的思想史背景，但由于缺乏制度条件，因此不得不以塑造一种与权利观相契合的政治秩序为其自身的必然使命。随着中国近代社会形势的变化，法学的政治色彩日益厚重，对于“中华法系”的研究显然不能满足政治发展的现实需要。大约从二十世纪二十年代后期开始，近代法理学进入彻底政治化的时代，法理学思想与近代社会政治思潮难舍难分。

孙中山领导的革命派推翻了传统帝制，却无力建构新的和稳定的政治秩序。袁世凯复辟帝制，希图确立起统一的专制集权，为反对袁世凯，各地兴起“联省自治”运动，以湖南省宪运动为开端，全国各地相继进入“省宪运动”时期。与此同时，一方面，受国际资本帝国主义的影响，又因中国社会的经济状况，近代中国走向了一个混乱的军阀时代；②而另一方面，人格自由、平等的呼声却愈加强烈。

这一时期，个性解放、人格独立和自由、理性的价值在新型知识分子群体中得到普遍确认，并通过各种政治主张得到宣传，③其中尤以无政府主义和空想社会主义对广大青年知识分子的影响为大。五四运动竖起了科学与民主的大旗，明确把中国今后努力的方向规定为科学与民主，认为真正的共和立宪不仅在于政体，即民主形式，更重要的是国人的民主意识。五四人强调科学精神，希望能用科学的法则、理性的精神检讨“国民性”。这一时期创办了著名的《新青年》杂志，出现了研究马克思主义的团体，大批进步刊物的创办，扩大了马克思主义的宣传阵地，马克思主义逐步成为居主导地位的社会变革思想。1921 年 7 月，党的一大召开，中国共产党正式成立。次年 7 月，党的二大提出了比较适

---

① 程燎原：《清末法政人的世界》，法律出版社 2003 年版，第 7 页。

② 参见毛泽东：《外力、军阀与革命》，载《毛泽东文集》（第一卷），人民出版社 1993 年版，第 10—12 页。

③ 参见毛泽东：《在新民学会长沙会员大会上的发言》，载《毛泽东文集》（第一卷），人民出版社 1993 年版，第 1—2 页。

合国情的正确的政治纲领,中国共产党作为一个完备形态的政党的建设任务基本完成。

近代法理学的生长伴随着对政治立场和政治纲领的选择。清末法学家因为立宪或者革命的政治使命之差异而最终分道扬镳。二十世纪二十年代,法理学的政治属性更为强烈,逐步摆脱了对“中华法系”的研究,转而试图在现实政治生活中谋求建构一个与“自然权利”观念相适应的民族国家。近代法理学遂从研究者的理论层次转向于政治家“为权利而斗争”的实践层次,不只是作为民族情感的表达,而是作为一种与政治任务紧相关联的政法理论,服务于政治斗争的现实需要。

在此情势下,一部分法学人如张君劢、萧公权等,开始转向于政治学的研究,不仅如此,法学家们在《中华人民共和国临时约法》的制定过程中以及“联省自治”和“省宪运动”中积极活动,对于政治形势产生了重要影响。此外,在无政府主义以及基尔特社会主义等社会政治思潮中,蕴涵着相当深刻的法理学思想。在这一时期,李达所撰写的《法理学大纲》被认为是第一部以马克思主义思想为基础的法理学著作。

尽管在这一时期法学思想退居幕后,但法理学必须蕴涵的基本的近代民主、自由精神,非但没有消失,反而日益明显。毛泽东对于自由、民主、宪政和民族政治运动之间的复杂关系的探索,无疑是这一时期法理学思想之本质的最完整表达。① 中华人民共和国的建立,是近代以来的自然权利观在现实政治生活领域的最终体现,它所确立的政治结构和法律体系,是近代法理学的真正对象。② 至此,近代法理学的任务得以完成,以一种新型的民主共和国取代了律学时代的朝代国家。民主共和国的政治建构是近代以来日益高涨的民主、自由思想发展的必然结果。

---

① 参见毛泽东:《新民主主义的宪政》,载《毛泽东选集》(第二卷),人民出版社2003年版,第731—740页。

② 参见毛泽东:《新民主主义论》,载《毛泽东选集》(第二卷),人民出版社2003年版,第662—711页。

二十世纪五十年代之后,围绕着国家与法的关系的思考催生了大量著作和译作。受苏联影响,法理学被命名为"国家与法的一般理论"。就实质而论,这一阶段"法理学"未能摆脱新中国成立时期具有的政治品格。近代法理学在此停留在对象化的阶段,尚未展开对其对象的反思。它所研究的对象——法律及其制度设施,不过是国家政治的工具和附庸,法学话语也不过是政治话语的套用和政治意识形态的演绎。但是,无论如何,新型的基本政治制度的确立,为当代法理学的逻辑展开提供了稳固的前提。

四、权利观念的再度勃兴

"文化大革命"期间,法理学几乎处于停滞局面。1978 年之后的几年,各种政治、思想运动以及党在执政、治国方针上的重大转折,为法理学的深度发展带来了契机。社会主义民主和法制的关系问题一度成为讨论的焦点,人们越来越倾向于社会主义的民主法制。九十年代初期的市场经济发展为当代法理学的发展提供了新的机遇,九十年代后期的政治改革则推动了当代法理学向更深和更全面的方向发展。当代法理学需要对社会、经济、政治、文化等各个方面的发展作出回应。也正因为如此,法理学的发展进入到一个最丰富和最繁荣的时期。

1980 年左右,中国法学界展开了关于"法治与人治问题"的大讨论,其时,以李步云、王礼明、何华辉、张警为代表的一批法学家,倡言法治,反对人治,并且由群众出版社出版了《法治与人治问题讨论集》。这次讨论开启了八十年代到九十年代的法治和权利研究的热潮。从八十年代开始到九十年代中后期,中国社会进入到一个立法活动频繁的时期,各个法学学科陆续建立起来,为新时期培养了大量的法学专业人才。八十年代出现了关于法治的大量文章和论著,学者们越来越多地深入到西方学说中寻找思想资源,程燎原、王人博作为主要撰写人出版的《法学变革论》以及他们两人合著的《法治论》,乃是这一时期对于西方法治理论总结的代表性著述。此后,对于法治问题的讨论进一步深入,对于权利问题的思想史资源的讨论向更深的思想层次发展。

八十年代后期,“权利”逐渐成为中国法学界的一个基本概念,法学即权利之学的观念逐步成为法学界的共识,八十年代以来的中国法理学在很大程度上可以被视为一种权利法理学。1988 年在长春召开的全国首次法学基本范畴讨论会,将“权利”和“义务”确立为法的核心和实质,视为法学的基本范畴。1993 年张文显出版了《法学基本范畴研究》[①]一书,对“权利”作为现代法学的基本范畴,以及对法哲学研究的范式从“阶级斗争本位论”向“权利本位论”的转换作出了论证。该书以分析法学为基本分析方法,比较全面地对以“权利本位论”为基础的法理学景观作了详尽描述。该书所确定的“法”“法律行为”“法律关系”“法律责任”“法治”等基本范畴,成为通俗法理学教科书的基本言说方式。

几乎同时,对于权利的观念史探究也在进行。1992 年,夏勇出版了在其博士论文基础上改订的《人权概念起源》[②]一书,摆脱了此前在权利概念和法治概念分析时所采取的泛泛而论的模式,而试图采用历史哲学的眼光对“权利”概念的内在结构和发展作详细探究。该书成为九十年代乃至今天中国人权研究学界的一部较为成功的著作。不仅如此,该书一方面注意到中国传统政治文化与西方权利文化之间的差异,另一方面则认为人权与中国传统无根本冲突,试图确立一种普世性的人权概念。

1993 年,季卫东发表了《法律程序的意义——对中国法制建设的

① 该书 1993 年以《法学基本范畴研究》为题由中国政法大学出版社出版,2001 年修订版以《法哲学范畴研究》为题由中国政法大学出版社出版。

② 该书 1992 年以《人权概念起源》为题由中国政法大学出版社出版,2001 年修订版以《人权概念起源——权利的历史哲学》为题由中国政法大学出版社出版。

另一种思考》一文①。他注意到，从八十年代初期开始的人治与法治的讨论，到最近的权利与义务的争议，都反映了一种倾向，即更多地强调令行禁止、正名定分的实体合法性方面，而对在现代政治、法律系统中理应占据枢纽位置的程序问题则语焉不详。他主张，如果要实现有节度的自由、有组织的民主、有保障的人权、有制约的权威、有进取的保守这样一种社会状态的话，那么程序可以作为其制度化的最重要的基石。在此基础上，他提出了"法制程序化"。"法制程序化"的实质是对普适性权利的进一步认识，目的是使权利的观念史与现实生活实践结合起来。这种思潮不仅是西方权利观念史发展到当代的结果，也是当代中国法理学对于权利之内在结构深入认识的必然结果。这一法理学上的反思延伸到诉讼法学界，引发了诉讼法学界关于"程序正义"问题的争论，并进一步引发了有关证据事实真实性标准问题，即存在于"客观真实说"与"法律真实说"之间的争论。

九十年代初期对于"权利"概念之普世价值的认识进一步深入，开始关注具体历史阶段的权利概念的产生和发展。学者们逐渐注意到，晚清思想家所完成的从"存天理，灭人欲"的人伦道德的世界向以自然权利观念为基础的公理世界的转换，恰好为近代法学思想的发展提供了一种类似于西方近代法学发展的前提条件。② 这一发现意味着，"权利"作为一种普世性话语在近代中国的正当性，是权利之普世性的强有力证明。不仅如此，它还揭示了一条可能的权利的中国化道路，预示着中国社会可能有完全不同于西方的权利演进路线。

从权利概念的提出，到对权利的普世性价值的观念史探索，再到对权利观念现实化的探究，以及对中国式权利话语的探索，充分显示了当代法理学正在迈向更高层次，并且证实了当代法理学有能力为现实政

① 季卫东:《法律程序的意义——对中国法制建设的另一种思考》，载《中国社会科学》1993年第1期。

② 参见赵明:《近代中国的自然权利观》，山东大学出版社2003年版。

治法律制度的探索寻找一条审查标准。与此同时，考虑到权利的社会性，对权利概念的功能及效果的研究也蓬勃地开展起来，这就是八十年代兴起的对于法律文化的研究以及九十年代盛行至今的对于法律社会学的研究。

八十年代兴起的法律文化研究在对于权利的概念分析以及观念史探索之外，开启了一个全新的研究空间，九十年代初梁治平先生相继出版《寻求自然秩序中的和谐——中国传统法律文化研究》(1991 年)、《法辨——中国法的过去、现在与未来》(1992 年)，实质是对于法律进行文化的研究。具体来说，试图通过对文化整体的认识来把握法律，通过对立法原则、法律条文、判例等不同类别的材料的相互参证探究法律内里的精神，[①]这种对于法律的文化研究，在法学界产生了广泛影响。

八十年代的法律文化研究看似继承了晚清以来对于“中华法系”的研究，但其实有根本差异，前者的实质是一种建立在“同情的理解”之立场上的“事实研究”，后者则是在特定背景下的为“建构”一种新型法律秩序而做的预备工作。八十年代的法律文化研究吸收了二十世纪初期关于“中华法系”方面的研究成果，比如瞿同祖关于中国法律与中国社会的研究，试图对“中华法系”之不同于西方法律文化的特质加以勘定。九十年代的法律文化研究进一步转向了解释学理论，从而在当代法理学研究领域兴起了一股法律解释学的研究风气。解释学理论的初衷是对于法律文化研究的反省，更准确地说，是对于八十年代法律文化研究之方法的合法性审查。因此，它的出现表明法律文化的研究逐步进入自觉层次，即法律文化的研究必须是在“同情的理解”立场上进行“辨异”的“文化类型学”分析进路，从而摆脱了二十世纪初期对于“中华法系”研究中的实用取向。在此思潮的影响下，当代法理学研究中出现了新的研究领域，即对“比较法”的研究。不仅如此，对于解释学理论的关注，为二十一世纪之初出现的“法学方法论”的研究提供了直接的思想

① 参见梁治平：《寻求自然秩序中的和谐》，中国政法大学出版社 2002 年版。

资源。九十年代中期之后，这种针对法律“事实研究”的研究兴趣逐步从历史研究转向于对当代社会法律之运行机制进行探索。依托社会学、文化学等多学科的研究方法，大大扩展了法律研究的视野，激发了对于法律之运作的“本土资源”和“民间法”（或“习惯法”）的关注，此类研究重点围绕当代基层司法、民间习惯和国家法之间的关系而展开。所有这一切，都在权利的概念以及观念史的研究之外，开放了一个新的领域，即对于权利之效果和功能的研究。九十年代中后期出现了一批关于法律功能、法律意识等各个方面的研究著作，产生了新兴的法学学科，即法律社会学，试图对上述倾向进行理论上的总结。

九十年代中后期，苏力先后出版《法治及其本土资源》（1996 年）、《送法下乡：中国基层司法制度研究》（2000 年），成为这一时期法律社会学研究的代表性著述。围绕苏力提出的所谓“本土资源说”，当代法理学界展开了广泛的讨论。在《送法下乡》一书中，苏力明确提出了一种建立在他所谓的权力支配性关系之基础上的“有限知识观”。[①] 以此方法为指导，苏力试图探究那些制约当代中国法治现代化的“本土资源”。权利在苏力看来并不是中国社会的一种普世性的知识，至少在他对于著名的“秋菊打官司”的分析中，秋菊的诉求并不是普世权利的诉求，在他看来，对于权利的理解受制于共同生活的历史与现实。这一对于权利的社会学理解，同夏勇主编、部分关注法律与社会发展的专家学者们参与的一份大型调查研究报告《走向权利的时代：中国公民权利发展研究》中的权利立场存在着重要分歧。《走向权利的时代》从法律社会学的意义上构建了解释权利发展的理论框架，进而研究中国改革开放以来公民权利意识和保护机制的变迁，并试图提出一些建议。[②] 它背后的预设是当代中国已经是一个权利时代，具体来说，它试图从社会发

① 参见苏力：《送法下乡：中国基层司法制度研究》，中国政法大学出版社 2000 年版，第 427 页。

② 参见夏勇：《我这十年的权利思考》，载夏勇《中国民权哲学》，生活·读书·新知三联书店 2004 年版。

展角度具体研究权利观念、权利体系和权利的保护机制问题，力求在对权利发展的具体解释和谋求中体现权利与社会互动的基本预设。[①]

从二十世纪八十年代到二十一世纪初，当代法理学已经步入到对基本政治法律制度进行反思的阶段。在此，“权利”概念主要是作为反思性尺度，不再承担二十世纪中权利法理学的建构秩序的使命。对于“权利”概念的观念史进行研究实际上意味着要对“权利”作为反思尺度之合法性进行审查。不仅如此，法律文化学研究以及法律社会学研究也在时刻提醒“权利”概念的历史文化相关性。这两个方面相结合，要求权利法理学能在民族的现实政治生活的基础上，具有一种真正反思性的能力和品格，从而推动当代法理学向前发展。

五、走向共同体的权利观

从二十世纪八十年代开始，以“权利”为主题的西方法理学和法哲学著作不断得到译介，探讨权利概念的观念史的西方法理学译著也陆续面世。这些都使人们对西方权利话语的思考从“印象式阅读”阶段进入到“经典解读”阶段。阅读的深入不仅强化了对于西方法学发展的认识，而且为当代法理学的发展提供了知识资源。

随着对权利概念的内在结构的讨论，对于权利概念的研究越来越具备系统性和结构性。[②] 不仅如此，权利概念的分析方法也因法学方法论的兴起而获得扩展，对于西方各个法学流派的认识更为全面和深入，对于“道德”与“法律”之关系以及法的“应然”与“实然”之关系的讨论也引发了愈来愈多的兴趣。与此同时，法学各学科也开始对各个学科

① 参见夏勇：《批评总该多一些——答谢、反思与商榷》，载夏勇：《朝夕问道——政治法律学札》，上海三联书店2004年版，第199页。

② 总体上的讨论参见程燎原：《从法制到法治》，法律出版社1999年版，“第六章”。

的合法性加以反思，比如说法律史领域关于传统研究方式的反思，民法学界关于中国古代有无民法的争论，经济法学界为确定自己在当代法学中的正当性而同民商法学界展开的激烈讨论，证据法学界关于证据法是否是严格意义上的法学的反思，等等。种种迹象表明，当代中国法理学正由此进入一个反思和自足的阶段。

2006年邓正来出版《中国法学向何处去——建构“中国法律理想图景”时代的论纲》一书。该书对三十多年来的当代法理学发展进行了知识社会学意义上的考察，认为迄今以来的当代法理学发展缺乏对于中国现实的关注，而过多地受西方法律理想图景的影响。书中指出，这种在当代法理学研究中占支配地位的“现代化范式”无力解释和解决因其自身作用而产生的各种问题，最终必然导致中国法学的“总体性”的结构性危机。该书集中地表达了九十年代以来当代法理学发展所面临的根本问题，在法学领域引发了一场关于当代法学发展如何走向自觉的广泛思考和讨论。

当代中国法理学的研究者已经越来越清晰地感觉到，就美好的人类生活和健全的社会制度来讲，对个人尊严的信仰和对社会责任的信仰不应该分立，也不可分离，因此他们主张从政治生活的角度展开对权利的研究，认为政治参与既是德行的践履，又是权利的实行。① 这种有关“权利”的思考进路，要求在法理学的研究中越来越多地关注共同体层面的事情，从而使对作为反思尺度的“权利”话语的批判性审查，进入到一个既能反映全球化要求，又能够表达当代中国具体发展之内在需要的阶段。②

---

① 参见夏勇：《我这十年的权利思考》，载夏勇：《中国民权哲学》，生活·读书·新知三联书店2004年版。

② 这一研究路向，体现在年轻一代的研究者的论著中，严海良的《人权论证范式的变革——从主体性到关系性》（社会科学文献出版社2008年版）明确提出传统的原子主义为中心的权利观是存在问题的，因此引入交往行动理论和承认理论来提出一种关系性的人权。熊万鹏的《人权的哲学基础》（商务印书馆2013年版）一书首次明确提出社群主义人权思想。

最近十年来,政治哲学在青年人中逐渐产生影响,倡导对现代共同体生活的美德加以反思,尤其是有关古典政治哲学的研究,认为"倘若不与古希腊哲人深思过的古典政治美德作一番比较、预先就肯定现代的政治美德,对于当今政治生活来说恰恰是危险的"[①]。在此基础上,研究者主张回到"前现代"的思想世界,尤其重视对于古代希腊和罗马以及中世纪政治法律思想文献的翻译和阐释,这无疑为当代法理学的发展提供了思想资源,并在西方现代法理学的研究视野之外,在法治现代化的背景之外,开拓了古代政制思想的研究领地,大大加深了当代法理学关于人类法治思想之内在结构、历史发展、价值目的的更为精准的理解。[②]

在当代法理学的研究领域中,大多数年轻一代学者保持着对于政治哲学研究的持久兴趣,这是非常值得注意的学术现象,尽管目前尚未出现众多突出和有代表性的成果,直接回应政治哲学的研究也并不多见。但是,强世功于2005年发表的《迈向立法者的法理学——法律移植背景下对当代法理学的反思》一文,或许可以视为政治哲学视角进入法理学的第一次代表性的尝试。[③] 这篇文章对于八十年代以来发展至今的权利法理学进行了深刻的反思和批判,认为其背后是一种"没有国家的法律观,或者说是一种没有政治的法律观"。[④] 这种法律观,一方面

---

① 刘小枫:《中译本说明》,载〔美〕施特劳斯、科耶夫:《论僭政——色诺芬〈希耶罗〉义疏》,何地译,华夏出版社2006年版。

② 在夏勇明确提出人权与和谐的关系之后[参见夏勇:《人权概念起源——权利的历史哲学》(修订版),中国政法大学出版社2001年版],和谐权利观或者和谐人权观的提法逐步见于中国法学界,由此也引发了对于儒家传统与权利之间的关系的讨论。该书提出的"中国传统的和谐观念不仅可以与人权相容,而且可以统摄、改进传统的西方人权"的观点,对于反思自由主义权利话语有着非常重要的意义。近年来,比较重要的讨论儒家传统与人权、权利之关系的论著有,〔美〕安靖如:《人权与中国思想——一种跨文化的探索》,黄金荣、黄斌译,中国人民大学出版社2012年版;〔美〕狄百瑞:《亚洲价值与人权:儒家社群主义的视角》,尹钛译,社会科学文献出版社2012年版。

③ 参见强世功:《迈向立法者的法理学——法律移植背景下对当代法理学的反思》,载《中国社会科学》2005年第1期。

④ 同上。

"仅采取方法论上的个人主义来理解政治秩序，从而将国家还原为个人，另一方面它在道德价值上，彻底抽空了国家的伦理意义"。如此一来，"法律通过复杂的程序技术征服了国家，国家变成了没有意志的一组法律关系，甚至国家就是法律关系的总和"①。

强世功的这篇文章显然受到了2000年前后政治哲学界兴起的施米特研究的影响，施米特在其对自由主义的批判中，明确提出了自由主义是一种非政治的政治学说。强世功将施米特的这一观察运用到了对中国法理学的反思中，对以权利为核心建构起来的当代中国法理学进行了深刻的反思与批判，明确提出要在"法理学中重新找回国家"，也就是"采取一种现实历史的和政治的方法论视角，把国家作为法理学思考的出发点"。② 这篇文章在某种意义上引领了强世功后来的研究，尽管这篇文章没有充分地说明，他讲述的法理学中的国家观究竟是什么。就在这同一篇文章中，他在前面呼吁的"先于法律而存在的具有文明伦理意含的政治共同体"，呼吁的"具有伦理上的意义"和"基于人们对共同文化伦理传统的信仰建构起来的"国家，被他后面对于国家利益的讲述冲淡。很显然，仅仅从现实的国家利益出发，无法建构起一种具有文明伦理意义上的政治共同体。

即便如此，强世功的这篇文章可以视为是法理学界首次明确地将政治哲学的视角引入到当前法理学研究中的尝试，如今再回过头看这篇文章，其价值仍然在于提醒我们注意法律生活与共同体生活之间的内在关联。这篇文章表明，在我们当下的法理学研究中，的确要思考：通过法律秩序建构起来的，究竟是一种怎样的共同体？这种共同体同当前的民族生活之间有着怎样的关系？

对于当代中国人来说，共同体是一个应该被理解，在某种意义上还

---

① 强世功：《迈向立法者的法理学——法律移植背景下对当代法理学的反思》，载《中国社会科学》2005年第1期。

② 同上。

有待建构的对象。我们如何从法理学的角度来描述当下法律生活想要建构的共同体？如何理解我们想要建构的共同体和当下法理学的核心要素之间的内在关联？这些都是值得思考的问题。共同体生活不只是一种现实地建立在商品交易和需求基础上的生活，它应该在某种程度上表达共同体生活的理想，而且在这种理想和个体生命之间建立某种亲缘性。

值得注意的是，有关共同体的思考近年来受到了社会理论和政治理论研究者的极大重视。在社会理论家和政治理论家那里，共同体更多被视为一种受到文化和想象制约的共同的生活空间，在其中表达了生活在一起的个体之共同的伦理追求。[①] 因此，共同体显然不能简单地等同于强世功在《迈向立法者的法理学——法律移植背景下对当代法理学的反思》一文中以国家利益为核心建立起来的共同体。强世功试图通过国家利益所建构起来的共同体，不是一种他在之前宣称的具有实质性伦理意含的共同体。这种从国家利益的角度出发对于国家的认识，在某种意义上偏离了构建一种伦理国家的追求。他并未真正深入到政治哲学的内部进行探究，以至于得出了“古典政治哲学中所谓的正常政体与变态政体的划分，实际上是对这种表达国家利益机制进行效果上的评估”的观点。[②] 这源自他对于古典政治哲学的误读。很显然，在亚里士多德那里，有关正常政体和变态政体的划分，涉及其有关最佳政体的追求。在亚里士多德看来，城邦的生活不仅是基于利益需要，还基于对于善的生活的认识。以国家利益为核心建构起来的国家观，不过是现代政治科学视野中的基于现实主义的政治思想建构起来的一种

① 代表性著作有，〔英〕齐格蒙特·鲍曼：《共同体：在一个不确定的世界中寻找安全》，欧阳景根译，江苏人民出版社 2007 年版；〔美〕本尼迪克特·安德森：《想象的共同体：民族主义的起源与散布》（增订版），吴叡人译，上海人民出版社 2016 年版；李义天主编：《共同体与政治团结》，社会科学文献出版社 2011 年版。

② 参见强世功：《迈向立法者的法理学——法律移植背景下对当代法理学的反思》，载《中国社会科学》2005 年第 1 期。

国家观。①

如果超出现实政治生活的具体需要，我们需要思考的共同体只是一种人与人之间共同生活的可能性，是由一种普遍的想要过共同生活的意愿支撑起来的生活方式，至于这种共同生活方式的具体内容是什么，理论家的建构尽可以提出若干设想和解释方案。尽管何种理论最能准确地解释当下中国的共同生活方式，这个问题至今仍然存有争议，但可以肯定，当下的法理学研究，应该受这种共同生活的视角支配，而不能仅停留在以个体权利为中心出发而建构的程序性规则上面。我们的法理学研究不能仅仅是纯粹内在的研究，即仅仅将法律视为一个属于法律系统之内的现象，法律生活无疑是共同体生活的一个重要部分，我们的法律生活不能脱离共同体的种种要求，因为毕竟我们是作为共同体的成员进入到法律生活之中。认真对待共同体这个维度，对于当代转型时期的中国来说，尤其具有重要的理论意义。

结　语

从近代到当代法理学的发展史，可以视为一部自然权利观逐步确立，到确立自己的政治形式，最终进入到反思性阶段的历史。本文以中国近代以来自然权利观的形成、发展、完成和反思作为主线，简要地建构了一种相对完整的现代中国法理学的观念史和学术史。我们当前面对的正是权利法理学在这个进程中自我呈现出来的问题，这就是：一种进入到了自我反思阶段的权利法理学，必须对于当前所处的政治社会生活进行系统的反思，必须吸纳共同体生活对于法学提出的深刻需要。改革开放以来的权利法理学，极大地彰显了个体在共同体生活中的积

① 因此，强世功后来不再坚持政治哲学的研究，政治社会学的要素越来越多地挤进到他的研究中，在这个方面，最明显的莫过于他有关党规作为中国的不成文宪法的解读。

极的意义，但目前存在的最重要的问题仍然是：这种以个体为中心的权利法理学，如何能够积极回应当下共同体生活向法律理论提出的种种需求？

共同体思维如何进入到我们对于法律现象的思考之中，如何进入到我们目前已经接受的权利法理学的框架和思维之中，是当代法理学研究应该注意的问题。以权利为核心建构起来的法理学，在很大程度上遮蔽了我们的视野，许多在权利法理学那里仅仅是作为技术性的概念存在的东西，其实背后有着具体的伦理内涵。① 只有突破权利法理学的技术之维，才能使我们的法理学概念变得生动活泼，才有可能将一种实质上的共同体的伦理意含注入到我们的法理学研究中，从而使权利理论同当下的共同体生活息息相关。这不仅是法理学本身不断进行理论革新的要求，也是转型时期当代中国社会向权利理论提出的要求。

① 在这个意义上，九十年代初期义务先定论与权利本位论的主张者之间的争论非常值得重视。义务先定论是从法律之可操作性的角度出发进行分析，以及对于权利本位论进行批判，对于义务论的强调，尽管看起来主要涉及的是法的技术问题，但背后实际上有一种深刻的道德和伦理关注，更具体地说，这就是义务先定论的主张者张恒山在《义务先定论》中基于"三人社会模式"建构起来的人权的道德依据，这一"三人社会模式"后来在其《法理要论》中被进一步地发挥为一种基于契约的自然法的义务观和法律秩序观。参见张恒山：《义务先定论》，山东人民出版社1999年版，"第十四章"；《法理要论》(第三版)，北京大学出版社2009年版，"第四章"。

走向古典世界

——重读《刺猬的温顺》

引　言

2011 年,刘小枫出版《施特劳斯的路标》,他将十多年前撰写的《刺猬的温顺》一文作为打头的第一篇,暗示这是他研读施特劳斯的开端。[①]这显然不是一个寻常的开端。写于 2009 年的该书题记中说得清楚,撰写《刺猬的温顺》一文的起意在于告别:不仅是告别 1999 年,也为了告别 1919 年的文化精神,甚至为了告别 1789 年的哲学精神。这个告别的话说得极富深意。1999 年不过是一个自然时间,而 1919 年和 1789 年的哲学和文化显然是启蒙的哲学与文化。如今我们已经很明确地知晓刘小枫的反启蒙立场。因此,回顾《刺猬的温顺》这篇文章对于理解他自 1999 年以来的自然时间中的文化与哲学生命来说,有着不同寻常的意义。值得一提的是,本文并非仅仅为了介入施特劳斯和伯林的纷争,更是为了搞清楚这一争论对于我们理解刘小枫以及当代中国政治哲学的意义。

---

① 参见刘小枫:《施特劳斯的路标》,华夏出版社 2011 年版,以下简称《路标》。凡是涉及《刺猬的温顺》一文的引文,都依据此版本标注页码。

一、自由主义者的逃避与隐瞒

《刺猬的温顺》从施特劳斯对于伯林的《两种自由的概念》一文的纠弹说起。众所周知,伯林 1958 年撰写的《两种自由的概念》是他的代表作,这篇文章为消极自由辩护,将消极自由视为绝对价值,在二十世纪的政治哲学文献中占有显赫的地位。[①] 这篇文章发表三年后,施特劳斯给出了如下评论,"伯林的表述是自由主义危机的标志性文献——此危机源于自由主义已抛弃了其绝对主义根基,而且试图变得完全相对主义化"[②]。施特劳斯并未直接地说,支撑伯林的论述就是相对主义,我们仅可以推论性地指出,伯林的自由论的基础是相对主义。其实,究竟在何种意义上使用相对主义并不重要,施特劳斯在《相对主义》一文中一上来就提醒不要陷入学究气的迂腐,重要的是要看到,伯林的自由论不过是自由主义危机的标志性表达。

刘小枫的分析显然把握了施特劳斯针对伯林的批评的要点,在施特劳斯的指引下,他提示我们注意施特劳斯揭示出来的伯林主张背后的自相矛盾:"按照伯林的理解,若没有一个绝对根基,自由主义就无法生存,而若具有一个绝对根基,自由主义也无法生存。"[③]

自由主义的危机说到底是因为这种自相矛盾,一方面,主张自由价值的优先性,主张个人自由选择的绝对价值,认为这种价值是普遍有效的;另一方面,自由选择恰恰本身并不能做出对普遍有效的绝对价值的选择。用一个稍微拗口一点的说法就是,自由主义无法自由地选择去进行自由的选择(或者说,自由主义必须进行自由选择)。因此,自由主

---

① 参见〔英〕以赛亚·伯林:《自由论》(修订版),胡传胜译,译林出版社 2011 年版。

② 〔美〕施特劳斯:《相对主义》,载刘小枫选编:《西方民主与文明危机》,华夏出版社 2018 年版,第 141 页。

③ 刘小枫选编:《西方民主与文明危机》,华夏出版社 2018 年版,第 139 页。

义奉行的自由选择的价值说到底就是一种欺骗性的说法。在这里,对于最基本的价值,也就是自由选择,我们无法自由选择。因此,对于自由选择这项价值,我们是被迫接受过来的。刘小枫从施特劳斯的评论中看到了自由主义主张背后的“思想的专制特征”(《路标》,页13)。

自由主义主张背后的思想专制意味着,我们在面对世界时,面对的仅仅只有一项选择,我们实际上是被迫进行自由选择,而且视这种自由的选择为最佳。这在施特劳斯看来恰好是自由主义的失败所在,因为这种认为自由选择是唯一出路的观点,实际上是“想抹去人类不同生活理想之间不可调和的冲突,没有认识到价值冲突不可能解决始终是一个存在的事实”(《路标》,页17)。自由主义的危机因此在于,它奉行的自由选择逃避了生活中必然要做出的选择。如果必须做出选择才是生活的事实,那么自由选择的生活就肯定不是最好的生活。也因此,以自由选择作为核心内涵的消极自由的观念,是无法面对一个必须要做出选择的世界。

这是刘小枫通过分析施特劳斯看到的伯林自由论的最深刻的问题所在。他的分析表明,自由选择的价值看起来是一种相对主义,但这种相对主义只是从内容上讲如此,自由选择意味着我可以进行这种选择,也可以进行其他种选择,选择对象因此是相对的,但自由选择的本身是绝对的。自由主义必须要对于这种绝对的自由选择的终极价值进行论证。因为这种绝对的自由选择的价值无视生活必须进行选择的事实,或者说,在生活要求我们做出选择的地方,绝对的自由选择忽视了其他类型的绝对价值,因而无法对1933年的德国的政治命运做出抉择。绝对的自由选择显然需要一个为自身进行论证的理由,它要回到如下这个问题:为何在生活需要我们必须做出选择的地方还能无视这种选择的需要?

《刺猬的温顺》第一部分接下来讲犹太人问题(《路标》,页13以下),讲述犹太人的政治上的选择,这个部分同前面揭示自由主义之前后矛盾的部分显得毫无关系,为何这里要谈论犹太人的处境呢?生活在欧洲的犹太人似乎正面临一种自由选择,他们可以坚持自己的犹太人身份,创建犹太人的国家,也可以融入欧洲文化,但后一选项并不乐观,因为“这样的努力仍然不能解决犹太人的身份问题”,反而“犹太裔文化人的欧洲同化热情甚至连一些欧洲文化人觉得是一种文化入侵”(《路标》,页 15)。

这就意味着,对犹太人来说,他们看起来可以自由地选择,但其实这里并没有可供他们选择的空间,“犹太人问题是人的问题的样板:人的存在依群而分,群与群之间总是相互对抗,不同的生活理想难免相互抵牾”(《路标》,页 16)。犹太人的问题似乎说明了自由主义的自由选择说的破产,这里没有办法进行自由选择,犹太人必须对自己的命运进行一场决断。

对犹太人的政治命运,伯林和施特劳斯的看法不同。伯林认为,纳粹的极权政治是绝对主义价值观的结果,但在施特劳斯看来,正是由于蔑视绝对价值,彻底拜倒在历史相对主义的脚下,才使德国人没有能力对德国的政治命运做出正义抉择。对 1933 年的德国人政治上的无能,施米特进行过深刻的分析:在自由主义的框架下,魏玛政府无力做出政治决断,从而为元首的决断提供了空间。他的言下之意是,奉行自由主义的议会没有能力做出政治决断,议会自由选择的结果是,决断权最终被纳粹党人篡取。这里的说法背后因此就蕴含着一种潜在的批判,即纳粹的极权政治是魏玛议会没有能力做出选择的结果,议会在最不应自由选择的地方进行自由选择,丧失了最佳的政治时机。①

问题自然地转移到何谓政治的问题上。奉行自由选择作为绝对价值的消极自由观,究竟如何看待何谓政治这个问题?这就将哲学问题

① 施米特对于魏玛政治的批判集中地表达在他的《领袖捍卫法律》一书中,值得注意的是,刘小枫十分清晰地梳理了施米特有关魏玛政府缺乏决断的批判。参见刘小枫:《现代人及其敌人——公法学家施米特引论》,华夏出版社 2005 年版。

同政治问题联系在一起。哲学本质上是政治的，这就意味着，自由主义哲学宣扬的自由选择在本质上就是政治的。但是否如此，令人生疑。因此，刘小枫接下来转到了有关政治理论的问题上。

政治理论要回答怎样的问题？我们在《刺猬的温顺》第二部分的分析中，看到了政治理论必须关心的内容，这就是“价值和意义问题——什么是应该的，更美好的生活”（《路标》，页 20）。在这个问题上，人们彼此有着深刻的分歧。我们的哲学正是诞生在这样的领域。既然在这里存在着深刻的分歧，存在不可化解的冲突，那么面对这些价值和意义问题，我们就必须选择。自由选择说因此显得极成问题，它毋宁说是悬置了我们必须要选择的对象。

然而，面对这种不可避免的价值评价，伯林的反应怎样呢？他否定我们可以找到更高的价值标准来进行裁决，否定存在终极价值。他认为，在这个世界上，被人类视为最高价值的东西有许多。换句话说，在必须做出选择的地方，他做出了不去选择的选择。这样的选择看起来仍然是自由的，但这种自由的选择回避了必须做出选择的现实需要。

刘小枫清醒地意识到生活中必须做出选择的道理，“生活意义上的不圆满和价值目的之间的冲突，是人类生存的无奈本质”（《路标》，页 21）。这就意味着，想要逃避做出选择，想要无视这样的冲突，不过是自欺欺人而已。一方面，哲学一直想要通过对于意义和目的的探究摆脱这种无奈和冲突，另一方面，也产生了一种作为“精明的智慧”的哲学（《路标》，页 21）。这种哲学认为，这些价值目的之间不存在冲突，它们受限于不同经验范围的知识，或者从历史的民族机体中产生。这些价值从各自的土地和历史中生长出来，彼此互不相干，因此不存在价值的冲突问题。

很明显，作为“精明的智慧”的哲学巧妙地回避了选择的问题。既然不同的文化都有各自的地方性或历史性，它们之间就不存在冲突。每个地方、每个历史时代都有属于它们自身的生活，它们从来不需要追问生命的意义问题，不需要追问生活得是否美好的问题。实际上，刘小枫正是从这里出发来揭发伯林的“价值多元论”。在这种价值多元论背后的是一种浪漫主义的“伟大的活力论”：

> 人类的价值不是靠形式理性推导出来的，也不是神圣的上帝赋予的；没有什么普遍客观的真理，所有真理都是像生物集体那样生产出来的。（《路标》，第22页）

伯林的政治哲学的问题在于，他借助浪漫主义的“伟大的活力论”回避了选择问题。但是价值问题实际上不可选择。刘小枫告诉我们，价值多元论有自己的政治信念，这就是反对观念的和政制的专制。因此，他们并非没有选择，也并非没有坚持一种价值，只要我们读一读伯林《论自由》中讲述穆勒的那一篇，就不可能认为伯林式的自由主义什么也不坚持，价值多元论背后显然有一种对于某种绝对价值的认信，这就是反对“社会化与齐一化的罪恶”，渴望“人类生活与性格的最广泛的多样性”，不相信“有一种绝对的价值，就是价值多元论者的价值信念”。① 因此，刘小枫借助施特劳斯的“魔眼”看到，伯林回避了自由主义背后预设的这一绝对的价值，或者刻意地将其隐藏了起来。

二、美好生活与选择的必然性

对哲学或政治哲学来说，价值选择问题不可避免，这是刘小枫从古典政治哲学那里得到的启示。在揭露了伯林的自由选择论背后刻意隐藏的绝对价值之后，刘小枫谈到了色诺芬与苏格拉底的一次相遇，在这次相遇中，苏格拉底追问色诺芬：“人在哪里可以变得美好？”之所以追

① 参见〔英〕以赛亚·伯林：《自由论》（修订版），胡传胜译，译林出版社2011年版，第233页。

问这个问题,在于人世间存在的种种不圆满和价值选择。色诺芬知道可以在哪些地方购买各种生活用品,却不知道如何才能生活得“美好”。刘小枫告诉我们,苏格拉底并未直接回答这个问题,而是带着色诺芬一道沉思。看起来,美好的生活仅仅值得探讨,苏格拉底没有向色诺芬说清楚美好的生活究竟是何种生活,苏格拉底终其一生,仅仅是在探究美好生活的可能性问题。

在伯林的《两种自由的概念》一文中,美好的生活的问题并非核心关注,但在这篇文章之后的《穆勒与生活的目的》一文中,伯林似乎触及了这个问题,在那里,穆勒对于生活的目的有一种恐惧和忧心。在这篇文字中,一个来自《两种自由的概念》之中的重要词语——“内在城堡”,令人印象深刻。“内在城堡”这个词并不美好,它首先令人想到的是那厚厚的城墙,很难说被这堵墙封闭的心灵拥有一种美好内容。在阅读穆勒的传记的过程中,我们感觉不到美好的东西给穆勒留下的深刻印象,他为感伤的故事而掉泪,甚至开始主动亲近诗歌,会见柯尔律治,但很难说这些都是美好的东西本身。对穆勒而言,远离统一的、压制的生活是美好的。长期生活在统一的规矩、冷冰冰的理性之下的人,会认为生活的多样、易变与丰富性就是美好。生活的多样、易变与丰富性本身还并不美好,它们充其量仅仅是美好生活的条件,而并非完全等同于美好的生活。

在刘小枫笔下,有关美好生活的话题引出了另一个问题,这就是,哲人如何为自己的生活方式辩护?或者说哲学如何为自己辩护?刘小枫敏锐地从伯林那里看到,对自由主义者而言,“追问美好的生活是一个历史错误”(《路标》,页24)。之所以如此,是因为在伯林看来,人类对美好生活的看法历史地存在差异,这就意味着:

> 关于美好生活的所有看法,都是相对的,而且相互冲突,永远不可能达成一致。(《路标》,页25)

不同于苏格拉底要搞清楚为何可以过上美好的生活,在伯林看来,过上美好的生活不是道德哲学家的任务，道德哲学家的任务是，“帮助人们面对问题”，“面对可供选择的行动范围”，“解释有哪些选择以及做出某种选择的原因”（《路标》，页25）。由此看来，伯林对道德哲学做出的辩护是，道德哲学不对如何过上美好的生活做出承诺。非但如此，伯林对那些有关美好生活的方案感到怀疑，怀疑这些方案最终可能带来对于个体自由的压制。

因此，伯林担心的仅仅是美好生活的方案对于个性的压制，他并未思考如下问题，这就是，在施特劳斯那里，古典的道德哲学家，例如苏格拉底，并未承诺道德哲学能够给出对于美好生活的某一种确定的看法，而是坚持哲学不占有真理，只是寻求真理。换言之，道德哲学并不确定某种生活是美好的生活，而仅仅确定对美好生活进行沉思的生活是一种美好生活，最美好的生活莫过于探究美好生活。这就是我们从苏格拉底的道德哲学那里获得的启示。但是，伯林对此显然是无知的，他不认为这是道德生活的使命。在他看来，道德哲学也好，政治哲学也罢，都不必探究何谓美好的生活。

通过伯林的《两种自由的概念》中的论述，我们看到，道德哲学无力给出对美好的生活的承诺。消极自由的精髓因此在于，我们对美好的生活究竟是什么给不出确定答案。因此，有必要放弃对美好生活的探问和追求，因为这样的探问和追求没有意义。按照伯林的逻辑，道德哲学能够做的是揭示人必然要面对的价值冲突，并且揭示这种冲突无法解决。

刘小枫看到，伯林“这位狐狸哲人从来不涉足价值冲突的河流，仅仅指出冲突无法解决这回事情就算了”（《路标》，页31）。在做出这个判断之后，刘小枫指出：“施特劳斯所谓哲学在本质上是政治的，其含义与狐狸哲人的理解怎么会一样呢？”（《路标》，页31）道德哲学也好，政治哲学也罢，都无法摆脱人类历史具体的价值冲突，这是我们在前面读到的内容。面对这些必然会产生的人类历史具体的价值冲突，我们该怎样做？

伯林的态度是对这些冲突进行理论的把握，他仅仅描述这些冲突。在他看来，描述这些冲突是道德哲学的任务，他认为道德哲学根本无法解决这些冲突。不同于伯林，施特劳斯想要涉足冲突之中。从刘小枫的叙述中，我们看到施特劳斯和伯林对人类历史的具体价值冲突的两种不同态度，一种是超然地面对它，对冲突是否能解决存而不论；另一种是完全地介入其中，并想要解决冲突，尽管在此过程中，参与者都知道，冲突不可能解决。施特劳斯对于美好生活的探究，正是发生在价值之间的激烈冲突中，古典的道德哲学与政治哲学的魅力恰恰在于，不是教导我们如何在相互竞争的价值之中选择，而是在这种价值冲突中，追问什么是美好的生活，哪怕眼下的任何一种价值都远离了这种美好的生活。

从刘小枫笔下施特劳斯与伯林针对价值冲突的选择中可以看到，伯林的立场与美好的生活无缘。伯林的问题在于，他仅仅用一种描述性的立场来言说我们生活的处境，言说我们遭遇的各种价值冲突。在《两种自由的概念》中，伯林试图通过消极自由的界定为我们彼此不同的价值提供空间，他能想到的办法是，在追求自身的价值时不对于价值追求进行干涉，这样就可以期待一种更丰富、更多样的生活。

伯林没有思考的问题是，多元的生活不一定是美好的生活。尽管多元的生活有可能是美好生活的前提条件，但多元的生活中并不一定有朝向美好生活的动力。多元的生活是对现实生活的客观描述，每个人、每个民族都现实地过着不同的生活，这些生活中的任何一种都不能压倒其他的生活。因此，一个人的消极自由就体现在，个体可以过他选择的任何一种不对他人选择构成冲击的生活。每个人都退回到了自身的内在城堡中，尽管安全，但丝毫没有考虑到，在厚厚的城墙封锁的内在城堡之中，阴暗、潮湿并且冷清。

三、灵魂的内在城堡与自然权利的转化

《刺猬的温顺》尽管从针对《两种自由的概念》中的施特劳斯式分析开始,但接下来并没有针对伯林的这篇代表性文献,而是将笔墨大篇幅地用于比较施特劳斯和伯林分别发表于二十世纪五十年代的《什么是政治哲学》和《政治理论还存在吗》两篇文章上面。为何是这两篇文章,而不是更能体现施特劳斯与伯林之争的《相对主义》和《两种自由的概念》这两篇?

《刺猬的温顺》前三部分的主要篇幅在于揭示伯林的自由主义对不可回避的价值问题的逃避,行文之中似乎早已预设了逃避的不可能性,也揭示了伯林的自由主义无法回应施特劳斯提出的美好生活问题。但是,在前三部分中,刘小枫并未大篇幅地讨论社会政治问题。

在第一部分中,刘小枫曾大篇幅地讨论犹太人在德国的命运,在他的笔下,犹太人并不知道如何抉择自己的命运。他们试图融入自由主义政治,幻想在自由主义的宽容中搞好同德国民族的关系,但这种对于人类不同生活理想之间不可调和的冲突的无视,导致了德国犹太人的生存危机。在那里,刘小枫引出了上帝与政治的关系问题。

什么是上帝与政治的关系问题?刘小枫在提出这个问题后,并未继续讨论,而是转向了自由主义的失败,转向了伯林和施特劳斯在犹太人问题上的分歧。这令人想起了马克思笔下的犹太人问题。在马克思的《论犹太人问题》中,宗教反而在获得了政治解放的市民社会中得到繁荣和生长,在市民社会中,宗教成了每个人生命的意义所在,这种意义同公民所在的国家提出的权利和义务要求之间可能相互冲突。每个人都有自己的世界,宗教是这个内在世界的守护神,对犹太人的宗教的批判因此转化为对一切宗教的批判,当国家从宗教中独立出来之后,宗

教变成了市民社会中每个人的内在信仰，这十分类似于伯林的价值观。①

在自由主义的框架下生活的犹太人，难保在心灵中没有这样的内在城堡，伯林的形象类似于马克思描述的犹太人形象，他们追求政治解放的目的正是为了获得和捍卫这样的“内在城堡”。但是，在施特劳斯看来，当心灵深处存在这样的内在城堡时，就没有能力对价值做出抉择，因此造成纳粹事件的，恰恰是这样的心灵的内在城堡。换言之，即便这样的心灵的内在城堡之存在是实情，我们也要人为地（通过理性或者信仰）撤除这座城堡，只有这样，我们才能真正地面对他者，面对和他者共同的美好生活。

《刺猬的温顺》从第四部分开始进入有关政治哲学的严格意义上的讨论，探讨施特劳斯的《什么是政治哲学》一文。从形式上看，这似乎偏离了心灵的内在城堡的问题，讨论的是“自然权利抑或自然正当”。刘小枫没有明确地向我们表明，这个部分的讨论同此前的讨论究竟是什么关系。但可以感觉到的是，自然权利绝非只是树立了内在的城堡，也树立了外在的城堡。在这一部分，自然权利不再仅仅与个体关涉在一起，而与具体的法律和民族生活关涉在一起，刘小枫从施特劳斯那里看到，“任何社会都有自己的理想，人人相残的社会所拥有的理性，不会少于文明社会”（《路标》，页38）。如此来看，每个民族似乎都有其自然权利，因此每个民族和其他民族之间也就是一座座坚固的城堡。

如果从专业的法学知识出发，会看到这部分的讨论出现了学识方面的错误，但这种错误丝毫不影响实质意义上的结论。实际上，实证主义和历史主义法学都尖锐地批判自然权利，而非想要解释自然权利。他们反对自然权利，提出了法律权利或者民族的权利。换言之，他们承

---

① “宗教成了市民社会的、利己主义领域的、一切人反对一切人的战争的精神。它已经不再是共同性的本质，而是差别的本质。它成了人同自己的共同体、同自身并同他人分离的表现。”参见马克思：《论犹太人问题》，载《马克思恩格斯全集》第3卷，人民出版社2002年版，第174页。

认的是从属于一个特定的法律秩序或者一个民族的权利。在他们这里，自然权利转换为一种社会习传或民族传统意义上的权利。

在刘小枫看来，特定的法律秩序或历史上具体的民族，都不过是社会事实，所谓的社会习传或民族传统意义上的权利，不过是为这种社会事实辩护而已。因此，从本质上讲，实证主义法学和历史主义法学不过是否定了心灵的内在城堡对于法律生活的意义，取而代之的是另一种外在的城堡，外在城堡的建立不以内在城堡的摧毁为前提，反而使内在的城堡更为坚固，实证主义法学和历史主义法学对个体的内在世界存而不论，仿佛制度和历史可以满足我们对于美好生活的向往。刘小枫没有说出来的是，实证主义法学和历史主义法学是自由主义法学发展的两个高级阶段，在这两个阶段，自然权利摇身一变成为法定权利和民族权利。

很显然，我们不能指望通过实证主义法学和历史主义法学满足自身对美好生活的向往，来自施特劳斯的有关自然正当与自然正确的区分无疑提醒了刘小枫。他看到，所谓的自然，应该是一种“超自然”，而不可能是局限于制度和历史之中的东西。他从施特劳斯那里获知，古典形式的自然正确是与一种宇宙的目的论联系在一起的。在第四部分的末尾，刘小枫第一次转向了古典政治哲学。

四、价值冲突与美好生活的可能性

《刺猬的温顺》第五部分到第七部分的论述看起来同前面讲述的主题毫无关系，但这三个部分实际上是对古典政治哲学主题的讨论，也是刘小枫同柏拉图式政治哲学的第一次相遇。《刺猬的温顺》全文共八个部分，这三个部分的内容占了近三分之一，令我们好奇的是刘小枫究竟想要讲什么。

这三个部分从表面上看是对于施特劳斯《什么是政治哲学》一文的进一步梳理。刘小枫注意到了一个问题，施特劳斯对古典政治哲学的讨论是从柏拉图的《法义》开始的。但是，施特劳斯的讨论从《法义》开始，与我们关切的伯林与施特劳斯之争有何关系？

直到看了刘小枫的疏解，我们才终于清楚，原来《法义》的开端讲述的就是价值冲突的事情：雅典哲人跑到了克里特岛，和两位长老讨论立法问题。按照伯林的看法，雅典、克里特属于不同的文明，有不同的习传观念和传统。也就是说，他们的谈话肯定谈不下去，充其量展示给我们他们之间的观念和价值冲突。

刘小枫对施特劳斯的解释感到好奇，因为施特劳斯解释说，雅典哲人之所以去克里特，不是为了展示价值冲突不可避免，而是明知存在冲突，还想向克里特人灌输“应该如何生活”的道理。换言之，在雅典哲人看来，克里特人和斯巴达人尽管有不少行之有效的法律，但他们的法律未必可以满足人们对于美好生活的渴望，或者未必能指引人们过上美好的生活。

伯林攻击一元论或者价值绝对论的理由是，在这世上根本不可能存在唯一正确的价值。难道雅典的哲人是想要向克里特岛灌输自己唯一正确的立法智慧？显然不是。我们看到，接下来雅典哲人话锋一转，同两位长老大谈宴饮伦理，由此引出了一个让施特劳斯产生兴致的问题：“为什么柏拉图要把如此广泛地谈论饮酒作为他政治和法律的对话的开端？”（《路标》，页41）

接下来刘小枫的笔锋转到了古典的自然观，在这里我们第一次看到，自然正确的说法背后蕴含着对美好生活的承诺。雅典哲人当然想在这方面做一些努力，刘小枫借助施特劳斯的“魔眼”看到，哲人遵循自然。所以作为政治哲学的创始人的苏格拉底对任何事情都要问个究竟：什么是争议、虔诚、美好、政治、高尚、好人……根据刘小枫的提示，我们会产生如下印象：古典时代的哲人追问的，或者在《法义》开端雅典哲人要问的,肯定与美好的生活相关。但是,雅典哲人没有直接进入这个问题,他不是一上来就问克里特岛的法律好不好,而是讨论饮酒的伦理问题。为何如此?

哲人对自然的探究,也就是对于万物的目的的探问,必然突破很多日常道理,“诉诸自然的人——哲人,无异于脱离甚至挑战祖先、习俗或神的权威”(《路标》,页32),依据“自然”的生活是叛逆的生活,苏格拉底是雅典的“牛虻”与哲学追问“自然”的气质有内在关联。这必然使哲学面临最初的价值冲突,也就是哲人和民众的冲突。对民众而言,被哲人质疑或反对的祖先习俗或法律是他们在日常生活中必须无条件地信任和尊奉的东西。哲人视民众生活的空间为阴暗潮湿的洞穴,这个洞穴如同我们在前面揭示的伯林的“内在城堡”。民众不愿自己的洞穴被照亮或被捅破,正如伯林担心这个内在城堡被摧毁一样。

由此可见,刘小枫通过施特劳斯的“魔眼”看到了最早的哲人遭遇到的政治危机或价值冲突。更直白一点说,这就是他在今天饱受质疑的有关少数人和多数人的区分的说法。少数人和多数人的区分的实质不在于少数人一定有多高明,不在于一定要在少数人和多数人之间划出清晰的分界。如今,我们对人性的高低等级的划分已经十分不耐烦,而且极其反感。但是,如果我们能意识到,少数人与多数人的区分意味着人与人之间的价值冲突,就不会感到奇怪。

在《刺猬的温顺》这篇文章中,我们首次看到了哲人与大众的对立。其实刘小枫想要说的是,人与人之间的价值冲突不可避免。在人群中,必然会有一些人对自身的生活有不同于其他人的看法,但有不同看法,甚至系统表达这些看法,并不表明这些人是哲人。苏格拉底之所以是哲人,是因为他面对这种冲突有与常人不同的反应。这个反应就是,苏格拉底为了求得真正的认识,不得不超越法律或约定而追溯自然。

接下来刘小枫进入到了苏格拉底之死的分析中。苏格拉底抱持不同于民众的看法并传播这些看法,必然遭遇城邦的指控,其结果是思想史上的一桩大事件,即被雅典的人民法庭判处死刑。施特劳斯的分析说,“苏格拉底宁愿在雅典保护哲学而牺牲自己的生命,不愿意为保全自己的性命把哲学引进克里特”。刘小枫将这一施特劳斯的分析引入到对于苏格拉底之死的讨论之中(参见《路标》,页45),究竟有何意图?

面对价值冲突,也就是哲人和民众之间的价值冲突,究竟该如何选择?说苏格拉底是哲人,并不只是说他宁愿为真理赴死那么简单,苏格拉底并非真理的“烈士”。如果苏格拉底只是为了揭示价值冲突的不可避免,他就没有必要坚持,更不会进监狱。如果按照伯林式狐狸哲人的做法,苏格拉底没有必要陷入到价值冲突中,他仅仅展示出不同的生活方式就罢了,至于选择过何种生活方式,全凭个体自由意志的选择,也就是说,取决于个体的内在城堡,但这恐怕是连个体也无法认真搞清楚的事情。

苏格拉底之死向我们提出了一个问题,在哲人和民众之间的价值冲突中,我们应该持何种立场?我们是选择站在哲人一边,还是站在民众一边,我们应该做出何种选择?如果苏格拉底回避了这一决断,回避了这一选择,他就不会是一个真正意义上的政治哲人。一个真正哲人的一生有若干重大的关节,尤其是他自身有意造成的死亡,是尤其重大的哲学事件。

施特劳斯说,苏格拉底做出了“最高尚的政治选择”。可见,苏格拉底选择赴死是基于“我应该如何生活”的考虑,或者更准确的说法是,苏格拉底慷慨赴死的原因就在于他做出了“应该如何生活”的决断。也因此,我们或许可以说,苏格拉底之死之所以是一桩哲学事件,就在于他的死亡本身向我们解释了美好生活的道理。

这是一种怎样的道理?为何苏格拉底选择赴死成为“最高尚的政治选择”,为什么苏格拉底“高高兴兴、平平静静”地饮尽杯中毒酒,而且在临终一刻还吩咐克力同宰一只公鸡祭献给雅典民众信奉的神灵?他的行动显得是一种妥协,刺猬哲人此刻显得温顺无比,全然没有一个作为雅典城邦的“牛虻”的疯狂哲人形象。

直到这里，我们才看到《刺猬的温顺》这篇文章的题眼。“刺猬的温顺”是一个非常漂亮而又晦涩的标题。从生活常识出发，我们如何想象一只变得温顺的刺猬？刺猬变得温顺显然不是因为某种疾患，而是性情转变。这样的性情或是基于驯服，或是基于一种自觉的转变。从生活常识出发做出的推论或许能够给我们一点启发，如果我们还记得伯林的刺猬和狐狸之说不过是对两种哲人的类型的描述，苏格拉底式的刺猬哲人变得温顺就是一件值得考究的事情。坚持一元论的哲人锋芒毕露，一不小心就会令世人受伤。世界并不如同刺猬哲人想象的那般是一个一贯的整体，相反，世界是如同狐狸哲人描述的那般多元、复杂，充满着各种可能性。“温顺的刺猬”尽管仍然危险，但不大可能会令世界受伤。

由此可见，《刺猬的温顺》似乎暗示了哲人品质的转向，这个转向使伯林对狐狸哲人和刺猬哲人的划分不再有效。更何况，我们在这里看到刘小枫的明确提示，他将刺猬哲人丧失疯狂的天性与“最高尚的政治选择”联系在一起。

五、“温顺的刺猬”与哲人德性的转变

《刺猬的温顺》的第六部分显得极其晦涩，刘小枫在这里不是直接回应第五部分末尾提出的“刺猬哲人的疯狂天性哪里去了”这个问题，而是讨论一个截然不同的主题，这就是政治制度与美好生活的问题。他在这一部分中大篇幅讨论古典和中世纪的政治生活。在神支配的世代里面，尽管人的邪恶无法根除，但美好的生活是有指望的，只要我们信仰上帝、信奉神灵，就不必追问什么才是美好的生活。只有当人运用自己的理性，想要凭借自身来承担生活中的罪恶与亏欠时，美好的生活

才成为问题。

不同于现代自由主义的法学传递给我们的种种常识,刘小枫并不认为可以通过实定的法律规范获得法律的合法性。如果一切合法性的来源就是既有的法律制度,我们就仍然悬置了一个问题,这就是最终的合法性来源的问题,也就是法律本身的合法性来源的问题,刘小枫对此做了一个偏离自由主义法学常识的评论,令人印象深刻。他说,"法律的合法性来源不是法律规范的形式体系本身,而是政治制度"(《路标》,页47)。他在这里强调的政治制度,不是自由主义法学意义上通过法律制度确定的政治制度,而是一种生活方式,一种哲人确立的生活方式。既然如此,这就意味着,我们不得不面临一种价值冲突,"一种政治制度的设立,因此带有一种关于生活理想的主张,表明对人类理性的价值冲突做出了裁决"(《路标》,页52)。

这样的立场显然同伯林格格不入,因为在伯林看来,如果要求政治制度做出这种价值判断,政治制度将不堪重负,甚至会导致极权主义的灾难。当伯林做出这样的评论时,他想的一定是那种为美好生活做出确定安排的政治制度。在他看来,任何一个民族或个人,不管如何明智或富有德性,总是无法对美好生活做出这样的安排。

为伯林倾心赞赏的自由主义政治制度因此放弃了价值方面的裁决,对于公民相信什么、信仰什么这类问题存而不论,这就是自由主义政治哲学的价值中立原则,在此强调的是对多元价值的宽容。显然,这是一种自相矛盾,因为当自由主义政治哲学强调要对于不同的价值加以宽容时,就肯定了个体的自由是生活中最美好的价值。自由是美好的价值,在一切价值选择之中,自由的价值高于其他一切价值。但是,这里的自由不是有内容的自由,而仅仅是一种自由选择。选择自由高于其他一切价值,相当于什么也没有说,此处或许可以套用黑格尔对康德道德观的反驳:这不过是一种形式意义上的自由,它的内容是空的。

政治制度的美好究竟体现在什么地方?按照刘小枫的理解,政治制度的美好体现在它有能力引导共同体的生活走向美好上。走向美好需要一个“审查城邦的生活理想”的标准。在这里,“自然正确”的概念再度出现,“正义与高贵的区分表明,建立秩序的政治(正义的体现)必须诉诸更高的自然正确”(《路标》,页54)。与之伴随的是一个来自古典政治哲学的自然正确的标准:

> 古典政治哲学主张精英主义和反平民主义,不是基于弱者和强者的区分,而是基于自然的人性差异:并非人人平等地有成为“好的臣民”的能力。(《路标》,页53)

在这里我们看到了刘小枫在此后引发争议的“自然的人性差异”论,在古典政治哲学的视野中,美好的政治制度显然同美好的灵魂相关,由此引出了“好人”和“好公民”的关系问题。这是亚里士多德在《政治学》卷三开端提出来的著名区分:好人不等同于好公民。好公民的身份因政治制度的不同而不同,体现出来的是人在政治制度中的德性身份,换言之,好公民是政治制度塑造的,但好人并非如此。① 刘小枫从施特劳斯的《什么是政治哲学》一文中得知,“希特勒德国的一个好公民,在别处就会是一个坏公民,……好人的意义在任何时候、任何地方都是同样的”(参见《路标》,页54)。因此,政治制度的高贵与否,取决于好人。而进一步的问题是,好人不是政治制度的造物,而是自然的造物。因此,要想探究好人的德性,就要重返自然,探究自然的德性。

在伯林看来,自然权利不属于古典世界:

> 在古代世界,似乎很少有对作为自觉政治理性的个人自由的讨论。……隐私意识本身,个人关系领域自有其神圣性的意识,这种自由观念尽管有其宗教根源,但其获得发展决不早于文艺复兴

① 参见〔古希腊〕亚里士多德:《政治学》,颜一、秦典华译,中国人民大学出版社2003年版,第76—80页。

或宗教改革。①

这不是什么新发现。如前所述,自然权利捍卫的仅仅是人的内在城堡。在这里并不存在任何美好的东西,而只是一种劫后余生的侥幸:

> 当外在世界证明是特别地沉闷、残酷而又不公时,逃至真实自我的内在城堡这样一种理性圣人的概念便以个人主义的形式兴起了。②

因此,现代自由民主的政治形式考虑的不是好人的品德,而是一种安全的生活,一种不受外界侵犯的生活。现代的自然权利论想要构建一个属于个体的内在城堡,至于这个内在城堡是否温馨、舒适,属于每个人的私事。

按照古典政治哲学的看法,政治制度的"好"当然意味着好人的统治,自然的"好"才真正可以说是灵魂的优异。因此,柏拉图赞同精神的优良政制,在这里,好的制度是根据自然来加以评断的,因为古典的优良政体是以培养自然意义上的好人为目的。现代政治哲人伯林并不相信存在这种自然意义上的好人,在他赞美的现代自由民主政体中,这样的好人存在与否取决于机会,取决于个体自身选择成为好人的意愿。现代自由民主政治期待的是那些相互不干涉对方,不加害于对方的自由公民。

将美好的德性视为政治生活的基础,不同于将相互不干涉对方的行动范围视为政治生活的基础,前者必然要面临来自城邦的阻力,因为称某种品质为美好的德性,必然会遭遇到与其他品质的竞争。但是,凭什么可以说这种品质而非其他品质才是美好的德性?这是伯林关心的问题,价值冲突由此产生。

---

① 〔英〕以赛亚·伯林:《自由论》(修订版),胡传胜译,译林出版社 2011 年版,第 177—178 页。

② 同上书,第 187 页。

伯林将这个问题摒弃在一边，而致力于设计一种价值中立的制度，通过协调相互的行动空间，禁止相互侵犯对象的自由行动的范围，从而避免这种价值冲突。尽管价值冲突仍然不可避免，但伯林将其逼迫到了人的内在世界。那么，问题在于，将价值之间的冲突置于内在的世界中不加理会，为何反而导致了纳粹的上台？

伯林和施特劳斯同样对于犹太人问题进行了深刻的思考，但施特劳斯的思考令人惊奇。在他看来，正是因为魏玛德国的自由民主制度，放弃了对于人的内在世界的教育，反而无法遏制逐渐增长起来的反犹情绪（《路标》，页14—17）。人的内在世界的价值冲突终究有一天要从内部爆裂，纳粹的出现不过是内在世界的冲突无法缓解而在外部世界的反映，换言之，内在城堡中的阴霾最终必然体现为外部行动的罪恶。

施特劳斯无视伯林的内与外的区分，直面人的内在城堡中必然要做出来的价值评判，并且在这价值批判之间明确了优劣等级。严格意义上的美德，不仅是个人品质优良，还要关切共同体的美好。而所谓的美好的共同体也就意味着，它不放弃其他人的美好生活的愿望和承诺。那么，究竟如何才能实现这一点，该通过怎样的外在制度影响人的内在灵魂世界？关键在于教育。但是，这里的教育有特殊的规定，教育只为了教化，是“品德修养”，而非仅仅是“实用的技术知识培训”（《路标》，页58）。一句话，教育的目的在于培养对智慧的热爱。

在施特劳斯的引导下，刘小枫开始讨论有关热爱智慧的话题。这里的智慧不是技术和实用的那种聪明，而是对整体的知识，是对灵魂的知识。而要获得这类知识，就必须要同世俗的社会美德隔离开来（《路标》，页59）。施特劳斯也讨论有关自由的话题，但他所谓的自由，讲述的是自由的教育。伯林也讲述自由，但他这里的自由无须教育。伯林对通过教育而获得的自由感到担忧，正如穆勒通过他父亲传递给他的教育，不是获得了自由，而是感觉到了对于自由的丧失一样。古典时代的自由教育是要发现灵魂和自然中的美好东西，这是伯林担忧的事：凭什么你说你发现的就是美好的东西,而我发现的就不是?

对美好世界的探究始终面临着一个困难,伯林和施特劳斯都看到了同样的困难,这就是"邪恶无法根除,完美的政治制度也就不可能实现"(《路标》,页 59—60)。现实地设想的一切制度都不完美,非但如此,它还可能是邪恶的华丽外衣。但是,我们在这里看到了面对人类邪恶的不同态度。面对人类邪恶造成的后果,也就是价值间的冲突,伯林选择了逃避,他决定不去触碰导致邪恶的原因。他决定远离邪恶,而将邪恶留给政治共同体中的那些孤独个体。在他看来,个人的内在城堡如何阴暗、如何潮湿,都与他无关,救赎成为个人的事。因此,这样的哲人不会面临任何风险,不去触碰恶,也就不会遭到邪恶的报复。

但是,施特劳斯笔下的哲人却并非如此,在施特劳斯笔下,哲人坚持要去触碰恶,要去揭示政治制度中种种不美好的东西。也因此,他们就冒犯了普通人生活的根本,普通人赖以生存的制度中的很大部分,都依赖于恶而存在。在现代自由主义法学家群体中流传着这样一种常识,即法律是为恶人准备的。①

对古典政治哲学来说,自由教育的关键在于培养一种能够独立沉思德性的人,这些人对德性的沉思的最核心部分不是发现美好的制度究竟是什么,而是发现哪些制度其实乏善可陈,并不美好。如此,他们就势必挑战大众的道德或社会道德,甚至否定现存政治制度的正当性,从而与政权构成潜在的政治冲突(《路标》,页 60)。这就使哲人不得不直面一个问题:为了灵魂知识的成熟必须离群,但为了避免与人民和政府发生误会,又必须合群。

如果我们意识到,迄今为止我们所讨论的仅仅是哲人的自由教育导致的问题,那么我们就可以看到,即便在这里有潜在的政治危险,也

---

① 参见霍姆斯的著名格言:"如果大家只想认识法律,不想认识其他的东西,大家必须像坏人那样而不是像好人那样看待它,坏人只在乎通过该知识而得以预测的实质性后果,好人则从相对朦胧的良心约束中未为自己的行为寻找理由,无论它在不在法律的范围内。"参见〔美〕霍姆斯:《法律之道》,姚远译注,载《厦门大学法律评论》2015 年第 2 期。

并不意味着哲人积极参与了政治行动，他们是现实政治生活的潜在对手和批判者，而并非现实的对手和批判者。这就使我们摆脱了作为牛虻的苏格拉底形象，于是我们就看到了刘小枫对于苏格拉底的如下描述：

> 但苏格拉底的确真心要敬重人民敬神的习惯、尊重人民的生活方式，被人民法院传讯甚至判刑，并没有让苏格拉底觉得自己的哲人生活方式错了，而是让他产生了这样的政治意识：必须学会与人民信仰和谐相处。这不是畏惧人民和人民政府，而是审慎。哲人的德性不仅是理性疯狂，哲人还需要另一种德性。（《路标》，页62）

为何苏格拉底要放弃他作为刺猬哲人的疯狂？为何刺猬要变得温顺？是哲人的明哲保身之举，还是另有其他目的？我们在这里看到，刘小枫是在分析古典自由教育的语境中讨论这个问题，这种教育的目的在于培养出卓越的心性。但是，这种卓越的心性未必为普通常人理解，甚至有的时候，非但不理解，还容易造成彼此间的敌对，从而使得美好的灵魂成为真理的烈士。显然，这不是施特劳斯揭示给我们的古典时代政治哲人们的特征，或者至少不是苏格拉底的特征，因为苏格拉底已经意识到哲人“需要另一种德性”。

刘小枫给出的回答是，审慎之所以成为哲人的美德，与柏拉图所思考的“稳健的”政治秩序相关（《路标》，页56）。这里看到了德性差异。显然，普通常人无法懂得哲人们的所思所想，在这种情形下，充当城邦的牛虻，只能令生活在城邦中的普通常人惶惶不安。因此，为了城邦多数人的利益，有些真理必须隐藏。此外，考虑到即便最好的城邦也不可能是完善的，考虑到邪恶不可能在世间彻底消失，“哲人在这样的认识前提下坚持追求灵魂的知识，就得知道有的事情不能说白”。哲人们不能指望一蹴而就地说出和实现真理。

在这里，我们看到了显白教诲与隐微教诲的最初表达。而在伯林的身上，我们全然看不到这种审慎，他关于消极自由以及内在城堡的讲述，已然是公开地宣告了人的孤独与无援。我们从《两种自由的概念》的论述中，看到了他对统一的生活方式的恐惧。但是，摆脱外部的规范性力量的强制，进入到人的灵魂的内在城堡中，不过是将我们从一种恐惧推向另一种恐惧。

六、伯林与施特劳斯之争

如果不从启蒙以来现代人遭遇到的危机出发来看待施特劳斯与伯林之间的争论，就很难理解《刺猬的温顺》第八部分“浪漫主义与世间恶”。这一部分的核心已经不再是伯林，而是施特劳斯。在刘小枫看来，伯林的认识未免太过简单。伯林自认为已经超越了启蒙的理性主义，发现了浪漫主义思想的意义，具体来说：

> 浪漫主义主张价值多元论，反对启蒙理性的普遍主义，给予了专制制度的文化以致命打击。（《路标》，页63）

在刘小枫看来，浪漫主义的价值多元论可以反专制，不过是伯林创造的神话而已。他通过施特劳斯看到，伯林的浪漫主义鼓吹历史相对主义，实质不过是启蒙理性的另一种表达。

对于理解伯林和施特劳斯之争而言，重要的是看到，两者坚持的东西存在内在品质上的差异。伯林站在启蒙的道路上，对专制大加挞伐，他担忧的是公共权力对私人空间的侵犯，担忧的是统一的权力对私人空间的蚕食。而在施特劳斯那里，对于专制的担忧让位于对灵魂德性丧失的担忧，套用马克思的著名说法来说，伯林关心人的政治解放，而施特劳斯关心人的解放。

当伯林对自由主义的发展充满希望，并因此捍卫自由民主制度的内在品质时，施特劳斯早就看到了现代自由民主制度内部存在的内在矛盾。那些关注自身内在城堡的人，如何真正产生对某种共同东西的服从？如何在不同个体之间确立牢靠的纽带？按照伯林的消极自由原则，只需从制度上调解人与人的外部空间就足够，至于内在城堡中的阴暗与潮湿，并不为人关心。而在施特劳斯的古典政治哲学那里，我们看到，哲学对共同体的生活来说不可或缺。

在刘小枫通过施特劳斯展示给我们的古典政治世界中，在共同生活中，内在与外在没有截然分立。城邦生活中仍然有一种对智慧的热爱，这种对智慧的热爱阻止城邦走向狂热。自由民主制度尽管表面上通过制度与规范确立了每个人自由发展的空间，但现实的人在私下里的情绪与欲望，乃至于掌握统治权力的个体的情绪与欲望，只能通过规范以及相关强制来压制，无法缓解。唯有哲学的追问与指向灵魂深处的教育，对于美好生活的追问才能够节制这种内在的狂热与情绪。

在施特劳斯那里，不存在伯林担忧的绝对价值论的风险，不存在伯林担心的一元论的普遍价值的压制。在柏拉图那里，我们没有发现那个内在融贯的，具有实质性内容的价值体系。苏格拉底承认人的智慧的局限，他的哲学认识到了人在智慧方面的不足，因此不会对美好生活抱有一种不加反思的看法。实际上，在苏格拉底对美好生活的追求中，永远没有告诉我们美好生活的内容究竟是什么，没有对美好生活的元素加以确定，他悬置了对美好生活的可能性的断定，这就意味着，“哲人可能终身都生活在追究自己的生命意义的不确定状态之中”（《路标》，页75）。

尽管我们永远无法真正抵达美好的生活，但是美好的生活永远可能，这是施特劳斯从古典政治哲学那里得来的信念。对施特劳斯笔下的政治哲人来说，美好的生活最终变成了沉思的生活：

> 哲人生活方式的美好，恰恰在于认真琢磨美好生活的可能性——思考何谓美好的生活，作为一种生活方式本身就是美好的。（《路标》，页75）

而在伯林那里，美好的生活就是自由选择的生活，这是伯林并未明言的预设。但是，自由选择的生活为何美好，伯林并未给出论证，灵魂的内在城堡在多大程度上会给人带来美好感觉，取决于个体自身的体验。因此，充其量可以说，自由选择的生活是美好生活的前提，但并非必要的前提。自由选择的生活带来的东西常常并不足够美，自由选择的生活中有着种种亏欠。

这不是说要否认自由选择的生活的价值，而只是说它无力或放弃给出对灵魂的教导，自由选择理论的主张者伯林并未思考灵魂内部的进一步生活，他似乎更关心外部身体的事情。在灵魂的内部我们无法对于私人和公共的东西做出区别，自由选择充其量为我们设定了外在自由的范围，在这个范围之内，我们可以随意地安排、打量自己，但伯林并没有进一步地告诉我们应该如何安排、打量自己。对于内在世界的关注因此是被自由主义遗忘的区域。对自由选择的强调使伯林发出了容忍的命令：要容忍，哪怕我们并不尊重他人。哪怕不赞同，甚至于反感、嘲笑或者轻视，但是要容忍，我们可以带着激情与仇恨去争辩、攻击、拒绝、责难，但不要去压制或者倾轧。① 当内心仇恨的火焰在熊熊燃烧的时候，要有多大的力量才能避免对于他者随时可能造成的伤害？穆勒对于自由的关切同对法律的关切紧密联系在一起，有法律才能有自由。唯有法律，唯有外在的强制力量，才能压倒内心的怒火。伯林对于自由的辩护最终必然走向对于法律，对于制定法律的代议制政府的辩护。

穆勒对制度的关切，对外在身体的关切要远甚于对灵魂世界的关切，穆勒很少谈及教育，即便在他谈论教育的场合，也很少涉及灵魂的教育。而在施特劳斯所描述的古典政治的世界中，对于灵魂的教育，对于美好生活的无穷探究，才是政治生活的核心所在。尽管在外在世界

---

① 参见〔英〕以赛亚·伯林：《自由论》（修订版），胡传胜译，译林出版社 2011 年版，第 233 页。

中,古典政治哲人一样强调法律,强调要使用强制力,但教育或哲学,永远是作为尺度衡量着一切现实政治制度的善与恶。在古典政治的世界中,哲人永远是作为教育者出现的,古典世界中行之有效的制度是混合制度,是一种将强制和劝说结合起来的制度(《路标》,页 80)。而在现代的自由民主制度中,劝说的因素已经失去,哲人不再反思,他们要么变成了鼓动革命的启蒙知识分子,要么变成了擅长于制度学问的政法专家。

结　　语

重读《刺猬的温顺》,可以看到 1999 年的刘小枫向着古典政治世界的转向,在施特劳斯的提示下,他开始自觉地同自由民主的当代辩护士以赛亚·伯林保持距离,而转入古典政治哲学的世界。如今,这篇他与施特劳斯初次相见的文字中的若干论点都已得到展开。他如今的说法较这篇文章中的说法更加清晰和明确,例如哲学与民众、显白和隐微教诲、多数人和少数人、灵魂的品位等级等。单独拿出来看,这些论题中的任何一项都显得有悖常识,令熟悉现代自由民主之人性论与政治思想的知识人不悦。

在刘小枫的思想与文字生涯中,《刺猬的温顺》有着不寻常的意义:他由此开始了长达 20 年的对古典政治哲学的求索,这也是出自他之手的第一篇反启蒙的政治思想文章。对当代中国的政治哲学研究而言,这篇文章也同样意义非凡,它是施特劳斯政治哲学进入当代中国的第一份系统性文献。由此,它呈现了一个全新的政治思想的世界,在这个世界中,对于政治生活的反思没有脱离对美好生活的向往。不仅如此,它还提醒我们,启蒙的自由民主政治思想并未对于美好的政治生活这一论题做出正面回答。也因此,这篇文章也开启了当代中国思想界对于现代性的政法学问的反思和批判。

尾　语

本书所谓的古典法学，是相对于二十世纪流行的分析向度的法哲学研究而言的。本书将古典时期的法哲学思考简称为“古典法学”，这里的古典或者是在现代早期，或者是在更久远的年代。古典法学有一个共同特征，就是它们并非以规范和规范性为导向，而是着眼于为我们的共同生活寻找根基，因此它在写作方式和视野上都极其不同于眼下已经专业技术化的法学研究。本书沿着古典法学的道路，从公民宗教、自然权利与欲望、世界公民与友爱、信任与法治、个体与共同体关系等不同角度，展示思想家们对于共同体生活的思考。

本书并不排斥专业技术化的法学，但反对让这种法学主导法学教育和法学理论研究的全部内容，也反对全部的法学研究应该围绕具体案件如何审判而旋转，尽管这些是当代法学研究的重要内容。专业性的法学概念及其种种分析模式的出现，当然是人类智力成果的一部分，也是现实法律实践需要的基础训练，但法学教育不能仅着眼于现实的法律实践。作为一门学问的法学，当然不能仅仅盯住所谓的时代问题，而应该具有更宽宏的视野，任何一门学问，不能够仅仅成为现实生活的工具，理论生活应该有自身的魅力，它应该对于普遍的人类经验，对于人类的文化成果做出反馈。换言之，法哲学应该具有超越技术的一面，具有超越民族生活、超越现时代的一面。

在某种意义上，以规范为核心的法哲学思考的也只是人类共同体生活的一个层面。法律规范及其效果当然是法哲学的一部分，但并非法哲学的全部，本书甚至在这个意义上，将法哲学同关心法律规范及其效果的法理学与法社会学等学科区分开来。凯尔森金字塔式的规范等级体系中规范的各种逻辑属性当然都可以成为法律体系的内在价值，但这种价值不过是对规范及其属性的揭示，韦伯式的法律社会学、波斯纳式的对于法律的具体运作成本和效果的关注，当然也是法律人关注的内容，甚至从现实政治生活的需要出发对于法律生活提供的分析，也可以是法律人关注的内容。但是，在所有的法律理论中，如下问题仍然需要探讨，这就是：为何是规范性，而不是其他属性成为现代共同体生活的关注？在规范之外，还存在着何种形式的规范性？最后一个问题，也许也是最重要的一个问题是，最好的规范性应该建立在什么基础之上？

对于这些问题，现在的法学理论的框架实在是太狭隘了。我们如今的法学研究应该走出技术时代的法律人的狭隘关注，去审查一下现代法学成立的依据，去看一看今天的法律人所赖以为生的法律生活究竟可以给我们个体的生活带来什么，尤其是对于我们的精神生活有何意义。在本书看来，尤其是在当今技术性的法律生活与法律分析变得纷繁复杂的时代，变得越来越专业化的时代，这种“大法学”的思考应成为当代法学理论中不可或缺的一部分。而原本这样的思考是存在的，对于整全性的关注乃是哲学生活的本质。于是，本书就在这个意义上界定法哲学，并使之同一切关注规范本身及其效果的法学理论分析保持距离。

只有不加质疑地将规范及其效果作为法学理论研究的核心论题的研究者，才会洋洋自得地认为规范及其属性的分析是法学理论研究的全部，甚至用这种分析取代法哲学。在一个技术化的时代，整全性的思维方式越来越受到冲击，以至于无法清晰地区分法哲学同其他理论性的法学。但是，也正是在这个技术化的时代，法哲学的面目要更加清晰，这种对于整全性的追求，关注的是整体的法律生活的意义，关注的是整体的法律生活的内在目的，它不是想要去描述整体的法律生活，因为这个整体尚未出现，因此，法哲学应该去规定和探究，而不是描述整体的法律生活。一句话，法哲学研究者应该与应然的东西打交道，尽管这并不意味着他藐视那些实然的东西。但是，法哲学的确乐意指出实然的东西的不充分性，并且它不是站在实然的基础上来指出实然的东西的不充分性，而是站在应然的角度来指出实然的东西的不充分性。因此，在法哲学看来，真正的批判并不单纯是指出一种实然的制度的缺陷，它不是站在对于规范及其效果的分析的角度来指出这种缺陷。它真正批判的东西是，一切规范及其效果所预设的东西的不足，也就是对于整个法律秩序的价值的反思和批判，它要对于整个现代法学所预设的基本价值和伦理进行反思和批判。

本书对古典法学的思考，正是出于对现代法学预设的价值前提和使用的基本思维方式的反思和批判。对古典法学来说，没有什么不加质疑地接受的前提预设。法哲学之所以不同于法理学，就在于它在前提预设的层面进行思考，追问这个前提预设究竟如何可能，探究为何是这种前提预设而不是那种前提预设。在这个问题上，本书追随的是古典的传统，或者更宽泛地说，是存在于技术性时代之前的法哲学。规范及其属性固然是法律人的原则，但古典法学思考的不是如何认识这些原则、描述这些原则，而是探究这些原则如何成为现代法学的关注对象，甚至在面对规范作为现代法学的核心关注时，要反思和批判这种现象，揭示它的不充分性，展示一种新的可能性。这是古典法学的时代使命。在古典法学的研究者看来，合格的法哲学家不需要思考自己的学说如何能在实践中发挥效力，相反，他应该对于在现实中发挥效力的全部现象和工具进行反思，反思它们的内在目的。这样做并不意味着反对现实的法律生活，而是让那些长期身处这种生活中的人，看一看自身的不足，尤其是在某一方面陷入狂妄的时候，提醒自己其实原本还有更多的可能性。这样做尽管没有直接的现实效果，但这种理论方面的追求，至少可以使我们的现实不走向一个极端的方向，或者当我们走向极端的时候，可以看到新的道路的可能性。而如果我们离开现实的效果来认识这种理论探究的意义，那么它的确会极大地开放我们的理论生活的视角，这也就是本书在开篇探究的经典阅读与开放的理论生活的意义。

就这样的法哲学而言，本书的思考仅是一个尝试，也仅是一个开端，它更多呈现为一种思维方式或者写作方式。古典法学是一种面向共同生活的法哲学，这种意义上的法哲学同其他类型的法哲学的最大差异是，它思考共同生活的可能性，思考人与人之间的结合方式。在这种思考的视阈中，规范当然不是全部。这就意味着，将人与人之间沟通起来，结合成为一种关系的，并不仅仅是法律，甚至，如果法律规范想要成功地将人与人之间沟通起来，它甚至需要得到其他要素的支持。法律规范本身究竟在何种意义上能够将人与人之间联系起来，成为一种紧密的结合纽带，是一个令人困惑的问题。法学家们始终强调法律规范的这种结合力量，但我们同时也看到，他们也在不断地强调法律规范需要强制，仿佛离开了强制，这种结合就不稳定。因此，对于当代的法律人来说，有一个十分核心的问题，这就是：离开了强制，人们如何根据法律来生活？

今天的规范论者十分相信逻辑的力量，对于人类的知性，对于人工智能，有一种乐观的期待，从而罔顾了康德在《纯粹理性批判》中对于人类知性的局限性做出的考察。他们期望借助于一种理性的设计，设计出一种可以解决一切纠纷的法律程序，也希望使法律生活成为一个独立于人的其他生活的系统。于是，一个法学家的最高的梦想就是建构一个逻辑严密的规范的大厦，或者是通过种种法律技术来使法律和现实生活之间形成沟通。这是当代中国法律人内心中潜藏的一种野心。本书作者在很早的时候，就感觉到了自身无法分享这种野心。他逐步地意识到，法哲学面对的是人的全部生活，法律生活是由一个个活生生的人塑造的，人不仅仅从知性上来塑造法律生活，他的情感，他的意志，都融入到了法律生活之中。因此，单纯的理性设计出来的法律生活必然要面对人的情感和意志。①

我们在很长一段时间都共享了这样一个判断，这就是，要在法律生活中祛除人的情感和意志。人的情感和意志一律都是主观的，是对于规范化的法律生活的威胁。我们没有看到，其实在人的情感和意志生活的内在结构中，有着稳定和客观的一面，它们同样可以成为人的共同体生活的纽带。这些无法直接地外化为规范的东西，一旦为法律人所使用，甚至可以为法律规范的遵守提供内在的精神支撑。尤其是在这个转型的时代，我们有必要在法律规范的变革方面仔细谨慎。想要仅仅从法律规范的角度把握时代的转型，无视时代的转型在人的内在情感和精神中造成的种种巨变，会带来一个在规范及其效果方面繁荣的假象。正是基于这一点，本书对单纯从规则角度出发理解规范性保持清醒，或者说，这就是本书要同目前流行的几乎所有规范性的讨论保持一定距离的原因，在本书看来，这些讨论都将规范性作为一种实定性的东西把握，而忽视了对于一种无法体现为直接的实定性东西的规范性的讨论。

在一种面向共同生活的法哲学中，规范性意味着一切将人与人联系在一起的东西。建立在规范性基础上的共同体，并不只是一个知性上发达的人构成的共同体，不只是法律规范的共同体，而应该也是一种情感的共同体和意志的共同体。从事法哲学研究的人不能过于紧密地将自己同法律实践中运用的规则联系在一起。法哲学的研究对象不能仅仅停留在实定的规则上面，而应该从这些规则中走出去，走向使人与人之间相互联系起来的共同生活的要素。面向共同体生活的古典法学必须要面对这些要素，这是新的法律创造或者法律的改良与革命的源

---

① 参见黄涛:《爱欲与共同体——现代性的政法与伦理》，商务印书馆 2018 年版。尤其参见该书“自序”部分。

泉，也是一种稳定的法律生活所不可忽视的支撑性力量。

法哲学要认真思考的正是这些源泉，古典法学的目的因此在于展示这些被规范生活遮蔽的纯粹源泉。因此，在以规范及其实效为关切核心的法学研究中，以共同体生活的要素为关切的古典法学如同一泓清泉，它带给我们的当然不是法律技术方面的改良的启示，而是新的或者更完善的法律生活原则和要素的启迪。受到共同体生活原则和诸要素滋养的法律生活与我们的共同体生活中的个体更切近，而不是与技术性的法律专家更切近。在技术性法律生活无法适应，甚至违背共同体生活的地方，面向共同体的古典法学能弥补技术性法律生活的不足；在技术性法律生活造成混乱的地方，当技术性法律生活使我们的共同体感觉削弱的时候，面向共同体的古典法哲学可以通过展示共同体生活中的那些美好的部分而成为一种塑造秩序的力量，弥补规范生活的不足。

面向共同体的古典法学从来不认为个体只是共同体的工具，而是试图在个体基础上谋求共同生活的可能性。面向共同体的法哲学反对一切仅仅建立在个体基础上的法律观，它倡导合作、共赢，但也不停留在经济上的利益互惠。它或者建立在对于个体尊重的基础上，谋求的是个体之间的相互尊重和承认，并希望现实的法律能为这种相互承认提供更广阔的空间；或者建立在一种共同的情感基础上，这种共同的情感通过历史，通过艺术与审美产生出来；在共同体的法律规则制定得尚不充分的地方，它也可以作为一种联系个体与个体之间相互关系的纽带。

面向共同体的法哲学重视民族生活深处的共同的情感要素，重视通过法学教育乃至于一切形式的公民教育形成的相互承认的自我意识，唯独对于单纯的理智设计出来的规则作为人与人之间相互合作的纽带感到怀疑，不相信单纯的经济利益能将人们结合在一起，形成一个稳固的共同体。本书在韩非、司马迁、马基雅维里、孟德斯鸠、康德的思想中发现了这种面向共同体的法哲学,甚至在近代中国法理学的发展史中看到了一种对共同体的期待。

如果说康德哲学传达给我们的是一种主体性时代的深刻的自我反思,那么这种反思就决不能只是停留在孤立的个体上面。在康德的体系中,至高的主体绝不只是个体,从康德那里,我们可以看到相互承认的最初根源。诉诸思想史我们可以看到,以康德为代表的德国古典哲学家笔下已经呈现出了同个体主义现代性的距离,而这恰好也是在柏拉图和亚里士多德、韩非、司马迁这样的古典政治哲学那里呈现出来的。尽管人们一般认为,康德笔下的自由的个体似乎只是一个形式意义上的自律个体,显得抽象且贫乏,但这与思想家本人所呈现给我们的印象相去甚远。相反,我们总是可以设想一种可能性:这个自律的个体可以选择过任何值得过的生活,他要从一个受到欲望和本能支配的"低级自我"转变成为一个"高级自我",而这个"高级自我"需要接受共同体生活的训练。在现代的共同体生活中,人不仅仅是一个消极的主体,这个主体仍然可以有道德方面的担当,并且这个主体的自我完善恰恰需要有这方面的担当。因此,尽管看起来我们面临的是不同的传统,但如果我们既对亚里士多德描述的古典的政治世界充满向往,也服膺于自康德以来主体时代突破自我、承认他者做出的努力,那么我们就可以期待这个突破自我的主体能理解和领会亚里士多德、司马迁和韩非的世界,可以在他们之间寻求调和,从而呈现给我们一种全新的知识格局。

后　记

（一）

本书在一系列文章的基础上编辑和改写而成，尽管各篇主题和题材不一，但总体来说，有严格的内在逻辑。它们表达了一个年轻的法学研究者在当代中国法学理论研究领域中的一点收获，表达了他特有的想法，这就是，当代中国法学研究中存在一种“共同体思维”缺失的问题。形形色色的制度究竟如何创建一个共同体？创建怎样的共同体？在这个共同体中，个体的生存方式是什么？个体有怎样的期待？在他看来，这些问题都遭到了遗忘或是没有得到严肃的讨论和回答。他将这些看似零散的文章整合起来，旨在为这种新的法学思维的探究开启道路，寻找同路者。

本书收录的文章中，唯马基雅维里、孟德斯鸠的相关内容以及《地方性知识观的法哲学批判》《走向共同体时代的权利观》诸篇曾见于各刊物。在此要感谢《海南大学学报》郑小枚老师、时任《香港社会科学学报》编辑的郑文龙老师、《兰州大学学报》寇甲、《法理学与部门法哲学》王奇才和刘振宇、《财经法学》赵真、《中国社会科学报》王博诸位的辛劳。其余诸篇尽管未曾发表，却有幸出现在各类讲坛上，在此要感谢宁波诺丁汉大学中国文化研究中心的各位老师，尤其是郑文龙、徐珏瑜、蒋黎等诸位，还有上海外国语大学的熊文驰、华东师范大学的马华灵、郑州大学的李普和杨洪斌，没有他们的邀请，我不会在短期内写成文稿。

所有文章在收入本书之前都经过了改写与校订,尤其是《地方性知识观的法哲学批判》一篇。值得说明的是,这篇文章最初全文发表在《香港社会科学学报》2007 年春/夏季号上面,几乎同时,在业师赵明先生校订和大幅删削之后,和他合作发表在《中南林业科技大学学报(社会科学版)》2007 年第 2 期上,收入本书的是在后者基础上大幅修改后的新版(标题也作了微调)。在我的记忆中,这篇文章的写作不仅得到了赵师的肯定,也得到了时为《香港社会科学学报》编辑的郑文龙老师的肯定,正是从这篇文章开始,我开始有勇气大量撰写论文,尤其是学术评论。

在这一系列文字中,值得特别提及的是作为全书导论的第一篇《经典阅读与开放的理论生活》,这篇文章是在提交给第一届和第二届“自然法青年论坛”圆桌会议的笔谈稿基础上整合而成。之所以将它置于本书最前,是因为它集中表达了我对现时代政治法律思想的判断,并且也在其中明确提出了“古典法学”概念。其实,“古典法学”这个提法最早出现在我和吴彦博士共同主编的一套译丛中,也就是知识产权出版社于 2015—2016 年间出版的 11 卷本“德意志古典法学丛编”(并在我和王涛博士主编的“不列颠古典法学丛编”中继续使用),该丛编的“说明”中第一次试图对于这个概念加以界定。但我感觉到,本书中的界定要比之前的界定更清晰一些。在本书中,我主张一种面向人性本身,尤其是面向共同体的古典法学。

古典法学想要从经典作品中寻找共同体生活的精神根基,在某种意义上,它也是对近十年来中国学术界的古典学运动的一种微弱呼应。尽管我在专业研究中没有严格以古典学为研究和写作对象,但我在智识资源上受到了当代中国古典学运动的极大影响,并有幸追随这场运动的主要推动者刘小枫先生进行研究和学习。在近十年来的翻译和研究中,我从当代中国古典学运动中获得的最大启发在于,初步懂得经典作品的时代意义,初步懂得如何从字里行间阅读经典。我一直探究如何将古典学同法学政治学研究结合起来。我深知,在那些学科尚未划分之前的经典作品中,对于政治、法律、社会现象的思考并不属于专家的范围。古典学研究的那些作者,是具有健全的甚至伟大的人类心灵的作者。

本书出版之前,上海外国语大学法学院举办了两次以“中外古典法学青年论坛”为名的学术研讨会,即 2018 年 10 月 27、28 日召开的“德意志古典法学与当代中国”研讨会和 2019 年 11 月 2 日召开的“不列颠古典法学与当代中国”研讨会。这是迄今为止“古典法学”概念的公开露面。在此要特别感谢上海外国语大学法学院的张海滨院长,他同意使用这个名称,并举全院之力举办这两次古典法学会议。这体现了他的慷慨大度,以及对新思想、新观念的助推。

不少朋友问及何谓“古典法学”,问及它同当代法学究竟有何关联,我想眼下这本书算是一个初步回答,尽管这些回答从根本上讲也许还是不能令人满意,因为古典法学更多是一种方向性、范围性的规定。它从形态上看都是一些远离时代的、在专业性上并不过于复杂的学问,但这些学问中思考的内容是我们现时代仍然无法回避的,并且它们几乎是在现时代的根源处进行思考的。理解这些经典作品中的政治法律道理,尽管不能直接带给我们具体操作和功能方面的提示,但至少能够启示我们,我们面对的并非是全新的问题。在这些问题上,留存于经典作品中的学问也能给我们以启发,以刺激,甚至它们的思考要更具有整全性,更能够看出这些思考同人的存在之间的关联。在此,我也希望有更多的朋友能参与到古典法学的事业中来,不仅是德意志古典法学、不列颠古典法学,还有法兰西古典法学、俄罗斯古典法学、意大利古典法学……当然,这其中还不应该忘记的是我们华夏的古典法学智慧。

(二)

我要将这本书献给赵明先生。先生引领我研习法哲学有十五年了,他广博的知识兴趣,尤其是面对文本的生命感觉,常常会打动我,是他坚定了我立足经典寻找一种法哲学的想法。在追随他十余年的学习和交往中,我建立了对于学术的,尤其是对于经典的敬畏感。在我看来,这种敬畏感是研习古典法学的前提条件。这并不是说,我们只能从经典作家的论断出发来看待世界,而是说,经典作家有助于我们打破偏见,更好地看待世界。

感谢华东政法大学,这是我在它的资助下出版的第二本书,即便在一个对著作缺乏尊重的时代,对年轻学者来说,著作出版仍然是对他的学术人生最大的鼓舞,也仍然是他表达思想的重要通道。

如今,尽管我离开了专职法哲学研究职位,进行政治思想史和政治哲学的教学和研究工作,但法哲学研究仍将继续为我所关注。在我看来,新的教学和研究岗位将会为我思考共同体问题提供更开阔的视野,而考虑到现代政治生活的主要形态是法律生活,法哲学就更应该同政治哲学、社会哲学相结合。只有这样,才能使我们更清晰地看到法律生活所必然面对的种种共同生活形态。这在某种意义上也是我选择转岗的内在原因。

从事法哲学研究的人应该是一个热爱生活、感恩命运的人,应该着力于对美好的共同体生活的思考。在异国他乡访问与旅居生活的这一年间,我对共同体生活的感受越加深刻。我在行将返回祖国与故乡的日子里,写下这些有关共同体的文字。共同体对我而言,意味着无比温馨与美好的东西,那些给我们带来效率与利益的东西,仅仅是共同体的工具。我们甚至可以具体地言说各种共同体,例如家庭、友人、各种职业的共同体,甚至基于某种精神生活而建立起来的例如学术、艺术乃至于宗教的共同体,这是一种包含血缘关系在内,但并不局限于血缘,也包含友爱,甚至包含陌生人在内的共同体。我们每一个人都可以言说出这样的共同体带给自己的感觉,我们的法律生活应该增进而非分裂这些共同体感觉。

我要继续思索、描绘和歌颂有关共同体的种种美好……

2018 年 5 月 24 日初稿于美国印第安纳大学伯明顿校区

2020 年 5 月 11 日改定于松江花园浜